普通高等教育"十二五"部委级规划教材（高职高专）

U0742398

# 纺织商品与营销

王艳　张华　主编

刘建长　王成　副主编

中国纺织出版社

## 内 容 提 要

本书介绍了纺织纤维原料市场分析、纱线营销方案设计、面料营销方案设计、服装营销方案设计、家用纺织品营销方案设计、产业用纺织品营销方案设计及纺织商品网络营销与电子商务相关方面内容，以实例系统地介绍了纺织品营销的步骤、方法、方案设计与实施。

本书可作为高职纺织与营销相关专业的教材，也可供纺织企业营销人员参考。

**图书在版编目（CIP）数据**

纺织商品与营销 / 王艳，张华主编. —— 北京：中国纺织出版社，2015.10

普通高等教育"十二五"部委级规划教材. 高职高专
ISBN 978-7-5180-1963-2

Ⅰ . ①纺⋯ Ⅱ .①王⋯②张⋯ Ⅲ .①纺织品—商品学—高等职业教育—教材②纺织品—市场营销学—高等职业教育—教材 Ⅳ .① F768.1

中国版本图书馆 CIP 数据核字（2015）第 213037 号

策划编辑：符 芬 责任编辑：符 芬 责任校对：梁 颖
责任设计：何 建 责任印制：何 建

中国纺织出版社出版发行
地址：北京市朝阳区百子湾东里 A407 号楼 邮政编码：100124
销售电话：010—67004422 传真：010—87155801
http://www.c-textilep.com
E-mail: faxing@c-textilep.com
中国纺织出版社天猫旗舰店
官方微博 http://weibo.com/2119887771
北京虎彩文化传播有限公司印刷 各地新华书店经销
2015 年 10 月第 1 版第 1 次印刷
开本：787×1092 1/16 印张：12.25
字数：258 千字 定价：49.00 元

凡购本书，如有缺页、倒页、脱页，由本社图书营销中心调换

《国家中长期教育改革和发展规划纲要》（简称《纲要》）中提出"要大力发展职业教育"。职业教育要"把提高质量作为重点。以服务为宗旨，以就业为导向，推进教育教学改革。实行工学结合、校企合作、顶岗实习的人才培养模式"。为全面贯彻落实《纲要》，中国纺织服装教育学会协同中国纺织出版社，认真组织制订"十二五"部委级教材规划，组织专家对各院校上报的"十二五"规划教材选题进行认真评选，力求使教材出版与教学改革和课程建设发展相适应，并对项目式教学模式的配套教材进行了探索，充分体现职业技能培养的特点。在教材的编写上重视实践和实训环节内容，使教材内容具有以下三个特点：

（1）围绕一个核心——育人目标。根据教育规律和课程设置特点，从培养学生学习兴趣和提高职业技能入手，教材内容围绕生产实际和教学需要展开，形式上力求突出重点，强调实践。附有课程设置指导，并于章首介绍本章知识点、重点、难点及专业技能，章后附形式多样的思考题等，提高教材的可读性，增加学生学习兴趣和自学能力。

（2）突出一个环节——实践环节。教材出版突出高职教育和应用性学科的特点，注重理论与生产实践的结合，有针对性地设置教材内容，增加实践、实验内容，并通过多媒体等形式，直观反映生产实践的最新成果。

（3）实现一个立体——开发立体化教材体系。充分利用现代教育技术手段，构建数字教育资源平台，开发教学课件、音像制品、素材库、试题库等多种立体化的配套教材，以直观的形式和丰富的表达充分展现教学内容。

教材出版是教育发展中的重要组成部分，为出版高质量的教材，出版社严格甄选作者，组织专家评审，并对出版全过程进行跟踪，及时了解教材编写进度、编写质量，力求做到作者权威、编辑专业、审读严格、精品出版。我们愿与院校一起，共同探讨、完善教材出版，不断推出精品教材，以适应我国职业教育的发展要求。

中国纺织出版社
教材出版中心

# 前 言

　　随着人们消费水平的不断提高，消费者对纺织品健康、舒适和时尚方面的要求越来越高。纺织品的消费对象已经从原来的以个人和家庭为主，扩展到酒店、宾馆、汽车装饰、旅游工艺品、航天、生物医疗等多个领域。

　　在全球性经济危机的情况下，"危"中蕴藏着"机"，因此，纺织服装企业只有加强市场调研预测与分析，综合运用自身优势与市场的需求紧密结合，并努力做好"创造需求""引导需求"，才能在日益激烈的市场竞争中生存和发展。

　　纺织商品与营销课程对于从事纺织技术与纺织品营销领域的人员来说都很重要，营销的效果在很大程度上取决于对纺织技术、纺织产品的掌握水平。尤其是对于从事市场推广的人员来说，应具有较高的纺织技术专业水平，因此，"营销"离不开"产品"，更离不开"专业技术"。本书旨在通过将"商品"与"营销"有机地融合以培养实用型纺织营销人才。

　　本书由浙江纺织服装职业技术学院王艳和南通斯得福纺织装饰有限公司张华担任主编，由浙江纺织服装职业技术学院刘建长、王成担任副主编，主要参与教材内容与框架的设计及教材的编写工作。具体编写情况：任务一由王艳编写，任务二由王艳和四川成都纺织高等专科学校刘光彬编写，任务三由王艳和浙江纺织服装职业技术学院梁惠编写，任务四由南通斯得福纺织装饰有限公司施勤编写，任务五由刘建长编写，任务六由张华编写，任务七由王成编写，任务八由王艳编写。全书由王艳统稿修改完成，由浙江纺织服装职业技术学院祝永志审稿。

　　在教材编写过程中，浙江纺织服装职业技术学院杜群老师、仵志浩老师提供了部分案例，同时得到了宁波麦邦电子商务有限公司张晓委、宁波双盾纺织帆布实业有限公司李琪等企业界朋友的大力支持，在此一并表示感谢。

　　编者对本教材进行了一些新的尝试，但水平有限，难免有疏漏或错误之处，敬请各位专家、读者不吝指教。

编　者

2015年4月

# 目 录

任务一　纺织商品与营销总体认识 ·········································· 1

　　子任务1　纺织品与市场营销认识 ·········································· 1

　　　　【任务分析】 ·············································· 1

　　　　【相关知识1】　纺织品与市场相关概念 ·················· 1

　　　　【相关知识2】　纺织品营销基础 ························ 3

　　子任务2　纺织品市场调查 ················································ 22

　　　　【任务分析】 ·············································· 22

　　　　【相关知识】　纺织品市场调查认识 ······················· 23

　　子任务3　调查问卷设计 ·················································· 35

　　　　【任务引入】　调查问卷实例 ···························· 35

　　　　【任务分析】　问卷设计主要完成的内容 ················ 38

　　　　【任务实施】　纺织市场调查问卷设计 ·················· 38

　　子任务4　市场营销方案设计 ············································ 40

　　　　【任务分析】 ·············································· 40

　　　　【相关知识】　营销策划的基本概念与营销策划书的编制 ·· 40

任务二　纺织纤维原料市场分析 ············································ 63

　　　　【任务引入】 ·············································· 63

　　　　【任务分析】 ·············································· 63

　　　　【相关知识】　纺织纤维与营销环境认识 ·················· 64

　　　　【任务实施】　市场分析 ·································· 72

　　　　【实训项目】　纺织纤维原料描述、市场调研与市场分析 ·· 74

任务三　纱线市场与营销方案设计 ·········································· 75

　　　　【任务引入】 ·············································· 75

　　　　【任务分析】 ·············································· 75

　　　　【相关知识】　纱线分类及发展现状 ···················· 75

　　　　【任务实施】　XZ公司营销方案设计 ·················· 78

任务四　面料市场与营销方案设计 ·········································· 84

　　　　【任务引入】 ·············································· 84

　　　　【任务分析】 ·············································· 84

【相关知识】 酒店用纺织面料 ................................................ 85
【任务实施】 酒店用纺织面料营销方案 .................................... 101

**任务五　服装市场与营销方案设计** ............................................ 113
　　【任务引入】 ................................................................ 113
　　【任务分析】 ................................................................ 113
　　【相关知识】 认识服装与营销 .......................................... 113
　　【任务实施】 服装市场营销方案设计 .................................. 118

**任务六　家用纺织品市场与营销方案设计** ................................ 133
　　【任务引入】 ................................................................ 133
　　【任务分析】 ................................................................ 133
　　【相关知识】 会展经济与家用纺织品 .................................. 133
　　【任务实施】 A 品牌营销策划 .......................................... 152

**任务七　产业用纺织品市场与营销方案设计** ............................ 165
　　【任务引入】 ................................................................ 165
　　【任务分析】 ................................................................ 166
　　【相关知识】 产业用纺织品 ............................................ 166
　　【任务实施】 进行 SWOT 分析，判断和调整 A 公司的营销策略 ........ 177

**任务八　纺织品网络营销与电子商务** ........................................ 180
　　【任务引入】 ................................................................ 180
　　【任务分析】 ................................................................ 180
　　【相关知识】 网络营销与电子商务 .................................... 180
　　【任务实施】 ................................................................ 186

**参考文献** ............................................................................ 189

# 任务一 纺织商品与营销总体认识

**知识点**

1. 了解纺织品概念。

2. 了解纺织品市场基本要素。

3. 了解纺织品营销的基本内容。

4. 掌握市场调查与预测概念、作用、内容、方法和基本程序。

5. 了解营销策划的基本程序。

**技能点**

1. 会进行市场调查与初步预测。

2. 会进行营销方案初步设计。

## 子任务1 纺织品与市场营销认识

### 【任务分析】

了解纺织品的概念、纺织品市场概况。认识和理解市场、市场营销和纺织品营销的基本内容。从概论入手对市场和营销进行分析，为进一步开展的市场调研与策划打基础。具体认识步骤如图1-1所示。

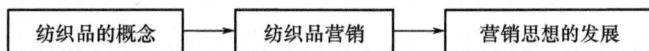

图1-1 纺织品与营销任务内容具体认识步骤

### 【相关知识1】 纺织品与市场相关概念

#### 一、纺织品的概念

纺织品是指通过纺织、印染或复制等加工，可供直接使用或需进一步加工的纺织工业产品的总称。如纱、线、绳、织物、毛巾、被单、毯、袜子、台布等。

纺织品包括纤维、纱线、织物、服装以及装饰用纺织品、产业用纺织品等。

狭义的纺织品概念不包含服装等终端产品，广义的纺织品包含服装等终端产品。

## 二、市场营销相关概念

### 1. 需要、动机和需求

（1）需要。需要是指人们在个体和社会生活中，因感到某种欠缺而力求获得满足的一种心理状态。它能够影响人的情绪，有助于人的意志的发展，对人的认识与活动有重要的影响。人们有需要时往往会感到紧张和不安。

（2）动机。从心理学上讲，动机是引起和维持个体活动并使之朝一定目标和方向进行的内在心理动力，是引起行为发生、造成行为结果的原因。动机是看不见、摸不着的，但它作为对人的一种内部刺激，对行为产生作用。因此，可以通过对行为进行观察判断其动机。

（3）需求。需求是指针对某一特定产品的需要。它有两个条件：一是有支付能力，二是愿意购买。即当有购买力的时候，动机就变成了需求。比如，人们对床上用品的需求。在对该产品进行需求量预测的时候，不仅要预测有多少人喜欢该产品，更重要的是，要调查有多少人有购买力并且愿意购买该床上用品。

### 2. 产品

产品是指能满足人们特定需要和欲望的商品或劳务。包括有形产品和服务。比如，人们在购买服装的时候，往往不仅是购买服装这种产品本身，还购买"美丽"和带给人的文化愉悦，甚至是购物过程中导购员对产品的介绍。因此，对于服装的生产厂家，不仅要重视服装的表现形式，更要重视为消费者提供的服务。

### 3. 价值

消费者在选择商品的时候，总是考虑商品的费用和效用，根据多个标准选择能提供最大价值（效用）的产品作为购买的目标。也就是说，消费者在购买商品的时候，考虑的是商品的价值（效用）而不是价格，消费者在比较获得利益的时候会比较付出多少。

### 4. 交换

交换是营销的核心概念。交换是指以提供某种回报而从他人那里换取所需要的产品的行为。实现了交换，才能实现商品的价值，用户和消费者才能获得商品的使用价值。也可以说，企业的一切活动是围绕实现交换而发生的。

### 5. 市场

（1）市场的概念。不同时期，从不同角度，市场有着不同的内涵。从地理的角度理解，市场是商品交换的场所，市场是由买方、卖方、商品聚集和交换所组成的特定的空间；从社会整体的角度理解，市场是商品交换关系的总和，社会各部门之间的联系，都是通过复杂的交换关系实现的，这是市场的广义概念；从企业的角度来理解，市场是某种商品的现实购买者和潜在购买者需求的总和。

（2）市场组成要素。市场＝人口＋购买力＋购买动机。以上三个要素是缺一不可的，如果一个国家或地区的消费者购买力很大，但人口数量少；或者人口数量多，但购买力很小，均不能构成市场，只有人口多且购买力强，同时又有购买动机的情况才能成为现实的市场。

【相关链接】 市场的职能

1. **实现商品生产者之间的经济联系和经济结合** 商品生产者之间的经济联系是通过各自在市场上取得他人商品的使用价值，从而产生相互间的经济联系。因此，市场既是社会分工的产物，又是社会分工存在和发展的保证。

2. **引导商品生产面向消费需求，调节商品供求关系**　企业生产的商品只有符合市场的消费需求，才能销售出去，从而实现其价值。也就是说，市场总是迫使生产者在生产之前必须考虑其生产的产品是否适销对路。市场通过调节消费需求而调节供求关系。

3. **比较不同商品生产者在生产同类商品中所消耗的不同劳动量**　商品交换过程是根据社会价值进行的。只有生产者生产商品的个别价值低于社会价值时，生产者才能获益。因此，由市场引起的比较作用促使生产者通过各种手段提高劳动生产率，从而推动整个社会生产力的进步。

## 【相关知识2】　纺织品营销基础

### 一、纺织品营销的含义

纺织品营销是现代市场营销学的理论和方法在纺织企业营销实践中的应用。它以市场营销学的基本原理为理论依据，吸收了纺织品设计与工艺等有关知识成果，结合纺织行业的营销特点，形成一门应用性学科。纺织品营销是对纺织产品及劳务进行设计、定价、促销及分销的计划和实施的过程，从而实现满足个人和组织目标的交换。市场营销是纺织企业的一种职能，是致力于交换过程以满足人类对纺织品需要的人类活动。

纺织品营销分为宏观和微观两个层次。宏观市场营销反映社会性的经济活动，其目的是满足社会需要，实现社会目标。有国家、企业和政府三个参与者；资源和产品两个市场；涉及资源、货物、劳务、货币及信息五个方面。市场营销活动的核心是围绕目标市场而进行的，其核心内容如图1-2所示。

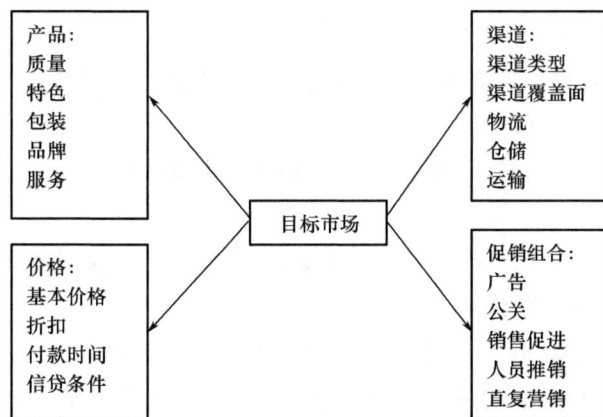

图1-2　市场营销的核心

### 二、纺织品营销的内容

市场营销涉及的营销策略内容见表1-1。

表1-1　营销策略的内容

| 产品 | 价格 | 渠道 | 促销 |
|---|---|---|---|
| 有形产品 | 目标 | 目标 | 目标 |
| 服务 | 灵活性 | 渠道类型 | 促销组合 |
| 产品特征 | 产品生命周期的价格水平 | 覆盖面 | 广告 |
| 质量 | 地理条款 | 中间商种类 | 销售促进 |
| 产品线 | 价格折扣 | 商店的种类和地点 | 公共关系 |
| 特色 | 折让 | 处理运输与储存 | 人员推销 |
| 设计 | 付款期限 | 服务水平 | 直复营销 |
| 包装 | 信用条件 | 招募中间商 | |
| 品牌 | | 渠道管理 | |
| 附属物 | | | |
| 产品担保 | | | |

**（一）产品策略**

产品策略是纺织品营销4PS的第一个策略，主要研究以下内容。

1. **产品组合**　产品组合是企业生产或销售的全部产品的结构或花色品种的搭配，通常由若干产品线和产品项目构成。

（1）产品线。产品线是指产品组合中一组密切相关的产品，这些产品可以具有相同的使用功能，或消费上有连带性，或供给相同的顾客群，或有相同的分销渠道，或同属于一个价格档次等。

（2）产品项目。产品项目是指产品线中在品牌、规格、款式、档次及价格等方面有所区别的具体产品。

（3）产品组合的宽度。它是指一个企业所拥有产品线的总量。产品组合的宽度表明了一个企业经营的产品种类的多少及经营范围的大小。

（4）产品组合的长度。它是指一个企业的产品组合中所包含的产品项目的总和，即企业所有产品线中产品项目之和。

（5）产品组合的深度。它是指某一产品线中产品项目的多少，表示在某类产品中产品开发的深度。

（6）产品组合的关联度。它是指一个企业的各条产品线在最终用途、生产条件、分销渠道以及其他方面的相互关联程度。

2. **产品生命周期的概念**　市场上的任何产品都有一个产生、发展、成熟到衰亡的过程。市场营销学上把产品从试制成功、投放市场开始到被市场淘汰、退出市场为止所经历的全部时间，称为产品生命周期。它可分为四个阶段，即导入期、成长期、成熟期和衰退期。一般以企业产品的销售额或利润额来衡量。典型的产品生命周期曲线呈正态分布，如图1-3所示。

3. **新产品的概念与开发**　市场营销学中所讲的新产品是从市场和企业两个角度认识的。对市场而言，第一次出现的产品即为新产品；对企业而言，第一次生产销售的产品称作新产品。因此，营销学中新产品的内容比科技开发中新产品的内容要广泛得多。所谓新产品，是指在结构、功能、材料或形态等任何一部分具有创新、改进或提高，并推向了市场的产品。新产品有以下四种类型。

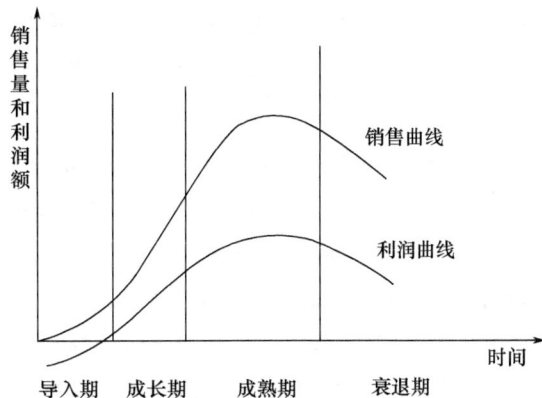

图1-3　产品生命周期图

（1）全新产品。全新产品是指采用新原理、新技术及新材料研制出的全新产品。调查表明，全新产品在新产品中只占10%左右。

（2）换代新产品。换代新产品是指在原产品的基础上采用或部分采用新技术、新材料、新工艺研制出来的产品。与原产品相比，换代产品功能更先进，质量也有了相应的提高。换代新产品由于适应了时代的发展，更能满足消费者对纺织品的需要。

（3）改进新产品。改进新产品是指对产品的材料、结构、性能、造型、色泽、包装等加以改进的新产品。纺织品中很多产品属于这类新产品。与换代新产品相比，改进产品受技术限制较小，而且成本相对较低，便于市场推广、消费和接受，但容易被竞争者模仿。

（4）仿制新产品。仿制新产品是指企业对自己没有生产过的、国际或国内市场上已经出现的产品进行引进或模仿、研制生产出的产品。这类产品只要市场需要，一般容易立即生产，不需要太多的资金和尖端的技术。但企业应注意对原产品的某些缺陷和不足加以改造，不宜全盘照抄。

①新产品开发内容。品种开发、质量开发、功能开发、外形开发。

②新产品开发方式。独立研制、技术协作、在技术市场上购买产品成果，进行试制并投产、引进国外技术方式、购买专利方式、经营特许。

**4. 品牌策略**

（1）品牌策略相关概念包括以下几项。

①品牌。是一个名称、名词、符号、象征、设计或它们的组合，用以识别一个或一群卖主的产品或劳务，使之与其他卖主（竞争者）相区分，并便于消费者认牌购货。品牌是一个总名称，它包括品牌名称、品牌标志、商标等内容。

②品牌名称。品牌名称是指品牌中能用语言称呼的部分，如富安娜、雅戈尔、杉杉、水星、梦洁等都是著名的品牌名称。

③品牌标志。品牌标志是指品牌中能被认出但不能用语言称呼的部分，如符号、图案、与众不同的颜色或印字或者其他形象。

④商标。根据商标法，企业向政府有关主管部门注册登记后享有其专用权，受法律保护的品牌或品牌的一部分。

⑤商标专用权。它是商标权中最重要的权利。商标注册人拥有该商标的专用、转让、继承和使用许可等权利。注册商标只能由商标注册人专用，他人不得仿制、伪造或在同种商品

和类似商标上使用与商标相同、近似的商标。

⑥品牌化。品牌化是指企业为其产品规定品牌名称、品牌标志，向政府有关主管部门注册登记的一切活动。

（2）可供企业选择的品牌策略包括以下几项。

①品牌化策略。包括品牌策略、无品牌策略。

②品牌归属策略。品牌归属策略有三种形式：制造商品牌策略、中间商品牌策略以及制造商品牌和中间商品牌混合使用策略。

③品牌质量策略。企业在做品牌决策时，需首先决定其品牌的最初质量水平——低质量、中等质量还是高质量。品牌质量反映产品的耐用性、可靠性、精确性等价值属性。品牌质量策略应综合考虑产品的种类和特性、目标市场特点及产品定位等因素。

④家族品牌策略。企业应决定其产品使用不同的品牌名称，还是使用一个或少数几个品牌名称。有四种可供选择的策略：个别品牌名称、统一品牌名称、不同产品线使用不同的品牌名称、企业名称与个别品牌名称并用。

⑤品牌扩展策略。它是指利用成功品牌的声誉来推出改良产品或新产品。该策略可使企业节省宣传介绍新产品的费用，有利于开拓新产品市场。

⑥多品牌策略。它是指对同一类产品建立两种或两种以上相互竞争的品牌。

⑦品牌重新定位策略。当市场状况发生变化时，有时有必要推行品牌重新定位策略，常见的状况有以下三种。

a. 竞争者的品牌定位已接近本企业的品牌定位，并且侵占了本企业品牌的一部分市场，而使本企业品牌的市场占有率连续下降。

b. 企业原品牌产品已经不能完全符合目标市场消费者的偏好。

c. 企业具有某种新型偏好的消费者群正在形成或已经形成，企业有巨大的市场机会。当品牌重新定位后所得收入大于品牌转移市场位置的成本费用时，企业可以考虑进行品牌重新定位。

**5. 包装策略**

（1）包装的概念。包装是指为了保护产品、方便储运和有利于销售，采用适当的材料、容器和各种辅助物对产品进行的技术经济措施。包装是企业生产过程的一个重要部分。它有以下两个方面的含义。

①静态含义。指包装器材或包装工具，如装纺织品的包装袋、包装盒等。

②动态含义。指包裹、捆扎商品的活动，也即包装技术或包装方法。

（2）包装的作用。保护产品、促进销售、增加利润、提供便利。

（3）包装策略。包装策略的选择应与营销目标利润、产品类别、档次高低、市场购买者承受能力等相适应。主要有以下七种包装策略。

①类似包装策略。即企业生产的各种产品采用相同的图案、近似的颜色，以节约成本，形成企业鲜明的形象。如果企业产品档次差异较大则不宜采用此策略。

②差异包装策略。即企业的各种产品都有自己独特的包装，在设计上采用不同的风格、

色调和材料。该策略能够避免由于某一产品营销失败而影响其他产品的形象，但会使包装设计和新产品的促销费用增加。

③相关包装策略。将生产的多种相关产品配套置于同一包装物内出售。

④复用包装策略。也称多用途包装策略，包装物本身可以回收再用或作其他用途。既节省材料，又可以通过包装物上的企业标志，宣传产品和企业，扩大产品销售。特别有利于新产品的推销。

⑤等级包装策略。即对同一产品采用不同等级的包装，以适应不同的购买水平，或不同顾客的购买心理，如自用商品和赠送的商品采用不同档次的包装。

⑥附赠品包装策略。即在包装上或包装内附赠奖券或实物，以吸引消费者。

⑦改变包装策略。当某种产品销售不好或长期使用一种包装时，企业选择改变包装设计、包装材料，使用新的包装，用以激发消费者新的购买欲望。

**（二）价格策略**

1. **影响纺织企业定价的因素**　成本因素、商品供求关系、市场竞争因素、政府的有关政策和法律、市场营销组合因素、消费者心理因素、需求弹性。

2. **定价程序**　确定企业定价目标、估计需求、估计成本，了解国家有关物价的政策法规，了解竞争者的产品和价格，确定定价方法，确定最后价格。

3. **定价目标**　维持企业生存，保证当期利润最大化、市场占有率最大化、产品质量最优化。

4. **定价策略**　主要有以下三种定价策略。

（1）撇脂定价策略。撇脂定价策略是指在产品生命周期的最初阶段把价格定得很高，获取高额利润，以便在较短时间内收回投资。撇脂一词来源于短语"从生日蛋糕顶端撇去奶油"，暗指此种定价法是一种高价格策略。

（2）渗透定价策略。渗透定价策略是指产品上市初期将价格定得较低，以吸引更多买主，在短时间内占据较大的市场份额。

（3）组合定价策略。系列产品定价、互补产品定价、互替产品定价、产品束定价（产品束定价是指厂商将几种有连带关系的产品组成一束，以低价进行销售的策略）。

5. **定价技巧**

（1）折扣与折让定价。现金折扣、功能折扣、数量折扣、季节折扣、折让。

（2）心理定价策略。尾数定价、整数定价、习惯定价、分级定价（分级定价就是根据商品的档次、等级分别制定价格）、招徕定价、声望定价。

（3）差别定价策略。顾客差别定价、产品差别定价、时间差别定价、地点差别定价。

（4）地理定价策略。

①按原产地在某种运输工具上交货定价。FOB定价是指卖方负责将产品运到产地的某种运输工具上交货，并承担此前的一切风险和费用，交货后的一切费用与风险则由买方承担。

②统一运送定价。统一运送定价是指企业对不同地区的顾客，按平均运费统一定价。

③分区定价。分区定价是指企业将销售市场划分为若干个价格区，同一区域执行相同的

价格，一般距离企业较远的区域的价格定得较高。

④基点定价。基点定价是指企业将某些城市作为"基点"，向不同顾客收取从"基点"城市到顾客所在地的运费，不区分实际起运城市。

⑤免收运费定价。免收运费定价是指企业承担部分或全部实际运费。企业定价时，考虑到运费占买方的成本比例较高，为了照顾中间商或顾客的利益，特别是为了吸引远地的客户来进货而补贴买方一定的运输费，可支付一部分，也可全部承担。

### 6. 价格调整策略

（1）主动提价。是指竞争者的价格没有变化时，企业主动进行的提价。主动提价有两个原因：一是产品的成本上升，二是对产品的需求增加。

（2）主动降价。主动降价主要有三个原因：一是产品成本下降，二是对产品的需求减少，三是成本与需求都未发生变化，但企业欲以进攻的姿态夺取竞争者的阵地。但是，在这三种情况下，降价都要谨慎行事。

（3）竞争者提价后的价格调整策略。这时，企业可采取两种策略：一是保持价格不动，从而扩大自己的市场份额；二是适当提价，但提价幅度小于竞争者的提价幅度。这样，既能适当地增加利润，又能适当地增加市场份额。

（4）竞争者降价后的价格调整策略。对企业来说，竞争者产品降价是一种最难应付的情况。处理不好，将会出现竞相削价、两败俱伤的局面。因此，当竞争者产品降价时，简单地以降价相回敬并非上策。一般来说，应采用加强售后服务等非价格竞争来对抗。对竞争者的低价攻势，若应对得法，是可以逢凶化吉、遇难呈祥的。

### 7. 定价方法

（1）价格的构成。价格由生产成本、流通费用、税金和利润构成。

（2）成本导向定价法。包括成本加成定价法、目标利润定价法、边际成本定价法。

①成本加成定价法。按产品单位成本加上一定比例的毛利，即为单位产品价格。根据适用范围的不同，具体又可分为外加法和内扣法。

a. 外加（顺加）法。按照其利润占单位产品成本的一定比例加成，一般为生产商采用。公式如下：

$$单位产品价格=单位产品总成本×（1+加成率）$$

案例1 某家纺企业生产床上用品，期望的生产成本和销售量情况如下：

单位变动成本100元，固定成本600000元，预计销售量100000套。

单位成本=单位变动成本+固定成本÷预计销售量=100+600000÷100000=106（元）

假设该厂商想要获取成本20%的利润，每套床上用品销售价格应为：

$$单位价格=单位成本×（1+加成率）=106×（1+20%)=127.2（元）$$

b. 内扣（倒扣）法。按照预期利润占售价的一定比例加成，多为经销商所采用。公式如下：

$$单位产品价格=单位产品成本÷（1-加成率）$$

假设案例1中的床上用品生产商以127.2元的出厂价格将产品出售给经销商，如果经销商将每套床上用品的加成比率定为25%，那么，经销商制定的价格应为：

单位产品价格=单位产品成本÷（1−加成率）=127.2÷（1−25%）=169.6（元）

②目标利润定价法。是另一种以成本为中心的定价方法，定价时以实现目标利润为核心。此种定价方法可通过"盈亏平衡点"来测算。

盈亏平衡时销售量、保本价格的计算公式如下：

目标利润价格=单位成本+目标利润×投资成本÷销售量

产品单价×销量=固定成本+单位变动成本×销量

销量=固定成本÷（单价−单位变动成本）

保本价=固定成本÷销量+单位变动成本

若企业事先确定目标利润为$W$：

$W$=产品单价×目标销量−（固定成本+单位变动成本×目标销量）

产品单价=（固定成本+目标利润）÷目标销量+单位变动成本

③边际成本定价法。边际成本定价法是指每增加或减少单位产品所引起的总成本的变化量。由于边际成本与变动成本比较接近，而变动成本的计算更容易一些，所以在定价实务中多用变动成本代替边际成本，而将边际成本定价法变为变动成本定价法。

采用边际成本定价法时是以单位产品变动成本作为定价依据和可接受价格的最低界限。在价格高于变动成本的情况下，企业出售产品的收入除了完全补偿变动成本外，尚可用来补偿一部分固定成本，甚至可能提供利润。即有：

单位产品价格=单位产品变动成本+边际贡献

边际贡献=单位产品价格−单位产品变动成本=固定成本+利润

（3）以需求为导向的定价方法。

①认知价值定价法。包括理解价值定价法、区分需求定价法。

②需求差别定价法。需求差别定价是以时间、地区、产品、消费者群等差异作为定价主要依据的一种方法。这种定价方法是基于市场需求的时间差、地区差、消费水平及心理差异等，根据市场需求的强弱来制定产品价格。

③反向推算定价法。以按这种定价方法出口某种商品为例，企业运用理解价值定价，可以通过营销调研，找到顾客能接受的国外市场价格，然后从这一估算价格中减去中间商利润、关税、运费等，从而反推出产品的出厂价（或FOB价），见表1−2。

表1−2　反向推算定价表

| 项目 | 金额 |
| --- | --- |
| 国外市场终端价（六件套床上用品基本价） | 500.00 |
| 减去零售毛利 | −100.00 |
| 零售商成本 | 400.00 |
| 减去15%经销商毛利 | 60.00 |

| 项目 | 金额 |
|---|---|
| 经销商成本（进口、批发商） | 360.00 |
| 减10%关税 | 36.00 |
| CIF价 | 324.00 |
| 减去运费、保险费 | 8.00 |
| 出口净价（或FOB价） | 316.00 |

如果该价格高于企业产品在国内的售价，则出口对企业十分有利；如果低于国内售价，企业就要综合考虑各种因素，决定是否出口。

（4）竞争导向定价法。包括随行就市定价法、拍卖定价法、领导者企业定价法、投标定价法。

①随行就市定价法。又称作市场现行价格法，是竞争导向定价法中应用最为普遍的一种方法，是企业参考同行业平均价格水平确定自己的产品价格的定价方法，是同质产品市场惯用的定价方法。

②拍卖定价法。拍卖定价法是市场经济中常用的一种定价方法。它是指拍卖行受出售者委托，在特定场所公开叫卖，引导买方报价，利用买方竞争求购的心理，从中选择最高价格的一种定价方法。

③领导者企业定价法。以同行业中实力最雄厚或影响最大的企业的价格为标准制定价格的方法。

④投标定价法。投标定价法是指卖方在买方的招标期限内，根据对竞争对手报价的估计来相应制定竞争报价的一种定价方法。为了能够中标，企业投标的定价要低于竞争者，但不可低于企业本身的边际成本，过低则不能保证适当的收益。

**（三）渠道策略**

**1. 分销渠道的概念**　分销渠道就是指企业有效地完成商品及服务的所有权、实体、资金及信息等转移给消费者所经过的路径和环节。

分销渠道具有集中、调节、平衡、扩散商品，风险承担和营销服务等重要功能。

**2. 分销渠道的作用**　调节产销矛盾、提高交易效率。

**3. 分销渠道的类型**　主要分销模式见表1-3。

表1-3　消费品的分销模式

| 分销形式 | 中间环节 | 渠道类型 |
|---|---|---|
| M—C | 0 | 零级渠道 |
| M—R—C | 1 | 一级渠道 |
| M—W—R—C<br>M—J—R—C | 2 | 二级渠道 |

| 分销形式 | 中间环节 | 渠道类型 |
|---|---|---|
| M—W—J—R—C<br>M—J—W—R—C | 3 | 三级渠道 |

　　注　M——制造商，C——消费者，R——零售商，W——批发商，J——代理商。

　　（1）按商品流通环节的多少，分销渠道可以分为直接渠道和间接渠道。

　　①直接渠道。直接渠道是指没有中间商参与，产品由生产者直接出售给用户。

　　②间接渠道。间接渠道是指有一级或多级中间商参与，产品经由一个或多个商业环节销售给消费者，是两个以上层次的渠道。

　　（2）按分销渠道同一层次的中间商数目的多少，分销渠道可分为宽渠道和窄渠道。

　　①宽渠道。宽渠道是指生产者在同一流通环节通过两个及以上中间商实现商品流通。

　　②窄渠道。窄渠道是指生产者在同一个流通环节中只采用一个中间商实现商品流通。

　　**4.中间商的概念**　中间商是指介于生产者与消费者之间，专门从事商品流通活动的经济组织或个人。也可以说，中间商是生产者向消费者出售产品时的中介机构。中间商是分销渠道中的关键成员，上连接着生产者，下连接者消费者。

　　中间商按照不同的标准，可以划分成不同的类型。

　　（1）按照在商品流通转让过程中是否取得商品的所有权划分，可以分为经销商、代理商和经纪人三类。经销商是指从事商品交易业务，在商品买卖过程中取得商品所有权的中间商，其利润来源主要来自于商品的进销差价，一旦买进商品，则商品的销售风险与利益均由自己独立承担；代理商是指从事商品交易业务，接受生产企业委托，但不具有商品所有权的中间商，其利润来源主要来自被代理企业的佣金，但商品的销售风险与利益一般由被代理企业承担；经纪人俗称掮客，既无商品所有权，也不持有和取得现货，其主要职能在于为买卖双方牵线搭桥，协助谈判，促成交易，由委托方付给佣金，不承担产品销售的风险。

　　（2）按照在流通转让过程中所处的地位和所起的作用不同，可以分为批发商和零售商两大类。批发是指将购进的商品批量转售给各类组织购买者的业务，是将商品转售给为了转卖或者商业用途而进行购买的组织的活动。

　　批发商大致可分为三种类型：商人批发商、经纪人和代理商、企业的销售机构或销售办事处。

　　零售商是向最终消费者直接销售商品的从事零售业务的企业或个人。

　　有店铺零售商是指通过在一定营业场所中陈列和展示商品的形式实现商品最终流通的企业或个人。主要类型有专业商店、百货店、超级市场、便利店（方便店）、折扣店、仓储商店、家居中心等。

　　无店铺零售商是指不通过销售场所实现商品最终流通的企业或个人。主要类型有邮寄销售、上门销售、电话销售、自动售货机、电视销售、网络销售。在未来零售市场中，人们会越来越重视电视、网络销售。

**5. 分销渠道的选择和管理**

（1）分销渠道的选择。分销渠道的选择应遵循经济原则、时间原则、竞争原则、消费者满意原则和应变原则。企业在营销中通常要进行以下三个方面的选择。

①直接渠道与间接渠道的选择。主要是根据生产者自身条件决定是否要利用中间商。直接渠道的优点是销售及时、减少费用、了解市场、控制价格和提供服务等；间接渠道的优点是简化交易过程、减少企业的销售工作量，有利于生产者集中精力发展生产，加快企业生产资金周转。

②短渠道与长渠道的选择。主要是决定渠道内中间环节的多少。短渠道有利于缩短商品流通的时间，节省流通费用，降低销售价格，减少商品损耗，更好地开展服务，但生产企业承担的商业责任也就越多，这种缺陷正是长渠道长期存在的原因，其原则上涉及产品销售及经济利益的大小。

③宽渠道与窄渠道的选择。主要涉及每个中间环节的中间商的数目，形成以下三种策略。

a. 密集性分销。若生产者尽可能多地使用中间商进行分销，就形成密集性分销。对于日用消费品和工业化中标准化、通用化较高的产品，通常采用这种策略。

b. 选择性分销。若生产者仅通过少数几个经过挑选的、比较合适的中间商来分销自己的产品，就形成选择性分销。这种策略适用于销售消费品中的选购品、高档商品、特殊商品等，如高档产品往往注重品牌质量。

c. 独家分销。若生产者在一定的市场区域内只选择一家中间商经销其产品，就形成专营性分销。这是一种最窄的分销渠道，通常只对某些技术性强的耐用消费品或名牌产品适用。

另外，在渠道方案中，生产者必须确定渠道成员的权利和义务，特别在价格政策、销售条件、地区选择和双方提供的具体服务内容方面。

（2）分销渠道的管理。

①选择渠道成员。渠道成员是影响分销渠道是否流畅的主观因素，中间商的素质直接决定着产品的销售。选择更多的中间商，特别是合适的中间商已经成为生产者日常重要的工作，选择中间商主要依据从事行业及能力、经商经历、获利能力、资金实力、品牌认可度和公共关系等。选择渠道成员时必须注意，不是成员的条件越高越好，关键看是否与品牌相匹配，简单地说，就是是否合适。

②激励渠道成员。渠道成员一旦确定，必须给予一定的权利。另外，为鼓励中间商尽心尽职，做好销售，生产者经常向中间商提供价廉物美、适销对路的产品，合理分配利润，经常开展促销活动，提供情报和资金的支持，建立长期的伙伴关系等。

③分销渠道的评估与调整。生产者为了不断提高产品销售量，一方面，千方百计地拓宽分销渠道；另一方面，对现有渠道成员进行不断优化，达到以最低的销售费用获得尽量大的市场份额。通常情况下，生产者每年对中间商的工作业绩做一次评估，评估标准一般包括销售定额完成情况、市场存货水平、提供的服务水平、合作态度、对本企业促销与培训计划的完成情况、货款的返回情况等。常采用A、B、C分级管理法，淘汰一部分中间商，对分销渠

道做一些调整。一般做法有增减某个渠道成员、增减某一分销渠道、调整整个分销渠道三种方式。

④分销渠道冲突及解决方法。解决冲突的最有效方法就是调整利润获取的满意程度或中断合作关系。每一个生产者可以根据实际情况，仔细分析冲突形成的原因及合适的解决方法与技巧。分销渠道成员之间既是合作体系，同时，又是一个矛盾体系，在销售活动中，最令生产者头痛与无奈的就是分销渠道冲突的顽疾——串货。

串货，又称"到货"或"冲货"，就是产品跨区销售。它是销售网络中，厂家分支机构或中间商受利益驱使跨区销售产品，从而造成市场倾轧、价格混乱、品牌美誉度下降的不良经营现象。

**（四）促销策略**

1. **促销的概念**　促销是"促进销售"的简称，它是指企业以人员或非人员的形式，将有关企业和产品的信息传递给消费者，引起消费者的兴趣，促使消费者通过了解、产生偏爱从而产生购买本企业产品的冲动，以达到扩大销售量的目的。

促销的实质是传递信息、沟通信息、促进消费者购买的活动。

2. **促销组合的概念与特点**　促销方式有人员推销、广告、营业推广和公共关系四种形式，按照是否有营销人员参加又可分为两大类，即人员推销和非人员推销。其中非人员推销由广告、营业推广和公共关系组成。每种促销方式都有优点和不足。

（1）四种促销手段的特点。

①广告。广告的特点是大众化、渗透性、艺术性、非人员推销，虽然能够依靠广告来树立企业产品的长期形象，但它对消费者态度和购买行为的影响发挥作用较慢，且成本较高。

②人员推销。在很多情况下，人员推销是一种最有效的促销手段。推销员直接与个人接触，通过交流观察消费者需求，并随时调整策略，但要求推销员具有较高的综合素质。

③营业推广。包括商品展销、现场操作、赠送样品等多种促销方式。不同的方式都有共同特征：沟通信息、刺激需求、迅速购买。

④公共关系。公共关系是通过宣传报道等方式来提高企业的知名度和声誉的一种促销手段。把家用纺织品企业的声誉转化为产品的声誉，从而有利于促进产品的销售。

（2）影响促销组合的因素。纺织企业在制定促销组合决策时除了考虑各种促销手段的特点外，还要考虑以下影响促销组合的因素。

①产品类型。不同产品适合的促销策略是不同的。

②企业的促销战略。企业的促销战略分为"推动"的战略和"拉引"的战略两种。

③消费者的待购阶段。消费者的待购阶段可分为认识、了解、兴趣和准备购买四个阶段。在待购的不同阶段，各种促销手段的效果是不同的。

④产品的生命周期阶段。实践证明，在纺织品生命周期的不同阶段，各种促销手段的经济效果是不相同的。

3. **促销预算的确定方法**　包括量力而行法、销售额百分比法、竞争对等法和目标任务法。

**4. 广告策略** 广告媒体有电视广告、报纸广告、杂志广告及广播广告四大传统广告媒体，还有网络广告、车体广告、路牌广告、灯箱广告和在销售现场的POP广告等。

（1）广告的概念。广告的概念有很多，一般来说，广告是指企业或广告主用一定的费用，通过一定的媒介把有关产品和企业的信息传播给广大消费者的一种非人员推销的促销手段。广告是纺织企业促销的主要手段。

（2）广告的类型。

①根据广告的内容分类。纺织品广告可分为产品广告、企业广告、纺织品零售广告和公益广告。

a. 产品广告。这类广告的重点是传播产品信息，如介绍产品的款式、工艺、性能、特点、价格、购买场所、效用等，目的是提高消费者对产品的认知程度。

b. 企业广告。这类广告宣传的目的不在于消费者是否立即购买纺织品，真正目的是宣传企业和品牌，建立和扩大企业的社会影响力，提高企业形象。

c. 纺织品零售广告。这是零售商所做的广告。由于地理位置的原因，纺织品零售商常选择在当地做广告，将经营的纺织品和促销方式等信息传递给消费者。如购买地点、产品及相关促销信息等。

d. 公益广告。公益广告的目的不是具体产品的促销，而是在增强公众对公益事业关注的同时，宣传企业关心社会福利、关注人类生存环境等。

②根据广告媒体的种类分类。纺织品广告可分为印刷广告、视听广告和其他形式广告。

a. 印刷广告。把广告信息印刷成文字或图片形式的广告，以印刷品的形式向消费者传递信息。包括产品说明书、产品目录、报纸广告和杂志广告等。

b. 视听广告。把广告信息制作成图像、声音和动画等形式，把信息传递给消费者。包括电影广告、广播广告和电视广告等。

c. 其他形式广告。除了上述广告以外的，如邮寄广告、户外广告、橱窗广告、互联网广告、交通广告和包装广告等。

③根据广告的诉求方式分类。纺织品广告按诉求方式可分为理性诉求广告和感性诉求广告。

a. 理性诉求广告。直接向目标消费者宣传家用纺织品产品的理性利益，如纺织品的质量、合理的价格和效用等。

b. 感性诉求广告。向目标消费者传递肯定或否定的情感，如向消费者表达对某种纺织品的偏好及美好的情感等，以此激发消费者对该产品的购买欲望。

④根据广告的传播范围分类。可分为国际性广告、全国性广告和区域性广告。

（3）纺织品广告的作用。

①信息交流。消费者通过纺织品广告了解纺织品的质量、特点、用途、价格、购买地点、方式及各项服务等信息。在购物之前，消费者通过各种渠道，如电视、广播、杂志、销售员和亲朋好友的介绍，亲自接触商品等。而纺织品广告是消费者取得纺织品产品信息的重要途径。

②创造需求、促进消费。广告能引起消费者的注意，说服消费者，使其对某种纺织品产生偏好，激发消费者的购买欲望。

③引导消费行为。纺织品广告能使新型面料、新款式和新工艺迅速流行，引导消费者形成消费意识和时尚。

④促进竞争。产品广告有利于企业树立良好的品牌形象，从而提高市场占有率。广告能够促进市场竞争。因此，纺织品广告既是一种促销手段，也是纺织企业树立品牌形象的重要手段。

（4）广告决策的内容。广告决策的主要内容有以下五个方面。

①确定广告目标。广告目标是在特定的时间内，对特定广告对象所要完成的沟通任务和达到的沟通程度。纺织品广告的最终目标是增加销售量，实现企业目标利润。但对于某个时期来讲，广告目标应与企业当时的具体目标一起考虑。广告目标应该与企业的发展目标一致，与产品的生命周期的各阶段相适应。按广告目标分为告知性广告、劝说性广告和提示性广告三种。

a．告知性广告。主要用于新产品的投入期，用于建立基本需求。主要用于详细介绍产品，使消费者了解新产品的用途、性能、质量、特点和价格等方面的信息。

b．劝说性广告。常在纺织品进入成长期和成熟期前使用，主要用于宣传产品的特点和优势，激发消费者对产品的兴趣，增进消费者选择性需求，树立良好的品牌形象，争取潜在的消费者，形成对该企业产品的偏好。

c．提示性广告。当产品进入成熟期后期和衰退期时，采用提示性广告，来强化产品在消费者心目中的形象，形成习惯性购买和品牌忠诚。

表1-4中所示为不同类型的广告及其目标。

表1-4　不同类型的广告及其目标

| 广告类型 | 广告内容 | 广告目标 |
| --- | --- | --- |
| 告知性广告 | 向市场告知有关新产品的情况 | 描述所提供的各项服务 |
| | 提出某项产品的若干新用途 | 纠正错误的印象 |
| | 通知市场有关价格的变化情况 | 减少消费者的恐慌 |
| | 说明新产品如何使用 | 树立公司的形象 |
| 说服性广告 | 建立品牌偏好 | 说服客户马上购买 |
| | 鼓励购买者转向本企业品牌 | 说服顾客接受推销访问 |
| | 改变客户对产品属性的认识 | |
| 提示性广告 | 提醒购买者可能在最近需要这种产品 | 促使购买者在淡季也能记住这个产品 |

明确的广告目标可以使品牌增值，为广告效果的检测和评估提供有效的参考标准。

②广告预算决策。广告预算是企业在一定时期内投入广告活动的费用计划。企业确定促销总预算的四种方法同样适用于确定广告预算。它规定了计划期间内从事广告活动所需要的

费用总额、开支使用范围及具体使用方法。为保证广告预算的科学性和可行性，企业应认真考虑影响广告预算的各种因素。

a. 产品生命周期阶段。新产品一般需要大量广告费用于建立产品知名度。对于已经建立知名度的品牌所需预算通常较低。

b. 市场份额。市场份额高的品牌只求维持其市场份额，因此，广告预算在销售额中所占的比例相对较低。如果打算通过增加市场份额或从竞争者手中夺取份额来提高市场份额，则需要投入大量的广告费用。

c. 竞争。在一个有很多竞争者和广告开支很大的市场上，一种品牌必须更加大力宣传，以求超过竞争者。

d. 广告频率。广告频率也会影响广告预算的多少。一般而言，需要的频率越高，广告的预算应越多。

e. 产品替代性。同一产品种类中的各种品牌需要大量的广告，以树立差别化的产品形象。

f. 行业特点。一般而言，对于纺织品来说，因其属于消费品，所以广告预算较高。而产业用品更多地依赖人员推销，其广告预算较少。

③广告信息决策。广告信息包括四个部分：信息内容（说什么）、信息结构（广告信息的条理及逻辑顺序）、信息形式（如何表达信息）以及信息来源（谁来阐述信息）。其中广告信息的内容是关键，广告信息的内容表达必须言简意赅，以产生消费者的共鸣。

a. 确定广告主题。广告主题是广告的中心思想也是广告的灵魂，是表现广告要说明的某种理念。广告的主题是经过一定的步骤才确定的。一般先提出多种方案，经过试用，方可最后确定；广告主题的选择是否适当，往往要经过市场的检验，当市场的检验不够理想时进行重新研究，改进广告主题。广告主题一般应显眼、易懂、刺激、统一、独特。

b. 确定广告的表现形式。广告的效果不仅取决于广告内容，还取决于表达方式。同样的广告主题选择不同的诉求方式和不同的措辞，会产生不同的效果，尤其是相似程度较高、产品差异较小的产品，信息表达相当重要。

④广告媒体决策。广告媒体的种类很多，其中报纸、杂志、广播和电视是四种最常见的传统广告媒体。广告媒体决策的实质就是为实现预定的广告目标，寻求成本效益最佳的媒体，向目标受众送达预期的展示次数。广告媒体决策包括广告的覆盖面、出现频率、主要媒体类型、特定的媒体载体和传播时间等。表1-5是几种主要广告媒体的特点比较。

表1-5　主要广告媒体的特点比较

| 媒体 | 优点 | 局限性 |
| --- | --- | --- |
| 报纸 | 发行量大、费用低，对本地市场覆盖率高，受众广泛，可信度高 | 时效短、保存性差、不够精美，读者传阅少 |
| 杂志 | 针对性强、寿命长、印刷精美、可信度高，传阅者多，有持久性 | 发行频率低、不及时、不广泛，范围有局限 |

| 媒体 | 优点 | 局限性 |
| --- | --- | --- |
| 电视 | 覆盖率高，宣传面广；传播迅速，富有感染力 | 成本高、信息瞬间即逝，观众选择性小 |
| 广播 | 传播迅速、及时，传播范围广泛，地理和人口选择性强，成本低 | 只有声音效果，比电视注意力低；信息展露瞬间即逝 |
| 户外广告 | 灵活，重复率高；宣传时间长，成本低，竞争少 | 信息量不高，不能选择观众，创造力受限制 |
| 直接邮寄 | 针对性、选择性强，无同一媒体广告竞争，个性较强 | 相对成本较高，广告形象较差 |
| 网络广告 | 覆盖面广，信息量大；信息传播迅速，选择性好；成本低；直接、互动性好 | 受众少，形式单一；可信度差 |

从表1-5中我们看出，不同的广告媒体的信息量和内容、覆盖率、时效性、受众选择性、成本、互动性等均有很大差异。

a．广告的覆盖面和频率。在一定的预算水平下，要实现广告的覆盖面和频率的成本效益最佳组合。一般而言，当推出新产品或侧翼品牌，扩展著名品牌或追求一个界定不清楚的目标市场时，覆盖面是最重要的；当存在强有力的竞争者，想要传达的信息复杂、购买者阻力高或购买次数频繁时，频率是最重要的。

b．主要媒体类型的选择。在对主要媒体类型进行选择之前，必须了解各主要媒体在覆盖面、频率和影响方面所具备的能力。在对媒体进行具体选择时，要考虑以下因素。

广告接受者的媒体偏好。对于青少年，网络和电视是最有效的广告媒体；体育爱好者接触体育频道、体育杂志、报刊等；年龄较大的妇女接触电视连续剧前后广告；青少年接触网络广告、电视综艺节目中的广告等。

产品或服务。女性作为纺织品广告的形象登载到彩色印刷的杂志上最吸引人。各类媒体在示范表演、形象化、解释、可信度和色彩方面具有不同的潜力。如影星刘嘉玲代言的水星纺织品的广告，以直观、形象、生动的展示，给人留下了深刻的印象。而需要详细介绍的纺织品可在展销、报纸和专业期刊（如《家纺时代》）上介绍。

广告信息。一条包含大量技术资料的广告信息，可能要求选择专业性杂志或邮寄作为媒介。广告所传播的信息是简单的，需要及时传播出去的内容，可采用电视、广播、报纸等媒体；对于专业技术性强的，需要面向专业技术人员的产品，可选择专业性杂志、行业报刊、专刊。

费用。广告媒体的收费标准各不相同，即使同一媒体，因版面、播出时间、播出范围和影响力的不同而收费各异。通常来说，电视收费较高，报纸收费较低，广播、杂志居中。

c．选择特定的媒体载体。选定媒体种类后，还要选择特定的媒体载体。因为在每种媒体中，又包含大量具体的载体。例如，电视媒体有中央台和地方台之分，报纸和杂志也有不同类型之分。在选择具体的媒介工具时要考虑到发行量、有效广告接受者数量、媒体比重、广告的频率及广泛性，力求用较低的花费来达到最佳的广告宣传效果。

d. 传播时间的决策。纺织企业必须决定如何根据季节的变化和对经济发展的预测，安排全年的广告以及在一个短时间内部署好一系列广告展示，以达到最大影响。为了让消费者事先了解产品信息，广告时间应先于销售时间。在推出一项新产品时，公司必须在广告连续性、集中性、时段性和节奏性之间做出选择。

⑤评价广告效果。广告效果是指广告通过媒体传播后所产生的影响。效果的评价来自传播效果和销售效果两个方面。传播效果是指广告能让多少人听到或看到，能让多少人认可和理解，所传播的信息的认可度。销售效果是指广告能帮助促进销售量增加的效果。

a. 传播效果分析——阅读率、视听率和记忆率。对于报刊之类的广告媒介用阅读率进行分析。阅读率是指通过报刊阅读过广告的人数和报刊发行量之间的比值。对于电视、广播之类的广告媒介可用视听率指标进行分析。视听率是指通过电视机、收音机接触过广告的人数与电视机、收音机拥有量之间的比值。记忆率是指记忆广告主要内容的人数与接触过广告的人数的比值。

b. 销售效果分析——统计分析法、试验法。统计分析法是指通过比较广告前一段时间的平均销售额和广告播出后一段时间的平均销售额的变化情况分析销售效果。可用单位广告费用销售增加额和单位广告费用利润增加额这两个指标来评价。试验法是指在各种条件基本相同的几个地区进行试验，对各个地区在广告前后实现的销售额或利润额的增长情况进行分析，以评价广告的效果。

**5. 营业推广决策**

（1）营业推广的概念。营业推广又称销售促进，是纺织企业用来刺激早期需求或强烈的市场反应而采取的各种短期性促销方式的总称。也指在一个比较大的目标市场中，企业运用各种短期诱因，鼓励顾客和中间商购买产品或服务的促销活动。它包括的范围较广，界限不如广告、人员推销和公共关系清晰，是一种行之有效的辅助性措施。

营业推广包括顾客推广（如样品试用、优惠券、价格减让、赠品、产品示范等）和贸易推广（针对中间商的购买折让、合作广告、促销资助和经销竞赛等）等各种短期刺激消费的措施，在纺织行业零售中经常被采用。一些高档展示店采用贵宾卡也是一种可行的方法，形成忠诚顾客群和互相模仿的群体，有利于品牌和企业形象的树立。一般在中低层次的家纺产品零售中应用比较密集，而在高层次的纺织品零售中使用营业推广的频率有限且谨慎。

（2）营业推广的方式。营业推广的方式根据对象的不同可分为对消费者的营业推广、对中间商的营业推广和对推销人员的营销推广三种。

①对消费者的营业推广方式。通过向消费者介绍纺织新产品、新品牌，刺激消费需求，鼓励老顾客再次购买，争取到竞争者的顾客。适用于纺织产品的营业推广方式有以下几种。

a. 赠送样品。通过试用赠送使顾客得到实惠，目的是建立顾客对纺织产品的信心，并期望通过试用产品样品达到销售的目的。样品是介绍、推销新产品的有效促销方式，但费用较高，对高价值商品不适用。

b. 赠送代价券。销售人员事先通过多种方式把赠券发到顾客手中。持赠券的顾客购买产品，可以得到一定的折扣优惠，可冲抵一部分货款，或者在继续购买产品时作为零售价格的折扣凭证。有利于刺激顾客使用老产品，也可鼓励顾客认购新产品。据研究，优惠券必须提供15%以上或相对较大的价格减让，才会有明显效果。

c. 提供赠品。对购买价格较高商品的顾客赠送一些赠品（价格相对较低、质量符合要求），有利于刺激高价商品的销售。售价不高的产品，可随产品赠送一些小玩具、小用具。

d. 抽奖或知识竞赛。顾客在购买某种产品时，可参加抽奖或进行知识问答，使顾客有机会获得一定奖品、奖金、旅游机会等。

e. 商品展销。一种是专门召开展销会，边展出，边销售，如各种面、辅料新产品展销会、纺织品展销会；另一种是在固定产品展销柜上展销。展销可以吸引顾客的注意力和购买力，由于展销会期间货源集中，品种规格齐全，质量精良，价格优惠，服务周到，有较大的吸引力，成交量大，所以很适合创新和初次投入市场的产品。

f. 使用示范。利用示范者在卖场展示使用方法，吸引顾客好奇心和注意。如让消费者检验床上用品的柔软性等。

g. 会员卡或积分卡。对持会员卡的顾客给予优惠。持积分卡的顾客通过购物消费积分，累积到一定分值就赠送礼品。目的是吸引顾客长期在此购物。

②对中间商的营业推广方式。

a. 购买折扣。为刺激、鼓励中间商大批量购买家用纺织品企业的产品，给予中间商一定的购物折扣。购买数量越大，折扣越多。

b. 经销奖励。对经销本企业产品有突出成绩的中间商或零售商给予奖励，使中间商更加努力地经销本企业的产品，同时也刺激其他中间商多经销本企业家用纺织品。

c. 资助陈列、广告补贴。企业为中间商提供陈列商品、支付部分广告费用或部分运费等补贴。纺织企业可免费或低价给中间商提供陈列用纺织品，企业可资助一部分广告费给中间商，为企业产品做广告，企业补贴一定比例的运费给路途较远的中间商等。

d. 培训。帮助中间商培训技术人员和销售人员，扶持中间商壮大。

e. 业务会议和贸易展览。行业协会为会员组织年会或贸易展览，可邀请参加会议的中间商进行交流和传授经验，以此招徕新主顾，与客户保持联系，介绍新产品。

③对推销人员的营业推广方式。企业为了鼓励推销人员，根据其推销产品的销售业绩（如销售量或销售额）进行鼓励，或举行销售竞赛，对成绩优良者给予奖励。

（3）营业推广的控制。营业推广是一种效果显著的促销方式，但如果使用不当，会影响产品的销售，也有可能损害企业形象。为此，纺织企业在选择了具体的营业推广方式后，还要考虑许多具体问题，如推广的规模、期限、预算、对象和内部控制等。

①规模。选择营业推广的方式应得当，需有一定规模。超过此规模，虽然营业额还会上升，但效率会下降。

②推广期限。如果推广的时间过长，容易使消费者感觉是一种变相降价，从而失去了推广的吸引力。时间过短，部分潜在顾客没有从中得到好处，达不到最佳效果。

③推广预算。估计销售人员在一年中计划举办的各种营业推广费用，包含管理费用、鼓

励费用及在交易中预测售出的产品数量，确定合理的预算，科学测算营业推广活动的投入产出比。

④营业推广对象。营业推广方式较多，每种方式都有各自的特点和适用性，应结合产品的性质、不同的市场环境、不同的方式特点以及顾客接受程度，选择合适的营业推广方式。

⑤内部控制。纺织企业营业推广的主要对象是纺织品的潜在顾客，纺织企业在营业推广全过程中，在注重前期宣传的同时，更应重视中后期的宣传以及企业兑现问题。以企业可信的兑现可刺激顾客购买欲望，并树立企业良好形象。

（4）实施和评估营业推广方案。如果有条件，营业推广方案在实施之前应该经过测试，以确定所制订的方案是否恰当。营业推广效果的测试花费较少，可以邀请少数顾客对几种推广方案发表意见，也可以在小范围内实行，再推广。

实施方案包括两个关键的时间因素：一个是从准备到正式实施的时间；另一个是推广始末的间隔。要注意控制好各段的时间，才能实现高效。

对营业推广方案的评估，不同类型的推广人员用不同的方法。最常见的评估方法是比较活动前后及中期销售额的变化。通过调查了解消费者对促销活动的印象、看法以及对今后选择产品和购买习惯的影响。

**6. 公共关系决策** 纺织企业既要调动企业内部职工的工作热情，增强企业的凝聚力，又要把企业的各方面信息传达给公众。同时，企业更需要从各种渠道获得有价值的信息。这就需要进行公共关系的策划。公共关系的范围包括企业内部公众，也包括金融公众、新闻媒介公众、政府公众、社区公众、消费者公众等外部公众，还包括企业的供应者、中间商甚至包括竞争者在内。

（1）公共关系的概念和作用。公共关系是指纺织企业通过与公众沟通信息，使企业和公众互相了解，提高纺织企业的知名度和声誉，为纺织企业的市场营销活动创造一个良好的外部环境的活动。是企业以非付款方式，通过第三方在电台、电视、报刊、互联网等传播媒体上发表有关企业或纺织品的消息报道，报道者有记者、专家、大众偶像、政府机构、社会团体等，因此又称作免费广告。公共关系也指企业为树立良好的形象而进行的社会公众活动。它包括企业为了让社会公众了解企业的方针、政策而进行的一切活动。公共关系的作用主要如下。

①有利于美化企业的形象，提高企业的信誉。企业通过公共关系活动收集各种信息，如产品形象信息（顾客对企业产品的质量、性能、用途、包装、售后服务的评价）、企业形象信息（对企业组织机构、企业管理水平、企业员工素质、企业服务质量的评价）、企业外部信息（竞争者动态、投资环境、国内外政治、文化、法律、科学技术的重大变化）。

②有利于企业与公众相互理解，消除误会，排除矛盾，维护企业的声誉。公共关系的活动过程就是信息传播和信息内外交流的过程，将企业的信息及时、准确、有效地传递给公众，并引导公众舆论朝着有利于企业的方向发展，为企业树立良好形象创造舆论氛围。同时，还为企业与社会公众沟通感情建立广泛的社会联系，促进社会的理解，提高企业的知名

度、美誉度。

③协调企业内部关系，增加企业的凝聚力。企业内部信息包括员工意见、管理层与基层员工关系、职工对企业文化和决策的理解和支持等。内部公关是企业公共关系的起点，是企业面向职工所进行的交流和沟通工作，其目的是向职工通报有关信息，鼓舞士气，培养他们的认同感、归属感。

④为企业决策提供依据。信息畅通、及时、准确、全面，决策才不会失误。公共关系部门利用与企业内部、外部的广泛交流，广泛收集信息，为企业正确决策提供依据。

（2）公共关系的基本原则。良好的社会形象是以公众的利益为出发点的。为此，纺织企业与公共关系各成员之间必须遵循平等互利、真诚合作、共同发展的基本原则，并在此基础上协调、兼顾企业和公众的利益。只有这样才能获得长期的发展。在具体实施过程中应注重实事求是地宣传企业，把企业长期目标与短期活动相结合，既有重点，又要全方位地开展各项工作。

（3）常见的公共关系工具。

①新闻。新闻具有可信度高、受众不易形成戒备的特点。以新闻的形式开展公共关系活动有利于提高企业美誉度和整体形象，进而有利于纺织品的销售。

②特别活动。通过举办记者招待会、开幕典礼、新产品发布会、演唱会、教育性活动及各种公益活动和纪念性活动，在公众面前展示纺织品和企业良好的形象。

③公共关系人员携带书面宣传资料或视听材料，来影响目标市场。上述材料可以是年度分析报告、文件、宣传册、公司报纸、刊登企业新闻的报纸或杂志等。

④企业网站。企业通过自己的网站介绍企业概况，展示产品和荣誉，进行互动等。公众通过网站掌握有关纺织企业和产品的信息。

（4）公共关系的主要活动方式。

①宣传报道。宣传产品、促销活动和品牌等。

②虚心听取和处理公众对本企业各方面的意见。

③建立与政府机构、供应商、中间商等有关组织的联系，努力搞好各种关系，以求得其了解和协助。

④建立同有关社会团体以及在社会上有一定影响的人士之间的联系。

⑤编写散发宣传材料，介绍企业情况，使更多的公众了解企业。

⑥倡导、举办或参加有关社会福利活动。进行力所能及的赞助活动（如体育比赛），以提高企业的知名度，树立企业的形象。

⑦以实际行动向公众表明企业在不断进步，努力为社会做出贡献。

⑧开展同企业职工的公共关系，增强企业凝聚力。

**（五）几个概念的区别**

微观市场营销是指企业的经济活动过程。其目的在于满足目标顾客的需要，实现企业的目标。对于纺织品营销概念的理解要注意以下问题。

**1. 市场营销与推销、销售的含义不同**　纺织品营销包括纺织品市场研究、产品开发、纺织品定价、纺织品促销、纺织品服务等一系列活动。而推销、销售仅是企业营销活动中的一个环节或部分环节，是市场营销的若干职能之一。

**2. 市场营销活动的核心是交换** 市场营销活动的核心是交换，只有通过交换，才能实现纺织品的价值。因此，对于纺织企业来说，为了实现产品的价值，做好营销活动各环节的工作，以保证最终交换活动能够顺利进行。

### （六）纺织品市场营销的作用

**1. 寻找市场机会** 企业通过市场营销研究，了解市场需求的现状和变化，寻找市场机会。

**2. 交换的功能** 通过在买方和卖方之间所有权发生转移实现交换。

**3. 选择目标市场** 根据企业的任务、目标和资源条件，在充分分析市场需求的基础上，选择本企业提供服务的目标市场。

**4. 融资功能** 在营销过程中，买方可以凭借自己的信用，延期付款给卖方。比如经营纺织品的超市可以与生产企业协商后，每间隔一定时间再结账。

**5. 信息功能** 在营销过程中，批发商和零售商为了解市场的情况，可以向生产企业提供对方所需的供求信息，使得企业根据市场的需要，开发适销对路的产品，制定适当的价格。

**6. 分销功能** 企业选择适当的分销渠道，制订适应市场形势的促销方案，满足目标市场的需要，扩大销售，增加市场份额，提高盈利率，实现自己的任务和目标。

# 子任务2　纺织品市场调查

## 【任务分析】

市场调查为企业决策寻找依据，介绍调查方法及运用，为企业决策做准备。因此，应先了解市场调查的目的、内容、方法、步骤与基本的预测方法（图1-4）。

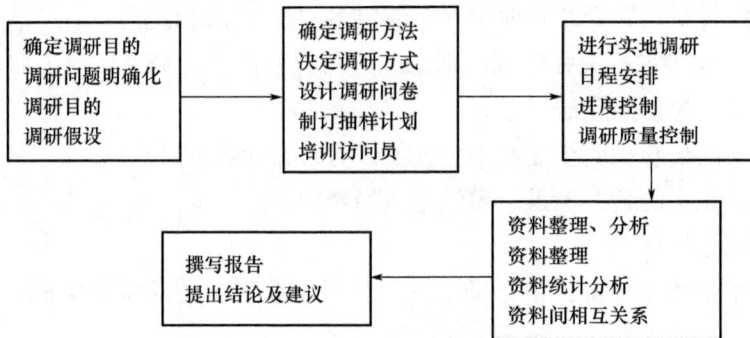

图1-4　营销调研流程

## 【相关知识】  纺织品市场调查认识

### 一、纺织品市场调查的含义、目的与作用

#### （一）纺织品市场调查的含义

纺织品市场调查就是运用科学的方法，系统地搜集、记录、整理和分析相关市场的信息，从中了解市场的供求、价格等调节机制的发展变化，它为纺织企业市场预测和经营决策提供科学的依据。

#### （二）纺织品市场调查的目的

企业经营目标与营销活动发生的问题不一样时，都需要进行市场调查，市场调查的目的见表1-6。

表1-6　市场调查的目的

| 项目 | 市场调研的目的 |
| --- | --- |
| 设定企业经营目标 | 了解市场的大小、主要顾客及潜在顾客，进而制订销售目标<br>了解每年区域市场的大小及潜力，进而制订每个区域业务人员的业绩标准<br>了解在不同定价时，可达成的销售金额，进而制订利润目标<br>根据价格预测及产品利润率，进而设定财务目标（如投资回报率）<br>了解广告费及促销费用与销售额之间的关联性，进而制订促销目标和广告目标<br>预测未来市场成长趋势、商业趋势，进而制订企业的长期目标 |
| 发现营销问题原因 | 销售额下降<br>　内部原因：定价过高、质量不高、促销不够、资源不足<br>　外部原因：竞争加剧、市场萎缩<br>获利率不足<br>　成本增加：制造成本、促销成本<br>　销售下降：内部原因、外部原因<br>　售价过低：售价与成本相比<br>无法满足市场的需求<br>　了解谁是购买决定者<br>　了解人们选择某些品牌的原因<br>　了解消费者在何时何处购买 |

#### （三）纺织品市场调查的作用

纺织企业营销的环境是复杂的。通过市场调查了解目标市场的现状，对企业在目标市场营销中存在的问题进行判断，进而对市场发展趋势进行全面、系统的预测。市场调查的作用主要有以下几个方面。

1. **为企业经营决策提供依据**　市场波动的原因往往是多种因素造成的，仅凭经验不能够正确判断，只有通过市场调查才能为制订相应的调整措施提供依据。

2. **发现新的市场机会**　企业需要进行产品开发或市场开发时，通过市场调查，可以及时捕捉到各类市场信息，分析了解消费者需求的特征或市场空间的大小，使产品开发符合市场的需要。

3. **掌握营销环境的变化** 企业在顺利发展的时候，更需要特别重视营销环境变化对企业产生的影响，如供求状况、竞争对手的状况等。

4. **有利于商业企业促进商品销售** 商品销售是商业企业业务活动的中心。扩大商品销售，加快资金周转，将商品尽快从流通领域输送到消费者手中，是商业企业履行职能的客观要求。

5. **有利于提高企业的管理水平和竞争能力** 通过市场调查，企业不再凭经验进行决策，而是在调查的基础上，掌握市场动态，在充分的市场调查的基础上，进行科学管理。

## 二、市场调查的内容

市场调查的内容很广泛，很多企业在市场调研时，对于调查什么没有一个明确的框架。市场调查的内容见表1-7。

表1-7　市场调查的内容

| | 市场调研的内容 |
|---|---|
| 宏观环境 | 自然地理环境、社会文化环境、政治环境、经济环境 |
| 行业研究 | 行业动态、行业吸引力 |
| 市场状况 | 地区分布、市场潜力、市场占有率、市场发展变化趋势、细分市场研究 |
| 竞争对手 | 确定主要竞争对手，确定每个竞争对手的竞争地位<br>竞争对手的营销战略、竞争对手的渠道策略（渠道设计、经销商政策等）<br>竞争对手的价格策略<br>竞争对手的推广策略（广告、促销、公关等） |
| 产品 | 消费者对产品形状、包装、品位等爱好研究<br>同类产品或竞争产品的比较<br>产品成本分析、新产品开发、测试等 |
| 渠道 | 渠道网络体系，批发商、经销商经营状况<br>批发商、经销商政策研究，仓储、运输状况<br>终端类型及分布<br>终端经营状况（进销存情况、铺货情况、促销情况等），确切掌握各个终端的经营状况、优化终端分布、制订相应调整策略 |
| 消费者 | 消费需求（现实需求、潜在需求及变化趋势，了解现实需求有助于制订短期促销或推广方案；了解潜在需求可协助研发新产品，增加企业的市场适应能力）<br>消费行为（掌握购买信息，包括谁买、如何买、在哪买、何时买、买来做什么等，了解这些行为特征，有助于设计符合目标人群的渠道、终端及物流配送）<br>消费心理<br>消费者分布及人口统计特征等<br>消费者满意度及品牌偏好等 |
| 促销组合 | 活动方式、媒体选择、效果评估、竞争对手的活动 |
| 销售预测 | 短期销量预测、长期销量预测 |

### 三、纺织品市场调查的类型与步骤

#### （一）市场调查的类型

由于调查者的目的和出发点不同，调查的内容和范围也不一样，可把市场调查分为探测性调查、描述性调查和因果性调查。

1. **探测性调查**　探测性调查是企业为了明确进一步调查的内容和重点而进行的非正式调查。比如，某纺织企业最近某种产品销售下降很快，是什么原因呢？是产品未能准确抓住消费者心理？是价格太高？是竞争对手的市场行为导致的吗？

探测性调查的主要方法是对所能够获得的手头现有的资料进行分析，通过询问一些对调查主题可能有了解的相关人，对以往类似的案例进行比较分析。

2. **描述性调查**　描述性调查是在已明确所要研究目标的重点后，拟订调查计划，对所需资料进行收集、记录、整理和分析，找出事物之间的联系。

3. **因果性调查**　因果性调查是为了找出事物之间的因果关系而进行的调查，是侧重于了解市场变化原因的专题调查，分析市场上各种变量之间因果性质的关系，以及可能出现的相关反应。如销售量、市场占有率、成本、利润等与价格之间的因果关系，以达到控制其因、获取其果的目的。

#### （二）纺织品市场调查的步骤

市场调查是一项复杂、细致、涉及面广、对象不稳定的工作。为了取得良好的预期效果，必须加强准备工作，合理安排调查步骤。不同类型的市场调查，程序不尽相同，大致都要经过以下步骤，如图1-5所示。

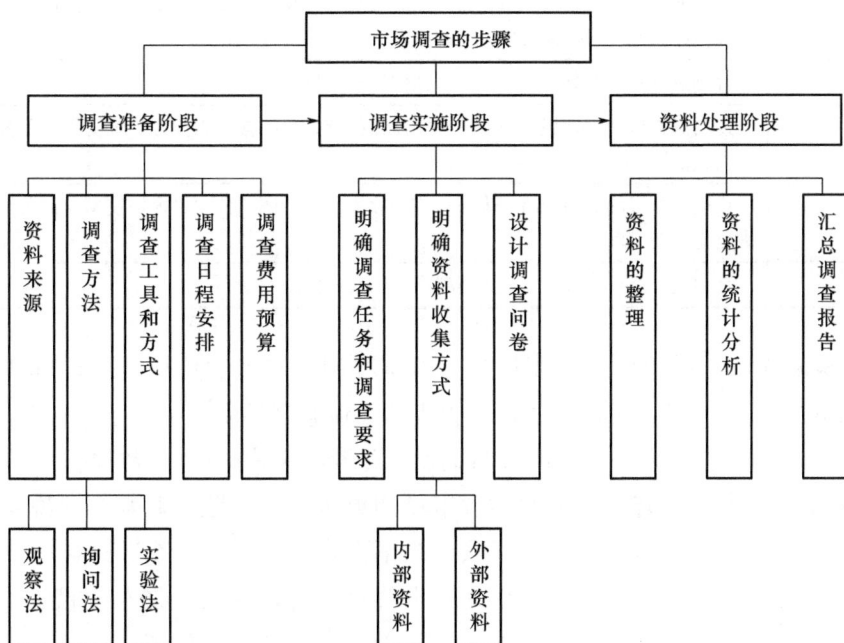

图1-5　市场调查步骤

1. **调查准备阶段** 主要是明确调查目的。首先要明确以下内容：此次调查的原因是什么？通过调查想要了解的情况是什么？调查结果用于何种用途？初步调查通常有以下三种形式：第一，利用得到的间接资料进行分析；第二，征求管理决策者和专业人员意见，对主要问题做出科学选择和判断；第三，开展小规模探测性调查，把得到的探测性调查资料作为依据进行分析。

这一阶段具体工作程序分两步。首先，确定市场调查的范围和调查目的。通常可以采用设问法来进行。如这次调查的原因？调查后获得什么资料？了解情况后有什么用途？其次，制订调查计划。主要内容有调查时间、调查地点、调查人员、调查对象、调查的具体项目、调查的费用预算、调查的方法。制订调查计划后，还要进行调查人员的培训、调查表格的印制等相应的准备工作。市场调研计划书的组成见表1-8。

**表1-8　市场调研计划书的组成**

| | |
|---|---|
| 摘要 | 说明其他各部分的要点，总结概括整个研究计划 |
| 背景 | 应讨论问题的背景，包含环境背景等 |
| 问题定义、研究目的 | 一般来说，问题的陈述（包括问题的具体组成部分）应包含在计划书中，如果还没有提出问题陈述（在确定的问题的研究中），应当明确说明营销研究项目的目的 |
| 问题的研究框架 | 至少应提供相关学术或行业文献的回顾，以及某种分析模型。如果已确认了研究问题、假设以及影响研究设计的因素，则这些因素也应包括在计划书中 |
| 研究设计 | 说明采用的研究设计，无论是探索性、描述性或者因果研究都应如此，提供的信息应包含的内容有信息类型、问卷填写方法、量表技术、问卷的性质（问题类型、长度、平均访谈时间）、抽样计划和样本量 |
| 现场工作、数据收集 | 应说明如何收集数据以及由谁来收集数据；如果将现场转包给另一个公司，则应说明；计划书应描述确保数据收集质量的控制体系 |
| 数据分析 | 计划进行的数据分析的类型以及如何解释结果 |
| 报告 | 说明是否提交中期报告以及在什么阶段提交，最终报告以何种形式提交，是否提交关于结果的正式汇报 |
| 成本和时间 | 说明每阶段的成本的时间安排，应包含重点路径图法和项目评估技术，在大型项目中，报酬表也应拟定出来 |
| 附录 | 任何统计信息或仅有一些人所感兴趣的其他信息 |

2. **调查实施阶段** 该阶段的主要任务是收集与调查有关的信息资料。具体包括调查项目的选择与安排、调查形式、调查方法、调查人员、调查费用等。

（1）调查项目。是指为了实现调查目的所须取得资料的项目。常根据主题分解为调查提纲和调查细项。其中，调查提纲说明实现市场调查目的、主题，调查细项说明实现调查提纲必须取得的资料。比如"新婚夫妇最喜欢与最不喜欢的面料是什么"这样一个调查问题，它要收集的资料有两方面：一是消费者个人基本资料，比如性别、收入、职业、文化程度及年龄等；二是具体对商品对象的评价，如对面料、色彩、款式、包装、品牌、销售场合及价格等方面的评价。

调查项目选择的原则取决于调查目的的主题和调查结果的用途。项目切忌过多，同时要求每个项目要有具体的说明。

（2）调查方法。是指取得资料的方法。调查中有四种基本的资料收集方法，即访问法、观察法、实验法和态度测量表法。具体采用哪种方法要依据资料的来源、调查任务紧迫程度和收集资料的成本等因素。

（3）调查形式。是指获取第一手资料的组织形式。第一手资料要通过实地调查，从调查对象处获取。实地调查的方法有访问法、观察法和实验法，而调查对象指调查范围与对象。因此，调查组织形式的选择包括调查的地点、调查的对象、组织调查的形式（包括选择样本数目和抽样方法）等。

选择调查地点首先要考虑选择在一个地区还是几个地区调查。如果是在一个城市调查的话，是要在一个区还是在几个区调查。其次要考虑调查对象的居住地点，是集中还是平均分布于不同的地区。

选择调查对象，即确定调查对象应具备的条件，通常根据调查类型来确定。如纺织品消费者调查，调查对象为产品的每一个使用者或购买者，即消费者个人或家庭。

选择调查的组织形式，是指选定收集第一手资料进行实地调查的组织形式。我们把在一定调查范围内的全体调查对象称作调查总体。对调查总体通过实地调查来收集第一手资料称作市场普查，这种方法费用较高；收集资料的另一种方法是抽样调查，即通过实地调查总体当中的某一部分来确定整个总体特征。在市场调查中，调查者从所需了解的总体中选择出来的一部分，称作样本。

（4）调查人员。由于市场调查对象来自社会各阶层，他们在阅历、文化上有一定的差异。调查人员应具有相当的思想水平、工作能力、业务技能等。具体包括以下几项。

①具备一定的文化，有良好的文字表达能力和计算能力。

②具备一定的经济学、市场学、统计学和企业管理的知识。

③要有严谨、务实的态度。参加市场调查，不但工作任务复杂、繁忙，而且有时工作也很单调枯燥，需要有很好的工作态度。

④调查人员要有大方、得体的举止，富有亲和力的性格。能够得到市场调查所接触的社会各阶层对调查工作的配合。

（5）调查费用。在执行市场调查计划前，要编制调查费用预算。申请调查费用的原则是节约、有效。调查费用一般包括印刷费、资料费、交通费、选择样本支出、调查费、上机费、汇总费、人员开支和杂费等。以上费用要根据每次调查的具体情况来定。

（6）调查计划的实施。包括工作进度日程、工作进度监督检查、对人员的考核等的具体安排。

工作进度日程，是对调查活动分阶段、分步骤的时间要求。体现在何时做好准备工作，何时开始培训工作，何时开始正式调查，何时完成资料整理工作，何时完成调查报告。

工作进度监督检查，可以掌握调查的情况，及时发现问题，应该不影响调查工作的开展。最好采取现场监督检查，或者每日工作之后安排简短会议，以交流工作情况。

对调查人员的考核，应结合其工作情况提出具体的考核标准，比如，在同等条件下：入户调查的数量，回收调查表格的数量，选定样本拒绝访问数，调查记录、资料整理差错数等。在以上考核指标中，前两个指标数量多，说明调查人员工作负责细致；后两个指标数量少，说明工作有成效。对调查人员的考核，要结合工作进度及时进行，以推动工作的进行，及时调整。

**3. 资料处理阶段** 调查人员将收集到的市场信息资料整理、汇总、归纳，对信息资料进行分类编号等初步加工。比如进行统计汇总，计算出各种比例，制成各种统计图表，并撰写调查报告，将调查结果以书面形式呈现。分析结果阶段由以下两个步骤组成。

（1）汇总市场资料，分析研究市场情况。由专人收集整理获得的调查资料，保存资料编号，然后制成相应的图表，进行分析。统计图表常见的有单栏表、多栏表、频数图、分布图和趋势图。如果调查内容比较单一，只是为了了解某一类市场情况，可以采用单栏表。表1-9是调查某地区某品牌纺织品拥有率情况的单栏式统计表。

表1-9 某地区某品牌纺织品拥有率情况

| 某品牌纺织品 | 百分率（%） |
| --- | --- |
| 有 | 65 |
| 无 | 35 |
| 总计 | 100 |

单栏表只能表示一项特征。在实际调查工作中，为了更大限度地利用调查结果，往往要了解两种或两种以上的特征。这时，则需列成多栏表。

表1-10是调查某地区某品牌纺织品拥有率时，加上个人月均收入这一特征制成的多栏式统计表。

表1-10 某地人均月收入与家用纺织品拥有率统计表

| 人均月收入 | 家纺拥有率（%） | 无该品牌家纺比例（%） |
| --- | --- | --- |
| 800元以下 | 10 | 90 |
| 801~1500元 | 20 | 80 |
| 1501元以上 | 30 | 70 |

从表1-10中不仅可以知道某品牌纺织品的拥有率，还可以看出月人均收入与家用纺织品拥有率之间的关系，而且月收入越高该品牌的拥有量就越高。

分析资料还可以列成图形。把收集到的数据标到一个坐标图上，可以直观地看到市场变化发展的趋势，如图1-6所示。

对资料进行统计分析，除了计算百分比的记录分析外，还需要对现象进行分析。现象分析常用的基本方法有综合归纳法、对比分析法、典型分析法、相关分析法、时间序列分析法

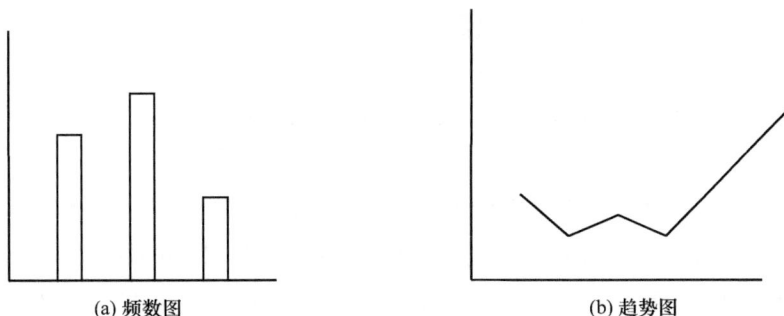

(a) 频数图　　　　　　　(b) 趋势图

图1-6　资料统计图形式

和因果分析法等。其中相关分析法、时间序列分析法、因果分析法的运用目的是进行预测。

（2）撰写调查报告，对调查结果进行跟踪。调查报告通常分为两种类型：一种是专业性报告，是供给市场研究人员参考。要求内容能够详细介绍调查的全过程，说明采用何种调查方式、方法，对信息资料如何取舍，如何获得调查结果等；另一种是一般性调查报告，目的是向其他部门的管理人员、企业的领导者等非专业人员提供相关信息。所以，这种报告应该重点突出、客观、准确、简明扼要，避免使用调查的专门性术语，并尽量用图表表述问题。

在报告完成后，调查人员还要追踪市场调查结果，检查情况的落实，了解调查报告中提出建议的执行情况，发现新情况再开始新一轮市场调查。

### 四、市场调查方法及其应用

市场调查方法概括起来包括文案调查法和实地调查法，不同的方法有不同的特点。下面对这两种方法进行详细介绍。

#### （一）市场文案调查法

1. **市场文案调查法的概念**　文案调查法，也称作间接调查方法，它是指通过收集企业内部和外部、历史的和现实的各种资料，经过整理、统计及分析得到想要的资料的调查方法。

2. **方案调查法的原则**

（1）花费较少的时间和精力就可以获得有用的信息资料。这些资料是已经加工过的信息。

（2）不受时空的限制。可以获得有价值的历史资料，比直接调查获得更广泛的资料。

（3）常常以文字、图表表现，不受调查人员和调查对象主观因素的干扰，反映的信息较真实、客观。

（4）间接资料存在着不足，具体表现如下。

①时效性不够强。作为预测的数据都是已经发生的，作为将来的参考会存在一定的误差。

②所收集的间接资料都是为过去的目的而准备的，数量较大，分布广泛，需要进一步处理。

③在处理间接资料的时候通常使用较难的分析技术，在一定程度上也限制了间接资料的使用。

**3. 收集文案资料的原则** 在文案调查过程中，调查人员要根据调查目的，从繁多的文献档案中识别、归纳出对调查目的有价值的资料，必须遵循一定的原则。

（1）相关性原则。作为首要的原则，是指调查人员着重收集的资料必须与调查的目的有关。

（2）时效性原则。间接资料大部分是历史资料，要考虑资料的时间是否符合调查目的的需要，选择与市场变化相符的内容，才能准确反映市场变化的本来面目。

（3）系统性原则。系统性原则要求文案调查的资料应全面地反映市场实际情况。根据市场调查的目的，既要有宏观资料，又要有微观资料；既要有历史资料，又要有现实资料；既要有综合资料，又要有典型资料。

（4）经济效益原则。省时、省费用是间接资料调查的最大优点。为此，要根据具体情况选择，而一味追求深入全面是没必要的。

**4. 获得文案资料的渠道** 间接资料来源于纺织企业的内部和外部。内部资料主要包括各种业务、统计及其他有关资料。外部资料主要来源于企业外部各类机构所提供的各种资料。

（1）内部资料的来源。主要有业务资料、统计资料、财务资料及其他资料。

①业务资料。包括订货合同、发货单、销售记录、顾客反馈信息等与纺织品营销有关的各种资料。

②统计资料。包括各类统计报表，企业生产、销售和库存记录，各类统计资料的分析报告等。

③财务资料。包括企业各种财务报表、会计核算和分析资料、成本资料、销售利润、税金资料等。

④其他资料。包括企业平时积累的各种调查报告、经验总结、顾客的各种建议记录、竞争对手的分析资料等。

（2）外部资料的来源。主要有以下几种来源。

①国家统计机关公布的统计资料。包括有关纺织行业的工业普查资料、统计资料汇编、商业地图等。这些信息综合性强，覆盖面广。

②各种经济信息中心、专业信息咨询机构、统计部门、纺织行业协会公布和保存的市场信息和有关行业情报。比如有关国民收入、居民购买力、行业产品销售及发展趋势、市场调查与分析报告等资料。上述资料信息全面、可靠性强。

③国内外有关书籍、报刊和电台、电视台所提供的文献资料。通过上述大众传播媒介中的大量以传播经济、市场信息为主导的专栏和专题节目来获得有价值的家纺市场信息资料。

④各种国际组织、商会所提供的国际市场信息。如国内外各种纺织品博览会、展览交易

会、订货会等活动所发放的各种文件资料。通过对上述资料的收集和分析，可以获得最新的行业信息。

⑤各种类型的图书馆。图书馆是市场调查人员查找有关文献资料的场所，市场调查人员可以充分利用图书馆内的资料进行调查。

**（二）纺织品市场实地调查法**

实地调查法是指调查者为获得信息资料所采用的在实地进行调查的方法，主要有询问调查法、观察调查法和实验调查法三种。

**1. 询问调查法**

（1）询问调查法的概念。询问调查法也称作直接调查法，是以询问为手段，从调查对象的回答中获得信息资料的一种方法。它是市场调查中最常用的方法之一。

（2）询问调查法的分类。按传递询问内容的方式以及调查者与被调查者接触的方式不同，有人员访问调查、电话调查、邮寄调查和网上调查等方法。

①人员访问调查。是调查人直接面对被调查者了解情况，获得资料的方法。这是一种最常用的方法。按谈话方式不同，分为自由交谈与调查表提问两种方式。自由交谈方式采用围绕调查主题进行"自由交谈"的形式，具体有个人面谈、小组面谈和集体面谈三种形式；调查表提问形式是指采用提前设计好的问卷或提纲按问题顺序提问的形式。

②邮寄调查法。是将设计好的调查表通过邮局寄给被调查者，请被调查者填好后在规定的日期内寄回以获得调查资料的方法。邮寄调查法的优点有如下几方面。

第一，调查面广。调查的区域广，调查数量多，在费用、时间上耗费较少，对不同调查对象的调查也可以同时进行。

第二，费用低。邮寄调查法所需费用要比面谈调查法少得多。

第三，调查结果较为客观。和面谈调查法相比，由于调查者和被调查者不见面，所以被调查者不受调查者主观因素的影响。

③电话调查法。是指调查者与被调查者之间通过电话交谈获得调查资料的方法。

④网上调查。是借助互联网与被调查者接触收集数据或资料的调查方法，分为网上问卷调查、网上焦点座谈和BBS调查等方法。

网上问卷调查有主动式和被动式两种。主动式是指利用E-mail向被调查者发放问卷，请被调查者填写并回复。被动式是指把问卷放置在因特网站点上，等待访问者在访问时主动填写。

网上焦点座谈法，指下面一种网上调查法：调查者在同一时间随机选择多位被访者，弹出邀请信，告知他们被邀请进入一个特定的网络聊天室，一起讨论对某个事件、产品或服务等的看法和评价，而调查者记录和分析被邀者的言论。

BBS调查法是指调查者通过TELNET或WEB方式在电子公告栏以发布消息的方式给出调查问题，然后等待跟帖，获取相关的数据和资料。

（3）询问调查法的特点比较。询问调查法中的不同方法，各有不同的长处和不足。具体体现在问卷复杂性、数据量、数据准确性、询问者控制、样本控制、速度、费用七个方面。表1-11中比较了各种调查方法在以上七个方面的相对优势。

表1-11　调查方法的优劣比较

| 判断标准 | 询问方法 | | | |
|---|---|---|---|---|
| | 人员访问调查 | 邮寄调查 | 电话调查 | 网上调查 |
| 问卷复杂性 | 优 | 差 | 良 | 差 |
| 数据量 | 优 | 一般 | 良 | 一般 |
| 数据准确性 | 一般 | 良 | 一般 | 一般 |
| 询问者控制 | 差 | 优 | 一般 | 优 |
| 样本控制 | 优 | 一般 | 一般 | 差 |
| 速度 | 一般 | 差 | 优 | 优 |
| 费用 | 差 | 良 | 良 | 优 |

具体采用哪种询问方法，可根据上表中情况，对各方法评分，然后列表算出总分。

2．**观察调查法**

（1）观察调查法的概念。观察调查法是指调查人员凭借自己的眼睛或借助一定的摄像录像器材，在现场对调查对象的情况直接进行观察和记录，获得市场信息资料的一种调查方法。

（2）观察调查法的特点。

①观察调查法的优点。观察调查法与其他市场调查法相比，有其特殊的优点。表现为以下两方面。

a．真实性高。调查者是在被调查者处于自然的状态下进行调查的，其言行未受外界因素的影响。因此，得到的调查资料比面谈询问法更为可信。

b．受调查人员偏见影响小。调查者在调查过程中没有直接接触被调查者，对其行为未施加影响。所以获得的调查结果受调查人员偏见的影响小。

②观察调查法的缺点。

a．受时间和空间限制，所获得的信息资料往往有局限性。因调查事件发生的场所无法预料，观察的地点及时间存在差别，导致调查资料的片面性。

b．调查费用大。这种方法需要调查人员亲自到现场进行调查，在空间范围比较大的情况下，所需费用可能会大幅增加。

c．对调查人员素质要求高。观察法需要人员的耳闻目睹来获得现场的信息，调查人员需要运用敏锐的观察力、良好的记忆力和判断力以及相应的一些心理学知识。

d．无法观察到被调查者的动机等心理因素。因为只能观察到事实本身，无法通过询问知道被调查者的心理想法。

3．**实验调查法**

（1）实验调查法的概念。实验调查法是指在给定的实验条件下，在一定范围内观察经济现象中自变量与因变量之间的变动关系，并做出相应的分析判断，为预测和决策提供依据。比如，对某类纺织品进行降价促销活动方案是否可行就可以采取实验法。先在小范围内降价，通过销售额的对比，分析促销效果。实验调查法可以广泛应用于纺织品品种、包装、设计外观、广告、陈列方法以及价格等。实验调查法有以下几种具体方法。

①事前事后实验调查。事前事后实验效果的计算方法如下。

$$E = x_2 - x_1$$

式中：$x_2$为实验事后测量值；$x_1$为实验事前测量值。

[例1-1]某企业为了扩大床上用品的销售量，经研究认为应该改变原来的包装，但对于新设计的包装效果又没有把握，为此，公司决定运用事前事后实验调查法验证。假如该公司拿出A、B、C、D、E五种款式的床上用品包装作为实验对象，试验期为1个月，即记录五种款式原包装床上用品在1个月期限内的市场销售量，然后改用新包装，1个月后再统计新包装床上用品的市场销售量。经过实验调查，结果见表1-12。

表1-12 改变包装前后床上用品销售量情况

| 床上用品包装 | 事前销售量$x_1$（套） | 事后销售量$x_2$（套） | 变动（套） |
| --- | --- | --- | --- |
| A | 200 | 220 | +20 |
| B | 190 | 200 | +10 |
| C | 240 | 260 | +20 |
| D | 270 | 290 | +20 |
| E | 220 | 240 | +20 |
| 总计 | 1120 | 1210 | +90 |

根据表1-12的销售量情况，实验效果$E = x_2 - x_1 = 1210 - 1120 = 90$（套）

为了能更好地反映实验效果，可用实验效果的相对指标来表示，相对实验效果$RE$可表达为：

$$RE = \frac{(x_2 - x_1)}{x_1} \times 100\%$$

上例相对实验效果$RE = \frac{(x_2 - x_1)}{x_1} \times 100\% = \frac{(1210 - 1120)}{1120} \times 100\% = 8.04\%$

该企业可以根据实验前计划的销售量增长目标判断是否改变包装。我们也可以用同样的方法比较各款式改用新包装的效果。

②有控制组的事后实验。为了横向对比，同时设立实验组和控制组，实验组按设定条件进行实验，控制组在实验前后均不受实验因素影响。比较实验组与控制组来考察实验结果见表1-13。

表1-13 有控制组事后实验模式

| 项目　　　　　　　　　组别 | 实验组 | 控制组 |
| --- | --- | --- |
| 事前测定值 | $x_1$ | $y_1$ |
| 事后测定值 | $x_2$ | $y_2$ |

实验效果$E$可表达为：$E = x_2 - y_2$

相对实验效果$RE$可表达为：$RE = \dfrac{(x_2 - y_2)}{y_2} \times 100\%$

在用此方法时，要注意一个前提条件，就是所选择的控制组与实验组应有可比性。

[例1-2]某纺织企业开发一种新产品，打算采用广告进行促销，广告公司为该企业设计了两种不同风格的广告文稿，为了选择较理想的广告，企业打算在小范围内做市场实验，选择在人口和购买力及其他经济环境较相似的甲、乙、丙三地，分别在乙、丙两地的报刊上刊登不同广告文稿，甲地为控制组，不登广告文稿，规定某一周为实验周。实验结果见表1-14。

表1-14　某纺织品广告实验统计表

| 组别 | 地区 | 家纺产品销量（件） | 实验效果（件） |
|------|------|------|------|
| 控制组 | 甲（$x$） | 800 | |
| 实验组一 | 乙（$y$） | 920 | 120 |
| 实验组二 | 丙（$z$） | 1040 | 240 |

采用乙地的广告文稿的实验效果为：$E = 920 - 800 = 120$（件）

其相对实验效果为：$RE = \dfrac{(920 - 800)}{800} \times 100\% = 15\%$

采用丙地广告文稿的实验效果为：$E = 1040 - 800 = 240$（件）

其相对实验效果为：$RE = \dfrac{(1040 - 800)}{800} \times 100\% = 30\%$

从上述结果来看，采用丙地的广告比采用乙地的广告效果显著，故企业选择丙地实验的广告文稿。

这种实验的优点：与前一种相比，考虑了事前事后实验存在的非实验因素的影响。

③有控制组的事前事后对比实验。是在前两种的基础上，考虑了控制组与实验组在实验前后不同时期的变化而进行的对比实验。实验模式见表1-15。

表1-15　有控制组的事前事后对比实验模式

| 项目　　　　　　组别 | 实验组 | 控制组 |
|------|------|------|
| 事前测定值 | $x_1$ | $y_1$ |
| 事后测定值 | $x_2$ | $y_2$ |

实验效果$E$可表达为：

$$E = (x_2 - x_1) - \dfrac{x_1}{y_1}(y_2 - y_1)$$

相对实验效果$RE=\dfrac{1}{x_1}\left[(x_2-x_1)-\dfrac{x_1}{y_1}(y_2-y_1)\right]\times100\%$

该方法考虑了事前事后非实验因素的影响程度。非实验因素对实验组所产生的绝对变化量为$x_1(y_2-y_1)/y_1$。

（2）实验调查法的优点。

①结果具有客观性和实用性。它是一种真实的或模拟真实环境下的具体的调查方法，具有很高的推广价值。

②方法具有主动性和可控性。调查者主动调整市场因素，在控制其变化程度的条件下对一些现象之间的因果关系及相互影响程度进行分析，为企业经营决策提供依据。

③实验结果能够量化表示，结论具有较强的说服力。

（3）实验调查法的缺点。

①用实验法获取调查资料需较长时间，费用也比较高。由于影响环境的因素较多，有时为了获得比较准确的信息，经常需要做多组实验，才能真正掌握因果变量之间的关系。

②有一定的局限性。通过实验只能够掌握因果变量之间的关系，不能对过去和未来的情况进行分析。

③受到一定时间的限制。由于影响环境的因素会随着时间的变化而变化，因此，其实验结果的推广受一定的时间限制。

# 子任务3　调查问卷设计

## 【任务引入】　调查问卷实例

### 例1　秋冬季休闲服装市场调查问卷

城市：＿＿＿＿＿＿＿＿

问卷编号：＿＿＿＿＿＿

亲爱的女士/先生：

您好！我们是＿＿＿＿＿＿＿＿的学生，正在进行一项关于休闲服市场的调研，下面请您花几分钟时间回答一些问题。非常感谢您的支持与合作！

请说出您喜欢的3个休闲服品牌。

（1）＿＿＿＿＿＿＿＿　　（2）＿＿＿＿＿＿＿＿　　（3）＿＿＿＿＿＿＿＿

1. 在选择品牌休闲服时，您最重视哪些因素？请选择三项，并按重要程度排序。

A. 品质　　　B. 价格　　　C. 服务水平　　D. 款式　　　E. 推广方式

F. 舒适合体　G. 体现个性　H. 品牌形象　I. 流行性　　J. 服装的功能性

K. 其他，请填写＿＿＿＿＿＿

2. 下列款式（表1-16），哪一个休闲服品牌最优（请从卡片中选择）？

表1-16　休闲服款式评价表

| 款式 | T恤 | 休闲裤 | 毛衣 | 休闲外套 |
|---|---|---|---|---|
| 品牌 | | | | |

**注**　卡片中将各个休闲装品牌做了编号，具体如下：1——班尼路；2——真维斯；3——佐丹奴；4——堡狮；5——美特斯·邦威；6——S&K；7——以纯；8——柏诗高；9——班博。

3. 最近六个月，您用于购买服装的支出为：

A．300元以下□　　B．301~500元□　　C．501~700元□

D．701~900元□　　E．901~1100元□　　F．1101~1300元□

G．1301~1500元□　　H．1501~2000元□　　I．2001~2500元□

J．2500元以上□

4. 最近六个月，您购买休闲服的情况（表1-17）为：

表1-17　休闲服购买情况

| 款式 | 件数 | 购买总金额 | 最经常购买的品牌（请从卡片中选择） |
|---|---|---|---|
| T恤 | | （1）50元以下□　（2）51~100元□<br>（3）101~150元□　（4）151~200元□　（5）200元以上□ | |
| 休闲裤 | | （1）100元以下□　（2）101~200元□　（3）201~300元□<br>（4）301~400元□　（5）400元以上□ | |
| 休闲外套 | | （1）100元以下□　（2）101~200元□　（3）201~300元□<br>（4）301~400元□　（5）400元以上□ | |

5. 您认为以下各属性，哪一个休闲服品牌最优（请从卡片中选择）？请填入表1-18中。

表1-18　休闲服属性评价

| 属性 | 款式设计 | 产品品质 | 广告推广 | 店铺装修及陈设 | 服务水平 | 价格合理 | 舒适合体 | 体现个性 | 整体评价 |
|---|---|---|---|---|---|---|---|---|---|
| 品牌 | | | | | | | | | |

6. 请问您最经常购买休闲服是在以下哪种地点：

A．步行街/商业街的服装店铺□　　B．一般街道的服装店铺□

C．百货商店□　　D．大型综合购物广场□　　F．大型综合超市□

G．服装批发市场□　　H．其他□

7. 哪一种推广方式最能驱使您购物：

A．折扣优惠□　　B．定期举办联欢活动□　　C．广告推广□

D．送纪念品□　　　E．明星代言人□　F．其他（请填写_____）□

8．您的年龄：

A．16~20岁□　　　B．21~25岁□　　　C．26~30岁□　　　D．31~35岁□

E．36~40岁□　　　F．其他□

9．您的性别：

A．男□　　　B．女□

10．您的年收入：

A．无收入□　　B．8000元以下□　　C．0.8万~1.5万元□

D．1.5万~2万元□　　E．2万~3万元□　　　F．3万~5万元□

G．5万元以上□

访问员姓名：_____　　访问地点：_____　　时间：_____

## 例2　BOSS公司问卷调查表

1．您的性别是：

A．男士　　　　　　　　B．女士

2．您的职业是：

A．企业一般职员　　B．企业中高级管理人员　　C．政府干部/国家公务员

D．专业人员（如医生、律师、教师等）　E．其他，请填写_____

3．您大概多久购买服饰品一次？

A．三天　　　B．一个星期　　　C．一个月　　　D．半年　　E．从不

4．您觉得男装最重要的是：

A．面料高档　　　B．款式流行　　　C．颜色悦目　　　D．穿着舒适

E．价格合理

5．您常购买的男装品牌是：

A．BOSS　　　B．佐丹奴　　　C．利郎　　　D．卡宾　　　E．七匹狼

F．其他，请填写_____

6．您看到过BOSS这个品牌的广告吗？

A．看到过　　　　B．有点印象　　　　C．没看到过

7．您最先了解BOSS这个品牌是通过：

A．BOSS的形象店　　B．杂志广告　　C．朋友穿着　　　D．友人赠送

E．互联网　　　　　　F．其他，请填写_____

8．BOSS品牌的形象店给您的感觉是：

A．很舒服，高档简洁　　B．不舒服，太死板了　　　C．没什么感觉

9．您购买过BOSS的服饰品吗？如果没有，您将来打算购买吗？

A．买过（请接第10题）　　　　B．没买过，打算买（请接第12题）

C、没买过，不打算买（至此，谢谢您的参与！）

_____

_____

10. 您最先购入的BOSS产品是：

A. 服装　　B. 皮具　　C. 鞋靴　　D. 皮具　　E. 配件

11. 您最喜爱的BOSS产品是：

A. 服装　　B. 皮具　　C. 鞋靴　　D. 皮具　　E. 配件

12. 您觉得BOSS的产品：

A. 款式很好，很稳重　　　　　B. 面料很好，很高档

B. 颜色很好，很悦目　　　　　D. 什么都不好

13. 您认为BOSS品牌专卖店的服务：

A. 不错　　　　　　B. 一般　　　　　　C. 需要改进

14. 请写下您认为BOSS品牌还需要改进的地方：

_____

_____

您的参与对我们帮助很大，真诚感谢！祝您事事顺心！

## 【任务分析】　问卷设计主要完成的内容

1. 明确调查目的。

2. 确定调查任务。

3. 确定调查项目。

4. 进行问卷编制。

## 【任务实施】　纺织市场调查问卷设计

### 一、调查项目的设计

调查项目是调查表的核心内容，项目设计合理与否是调查能否成功的关键因素，它在很大程度上决定着调查表的回收率、有效率、答案的准确性及实用性。

调查项目的关键是如何命题及怎样确定命题的答案，主要方式有以下几种。

（1）开放式问题。又称作自由式问题。调查表上没有拟定可供选择的答案，被调查者自由回答问题，不受限制。这种方法，能充分听取各方意见，活跃调查气氛，能收集到意想不到的资料和建设性意见；缺点是答案离散性大，归纳整理困难。

（2）封闭式问题。调查表中提出的问题设计有各种可能的答案，被调查者只需选中一个或几个答案就行。

（3）是非式问题。又称两项选择或对比式问题。被调查者只能在诸如"是"与

"非"、"有"或"无"两个可能的答案中选择一个。设计时要注意"两项选择"是客观存在的，不能凭空臆造。

（4）多项选择式问题。设计者对一个问题先列出若干个答案，让被调查者从中选择一个或几个答案。这种问题的优点是主题明确、便于资料分类和整理。缺点是被调查者的意见不一定能全面反映出来。

（5）顺序式问题。又称作序列式问题。该问题是在多项选择的基础上，要求被调查者对所询问问题的答案，按照自己认为的重要程度进行顺序排列。

（6）量度问题。在市场调查中，往往涉及被调查者的态度、意见、感受等有关心理活动方面的问题，较难采用定量表达方式。服装企业常用以下两种形式。

①第一种，评比量表。由调查者把预测问题按不同的态度列出顺序排列的答案，并按顺序给出一定分值，由被调查者自由选择回答。例如，以顾客对某服装店营业员服务满意程度的评价，进行定量评估，评比量表见表1-19。

表1-19　评比量表

| 程度 | 很不满意 | 不满意 | 稍不满意 | 可以 | 比较满意 | 满意 | 很满意 |
| --- | --- | --- | --- | --- | --- | --- | --- |
| 分值 | 1 | 2 | 3 | 4 | 5 | 6 | 7 |

评比量表可划分为若干阶段(上面所列为7段量表)，企业可根据具体情况而定，一般以3或5个阶段比较适宜，特殊情况下，可设为11段。上列分值在采用计算机处理时可转化为-3，-2，-1，0，1，2，3。

②第二种，数值分配量表。由被调查者在固定数值范围内，对所测问题依次分配一定数值，得出不同评价的一种态度测量表。例如，在调查顾客对服装店营业员服务的满意程度时，可让被调查者按照对甲、乙、丙三个营业员服务的满意程度打分，三项分值总数为100分。如果被调查者评分为：甲营业员60分，乙营业员20分，丙营业员20分。表明被调查者对营业员甲、乙、丙的满意程度有差异。汇总所有被调查者的得分，就可以判断顾客对各营业员的满意程度。

## 二、市场调查表设计的原则

1. **必要性原则**　为了取得满意的结果，所立项目应是调查课题所必需的。

2. **准确性原则**　所提问题的界限、用词要准确，避免含糊不清、可多种理解、过分专业化的词句及多层次内容会影响被调查者对问题的正确理解和答案的准确性。

3. **客观性原则**　所提问题要客观，不要提出带有引导性和倾向性问题，即不要提示答案方向或暗示调查者的观点。

4. **可行性原则**　对所有问题，被调查者应该能够根据常识和经验选择答案，而不用通过计算选择答案。设计问题要讲究艺术性，可安排一些趣味性的问题，对于令人困窘而又必须调查的项目可放在问卷的后面，注意逻辑性与顺序，先易后难。

### 三、市场调查表设计的步骤

（1）根据调查的目的拟定调查内容提纲，确定调查所需搜集资料的范围，并征求专家和调查人员的意见。

（2）根据调查对象的特点和调查提纲的要求，确定调查表格形式和问题的类型，开列调查项目清单，编写问题和答案，并提出各项指标和统计方法。

（3）按照问题的内容、类型、难易程度、安排调查项目的顺序，编写填表说明并设计调查表初稿。

（4）将调查表初稿在小范围内做测试，根据初步测试结果，对调查表做必要的修改，最后拟定正式的调查表。

# 子任务4　市场营销方案设计

## 【任务分析】

了解营销策划含义，掌握营销策划原则，重点是营销策划书的基本内容和格式。学会营销方案设计方法，进行营销方案设计。

## 【相关知识】　营销策划的基本概念与营销策划书的编制

### 一、营销策划基本概念

企业营销策划简称企划，是企业策划活动的一个方面。

企业策划专指对企业各项事业或活动决策前进行的谋划、构思和设计活动。

企业营销策划是对企业开办、生存以及发展的整个经营活动进行必要的规划和安排。

### 二、策划前应明确几个问题

1. *企业营销策划的前提*　产品及公司的实力。

2. *企业营销策划的基础*　商业信息的收集及分析。

3. *企业营销策划的灵魂*　新颖可行的创意。

4. *企业营销策划的执行保障*　良好的企业文化。

### 三、营销策划书的编制

#### （一）营销策划书编制的基本原则

1. *逻辑思维原则*　策划前应思考三个问题：我们处于什么位置？（Where we are?）我们应该处于什么位置？（Where we should go?）怎样达到目标？（And how to go?）

2. *整合原则*　用正确的营销理念将各个要素整合统筹起来。

3. *针对性原则*　应注意突出重点，抓住企业营销中所要解决的核心问题。

4. **效益原则** 是指营销策划中应以成本控制为核心。

5. **创意新颖原则** 要求策划的创意新、内容新、表现手法也要新，给人以全新的感受。

6. **可操作原则** 营销策划方案应具有鲜明的实战功能。

### （二）营销策划内容及程序

1. **策划目的** 目的主要有六个。

（1）企业刚开张或新产品刚问世，尚无一套系统营销方略，因而需要根据市场特点策划出一套行销计划。

（2）企业发展壮大，原有的营销方案已不适应新的形势，需重新设计新的营销方案。

（3）企业改革经营方向，需要相应地调整行销策略。

（4）企业原营销方案严重失误，不能再作为企业的行销计划。

（5）市场行情发生变化，原营销方案已不适应变化后的市场。

（6）企业在总的营销方案下，需在不同的时段根据市场的特征和行情变化设计新的阶段性方案。

2. **分析当前的营销状况**

（1）对宏观营销环境进行分析。

（2）对当前产品市场状况及市场前景进行分析。

①市场状况。

②产品状况。

③竞争状况。

④消费者特征。

### （三）市场机会与问题分析

不仅要进行市场机会分析，还要进行环境威胁分析，从而尽可能地避开风险。

针对产品及企业自身情况分析优势和劣势，找出与竞争对手的差距予以克服，从而充分利用自身优势，发掘市场潜力，把握并利用好市场机会。一般来说，企业营销中存在的主要具体问题表现为以下几个方面。

（1）企业或产品品牌知名度不高，影响产品销售。

（2）产品质量不过关，功能不全，形象不佳，被消费者冷落。

（3）产品包装太差，提不起消费者的购买兴趣。

（4）产品价格定位不当。

（5）销售渠道不畅，或渠道选择有误，使销售受阻。

（6）促销方式不力，消费者不了解企业产品。

（7）服务质量太差，令消费者不满。

（8）售后保证缺乏，消费者购后顾虑多等。

### （四）营销目标

是在营销目的和任务基础上公司所要实现的具体目标，通常是营销策划方案执行期间的经济效果。例如：总销售量为（　　）万件，预计毛利（　　）万元，市场占有率实现（　　）。

除了经济指标，企业还可以对形象效果指标进行明确。例如，方案实施后知名度提高（　　）
个百分点，顾客满意度达到（　　）。

### （五）营销战略

1. **营销宗旨**　企业应注重以下几个方面。

（1）以强有力的广告宣传攻势顺利拓展市场，为产品准确定位，突出产品特色，采取差异化营销战略。

（2）以产品主要消费群体为产品的营销重点。

（3）建立起点广、面宽，有销售渠道，不断拓宽销售区域等。

2. **产品策略**　提出产品策略建议。

（1）产品定位。

（2）产品质量功能方案。

（3）产品品牌。

（4）产品包装。

（5）产品服务。

3. **价格策略**　几个普遍性原则。

（1）拉大批零差价，调动批发商、中间商的积极性。

（2）给予适当数量折扣，鼓励多购。

（3）以成本为基础，以同类产品价格为参考，以公司整体经营方针和营销策略为指导，使产品价格更具竞争力。

4. **销售渠道策略**　主要应明确以下几个问题。

（1）新产品应如何设计销售渠道？

（2）产品目前销售渠道状况如何，是否合理？对销售渠道的拓展有何计划？

（3）是否需要采取一些实惠政策鼓励中间商的销售积极性，或制订适当的惩罚措施制裁违规中间商？

5. **广告宣传、公关以及营销推广等促销活动**　普遍性原则。

（1）促销活动要服从公司整体营销宣传策略，树立产品形象，同时注重树立公司形象。

（2）广告宣传要注重一致性和广泛化。

（3）广告投放要注重科学性。

（4）不定期地开展阶段性的营业推广活动，掌握适当时机，及时、灵活地进行，如重大假日、公司有纪念意义的日子等。

（5）把握时机进行公关活动，赢得消费者。

（6）积极利用新闻媒体，善于创造和利用新闻事件提高企业产品知名度。

6. **具体行动方案**　根据各时间段的特点，推出各项具体行动方案，以此使营销策略的内容得到具体贯彻。

行动方案要细致、周密、操作性强且不乏灵活性，同时还要考虑费用支出，一切量力而行，要以较低费用取得良好效果为原则。尤其应该注意季节性产品淡、旺季营销侧重点，抓住旺季营销优势。通常把行动方案按时间顺序列出，并明确标清每项行动的日期、步骤、具体细节、参与人员及负责人员等。

7.　**策划方案各项费用预算**　它是指整个营销方案推进过程中的费用投入，包括营销过程中的总费用、阶段费用、项目费用等，原则是以较少投入获得最优效果。

8.　**方案调整**　它是策划方案的补充部分。在方案执行中都可能出现与现实情况不相适应的地方，因此方案贯彻过程中，必须随时根据市场的反馈及时对方案进行调整。实际上，营销计划的执行常采取滚动式计划执行与修订的方法，即定期审查计划的完成情况。在此基础上，对以后的已制订但未执行的计划作必要的调整和修订，并将计划期顺序向前推进一期。

9.　**监控**　说明将如何监控该计划。通常，较高一级的管理者要按月或按季定期审查下级部门的目标和预算，要求落后部门解释原因及制订整改措施。

10.　**风险分析**　风险主要来自两个方面：一是市场机会的判断是否准确和市场定位是否合理；二是消费者对产品的认同度、市场需求量、季节的差异性、产品的周转期等的负面影响会造成产品库存量增加。

同时，对于如何规避风险，策划者指出，作为消费品，宣传投入和市场风险是成反比的，因此公司可适量地加大宣传力度。

### 四、营销策划书的编制

策划书没有一成不变的格式，依据产品或营销活动的不同要求，在策划的内容与编制格式上也应有所变化。但其中有些要素是共同的，和其他书籍一样需具备如下信息。

营销策划书也包括封面、目录、正文和附录几个部分。

封面一般提供策划书的名称、被策划的客户、策划机构或策划人的名称、策划完成日期及本策划适用时间段。

策划书的目录将策划方案中的主要项目列出，标示出全书各章节的页码位置。

附录是策划方案的附件，它对策划方案起着补充说明作用，便于策划方案的实施者了解有关问题的来龙去脉。附录内容一般是图表资料（如主要竞争对手资料、竞争态势图、市场占有率或销售量分析表、作业线路图等）、本策划案参考文献资料等。

### 五、营销策划书推荐格式

**产品市场推广营销策划书**
**一、策划说明**
**二、营销环境与状况分析**
1. 宏观环境分析
2. 市场分析

3．产品分析

（1）产品特点。

（2）生命周期。

4．竞争分析

（1）目前同类替代产品情况。

（2）目前行业现有企业竞争状况分析。

5．顾客分析

要点：产品销售量、购买者情况、购买用途等。

**三、机会与障碍分析**

1．机会。

2．障碍。

**四、营销目标**

1．短期目标。

2．长期目标。

**五、营销战略**

1．产品策略　包括产品定位、销售对象、包装策略。

2．定价策略

3．广告策略　目标、播放时间、创意简述等。

4．公关策略

5．促销（营业推广）策略

6．渠道策略

**六、具体行动方案**

主办单位、时间、地点、内容、注意事项等。

**七、费用预算**

推荐表格，见表1-20。

表1-20　费用预算表

| 开支项目 | 年总份额 | 所占百分率 | 使用方法 |
|---|---|---|---|
|  |  |  |  |
|  |  |  |  |

**八、其他**

【任务实施】　　A品牌进驻南通床上用品市场策划书

详见附后策划书。

# A 品牌进驻南通床上用品市场策划书

被策划客户：销售部

策 划 机 构 ：企划部

策划适用时间段：2014.06 ～ 2014.12

# 目　录

一、策划说明

二、营销环境与状况分析

（一）宏观环境分析

（二）目标市场分析

（三）产品分析

三、机会与障碍分析

（一）机会分析

（二）障碍分析

四、营销目标

五、营销策略

（一）产品策略

（二）价格策略

（三）渠道策略

（四）促销策略

六、具体行动方案

七、费用预算

八、过程控制要点

九、可能产生的风险与调整

十、附录　终端开业活动策划通用方案

# A品牌进驻南通床上用品市场策划书

## 一、策划说明

南通市是著名的纺织之乡，著名的叠石桥国际家纺城距市中心30km，每年的销售额达到500亿~600亿元，在没有任何政府背景下，经过30年的发展，已经成为世界床上用品中心之一，其信息流、物流及资金流的变化左右着我国床上用品市场发展的方向和趋势，A品牌是我国床上用品中的著名品牌，但地处南方，在长三角地区的市场占有率低，品牌知名度急需提高，而南通是长三角地区床上用品竞争最为激烈的地区，知名品牌集中，是行业中的必争之地，所以，A品牌要在最先时间把握床上用品市场的第一手信息资料，在长三角地区占据一席之地，品牌在精心策划后，高调进驻南通市场势在必行。

## 二、营销环境与状况分析

### （一）宏观环境分析

21世纪以来，随着房地产市场的蓬勃发展，床上用品市场进入了一个快速发展的通道，企业在品牌建设、过程控制、生产技术、自主知识产权、融资模式及销售总量上都产生了质的飞跃，新的市场竞争格局形成，市场总体出现以下缺陷。

（1）市场品牌集中度不高，年销售额超过10亿元以上的品牌屈指可数。

（2）发展速度开始减缓，创新能力不足及提升速度缓慢。

（3）消费者的消费理念不成熟，人均消费量较低。

### （二）目标市场分析

南通市，江苏省直辖市，面积8544平方千米，人口729.8万人（2013年）。辖3个市辖区以及南通经济技术开发区、2个县，代管3个县级市，即崇川区、港闸区、通州区、海门市、海安县、启东市、如皋市、如东县。市人民政府驻崇川区。根据南通市未来城市化发展方向，结合区内现有产业空间布局基础，将全区划分为老城区、新城区、开发区、风景区和沿江经济带五个功能区域。

1. **老城区**　围绕商业、居住、服务和文化中心的功能定位，合理布局大卖场（商场）等第三产业服务业项目。

2. **新城区**　围绕南通市新的行政中心的功能定位，以市场化、产业化和社会化为方向，大力发展商住一体的房地产业和商务服务、会展服务、文化教育、体育休闲、科技服务、社区居住服务等产业。

3. **开发区**　以建设新型工业区为目标，大力发展都市型工业。

纺织曾经是南通市的第一支柱产业，GDP、就业岗位及利税贡献高达市内相应指标的30%，现已经转化成家用纺织品产业（床上用品）是南通市六大支柱产业之一，在距离市区30km外有著名的床上用品基地，每年的交易量达到550多亿元。家用纺织品企业6000多家，市级以上品牌达30多家，其中有罗莱、凯盛、斯得福、紫罗兰、宝缦等著名品牌。

南通家纺品牌的销售模式有加盟、批发、直销等，家纺品牌零售终端主要集中在老城区，专柜主要集中在南通文峰大世界与百货大楼，文峰专柜的品牌有罗莱、宝缦、梦洁、Esprit等，百货大楼有罗莱、凯盛、宝缦、堂皇、维科等。

专卖店有罗莱、凯盛、宝缦、世家、杉杉等，主要集中在老城区，本土品牌具有很高的市场知名度与占有率，产品风格以罗莱为代表的清新自然、温馨素雅，产品结构主要有套类、芯类、卫浴类等。

经过10多年的快速发展，南通家用纺织品呈现出如下特点与趋势：由产品型向品牌型转移，产品由克隆型向自主研发型转移，第一阶段的市场"洗牌"后，服务水平更为规范，企业规模不断扩大。

### （三）产品分析

1. **产品特点** 南通床上用品市场上畅销的产品，充分体现了长三角地区的地域文化特色。

（1）花型。以自然界花卉为主要题材，以米色、粉色、血牙色相为主，色彩明度及饱和度较低，整体风格清新、淡雅。

（2）产品结构。常见产品结构见表1-21。

表1-21 产品结构

| 序号 | 商品名称 | 需求比（%） | 生产者数量比（%） |
|---|---|---|---|
| 1 | 四/六件套 | 35 | 100% |
| 2 | 多件套 | 12 | 70% |
| 3 | 高档套件 | 2.5 | 100% |
| 4 | 儿童套件 | 2.3 | 50% |
| 5 | 被芯 | 30 | 100% |
| 6 | 枕芯 | 9 | 100% |
| 7 | 垫类 | 7 | 70% |
| 8 | 其他 | 2.2 | 50% |

从表1-21可以看出：现有的床上用品已经较充分满足了消费者的生理需求；消费者对床上用品需求最多的是套类及被芯类产品；多件套、儿童套件、垫类、其他四类产品的生产者的数量较少；消费者对床上用品的潜在需求难以判别；每一个消费者对现有的床上用品都存在需求。

（3）需求结构。需求结构见表1-22。

表1-22 需求结构

| 序号 | 需求层次 | 需求比（%） |
|---|---|---|
| 1 | 生理需求 | 70 |
| 2 | 安全需求 | 10 |
| 3 | 社交需求 | 15 |
| 4 | 尊重需求 | 2.5 |
| 5 | 自我实现需求 | 2.5 |

影响消费者购买行为的因素有经济、文化、心理等因素，每种因素对消费者的购买行为都会产生不同程度的影响，经济因素是首要因素，文化是最深远的因素，心理因素是决定性因素，也是最难以考量的因素，在现代营销中研究的空间较大。

从表1-22可以看出：大部分消费者对床上用品的需求还停留在生理需求层次；消费者对床上用品生理需求的比例过大；消费者对床上用品的安全需求、社交需求呈上升趋势；消费者对床上用品的尊重需求、自我实现需求很小；每一个消费者对各种层次的需求存在较大差异。

**2. 生命周期**

（1）产业周期。家用纺织品行业经过近30年的发展，自本世纪初已经开始进入成长期，由于市场前景良好，投资于家纺产业的厂商大量涌现，产品也逐步由单一、低质、高价向多样、优质和低价方向发展，这种状况的继续，将导致生产厂商随着市场竞争的不断发展和产品产量的不断增加，市场的需求日趋饱和。生产厂商不能单纯地依靠扩大生产量，提高市场的份额来增加收入，而必须依靠追加生产，提高生产技术，降低成本，以及研制和开发新产品的方法来争取竞争优势、战胜竞争对手和维持企业的生存。这一时期的特点是市场增长率很高，需求高速增长，技术渐趋定型，产业特点、产业竞争状况及用户特点已比较明朗，企业进入壁垒提高，产品品种及竞争者数量增多。

（2）产品周期。从马斯洛需求层次图看，这个时期的2个底角的角度开始逐渐增大，生理需求比例逐渐缩小，安全、社交、尊重及自我尊重需求的比例逐渐增大。

总体来说，家用纺织品的整体周期呈现逐步缩短趋势，由原来的2~3年缩短为1年左右。

①竞争分析。

a. 同类产品替代竞争。A品牌的产品风格适用的主要消费人群：具有较高经济收入及艺术修养的个人及家庭，产品特点主要是以大自然的花卉为题材，产品结构融入大家纺的概念，强调室内环境的整体配套与协调，产品已经在长三角地级以上城市有过较好业绩，这类产品的开发对企业资金投入、渠道开拓、客户培养及开发能力具有较高要求。目前，具备生产能力的品牌有5家，但产品已经上市的品牌只有2家，在产品购买影响因素方面，在产品的设计风格上，目前不存在同类产品的威胁和竞争；但在产品的价格、品质、基本性能等方面，目前有5~8个品牌的竞争。

b. 行业现有企业竞争状况分析。A品牌于2010年已经在深圳股票交易所上市，募集资金达7亿元资金，主要用于艺术类大家纺产品的研发及销售终端ERP资源管理系统的升级换代，在后来3~5年中，销售量保持30%以上的增长速度，同类品牌竞争状况见表1-23。

表1-23　2014年各品牌经营指标

| 品牌 | 总股本（亿元） | 销售额（亿元） | 毛利率（%） | 主营业务成本（亿元） | 每股收益（元/股） | 每股净资产（元/股） | 强势销售区域 |
| --- | --- | --- | --- | --- | --- | --- | --- |
| A品牌 | 1.3 | 10 | 47 | 5 | 0.95 | 8.3 | 华南、华东、华中 |
| B品牌 | 1.4 | 18 | 39 | 8 | 1.49 | 10.3 | 华东、华中、华北 |
| C品牌 | 1.5 | 8 | 40 | 5 | 1.06 | 10.1 | 华中、华东、华北 |

②顾客分析。由于A品牌在南通市场缺乏第一手的客户资料，暂时只能以南通市场消费者的二手资料及最近周边地区的ERP系统的资料加以分析，表1-24为床上用品销售结构表。

第一，南通市是我国的纺织基地，由于当地三分之一的从业人员从事纺织业，消费者对纺织品基本知识的认知程度较其他地区高，为A品牌的推广打下了较好的基础。

第二，南通市地处长江以北，从经济总量上看已经达约3000亿元，位居江苏省第四位，可以参照无锡、常州专卖店的销售资料，市区可在人气最旺的文峰大世界设立专柜及南大街或濠南路设立专卖店，这些商圈的高档消费者都是A品牌未来的目标消费群体，三年的销售指标预计为200万、350万、500万元，每个客户的年销售额为5000~8000元，单笔交易额为2000~3000元。

表1-24　床上用品销售结构表

| 序号 | 用途 | 占销售额比例（%） | 占消费动机的比例（%） |
| --- | --- | --- | --- |
| 1 | 日常换洗 | 15 | 20 |
| 2 | 乔迁 | 23 | 20 |
| 3 | 婚礼 | 25 | 20 |
| 4 | 个人礼品 | 10 | 15 |
| 5 | 团体礼品 | 20 | 15 |
| 6 | 理财产品 | 2 | 5 |
| 7 | 配套销售 | 5 | 5 |

### 三、机会与障碍分析

（一）机会分析

**1. 环境、产品分析** 通过对南通市南大街八佰伴及文峰大世界、南大街家纺专卖店区、桃钨路、濠南路专柜及专卖店的分析，目前的家纺品牌中，本地品牌主要有罗莱、宝缦、紫罗兰、凯盛，外地品牌主要有堂皇、梦洁、Esprit、维科等，本地品牌不但在主要商圈设立专柜，还设立多家专卖店，本地品牌具有明显的地域及文化优势，本地消费者对本地品牌的认可程度较高，但本地品牌产品之间的相互替代性较强，产品风格都是典型的通派风格，产异化程度相对较小，外来品牌中的Esprit虽然在渠道、促销等策划方面不如本地品牌强势，产品相对单一，但其青春、活力、色彩独特的风格，采用的逐渐渗透的方法，在18～35岁的目标消费群体中具有非常高的品牌忠诚度，取得了不俗的市场业绩。

**2. 品牌特色分析** A品牌的产品、文化及消费理念与南通市场现有的床上用品品牌相比具有明显的差异性，相互间的可替代程度较低，这为A品牌进入南通市场提供了机遇和空间，此外，消费者对长期相对同质化的市场中，求新、求异的需求呼之欲出。

（二）障碍分析

**1. 市场分析** 南通床上用品市场是一个成熟的消费市场，近年来，市场盲目的价格血拼促销活动，对A品牌的进入造成了一定的难度，主要是因为A品牌作为全新品牌，在较短的时间内，要在现有市场上赢得消费者的认可，分走一杯羹，必须有独特的创意和营销方案吸引消费者眼球。

**2. 竞争分析** 竞争对手非常关注A品牌的进入，在渠道推广、促销等方面会采用跟踪、拦截、反击方法，维护原有市场既得利益。

**3. 运营管理分析** A品牌地处南方，在物流、信息收集能力、管理控制能力、决策速度等方面与本地品牌相比，具有较明显劣势。

### 四、营销目标

营销目标一般包括财务目标和销售目标两类。其中财务目标由利润额、销售额、市场占有率、投资收益率等指标组成。销售目标由销售额、市场占有率、分销网覆盖面、价格水平等指标组成。营销目标见表1-25。

表1-25 营销目标表

| 序号 | 目标 | 短期（1～2年）目标值 | 长期（3～5年）目标值 |
|---|---|---|---|
| 1 | 销售额（万元） | 300 | 1200 |
| 2 | 专柜数量（个） | 2 | 4 |
| 3 | 专卖店数量（个） | 1 | 6 |

续表

| 序号 | 目标 | 短期（1~2年）目标值 | 长期（3~5年）目标值 |
|------|------|---------------------|---------------------|
| 4 | 市场占有率（%） | 5 | 15 |
| 5 | 市场覆盖率（%） | 20 | 90 |
| 7 | 销售利润（万元） | 120 | 420 |
| 8 | 净利润（万元） | -20 | 130 |

## 五、营销策略

销售策略包括产品、价格、渠道及促销等。

### （一）产品策略

根据前期市场调研情况分析，A品牌主要选择产品差异化策略为进入南通床上用品市场的产品策略。

选择艺术类床上用品大家纺产品线，无论是在产品线的长度还是深度上，充分体现技术专业、高度配套、规格齐全、现场体验、可选择性强的优势。

### （二）价格策略（表1-26）

表1-26 产品价格带表

| 序号 | 产品 | 规格 | 价格带（元/套） | 色相 | 质地 | 款型 | 说明 |
|------|------|------|----------------|------|------|------|------|
| 1 | 床上配套产品 | 120cm、150cm、180cm、200cm | 600~1000<br>1001~1800<br>1801~2500<br>2501~3500<br>3501~5000<br>5001~8000<br>8001~15000<br>15000~50000 | 红、米、蓝绿、紫色、黑白 | 棉、麻、真丝、再生纤维素纤维 | 简洁、优雅型、豪华型、奢侈型 | 简洁型4~6件套，优雅型4~8件套，豪华型、奢侈型6~12件套 |
| 2 | 餐厨类产品 | 80×80、90×160、80×140、60×120 | 200~300<br>300~500<br>500~800<br>800~1500<br>1500~3000 | 红、米、蓝绿、紫色、黑白 | 棉、麻、化纤类 | 优雅型、豪华型 | 台布2条，台垫或口布4~6块 |
| 3 | 卫浴产品 | XL/L/M/S | 300~500<br>500~1000<br>1000~2000<br>2000~5000 | 红、米、蓝绿、紫色、黑白 | 棉、真丝、再生纤维素纤维 | 简洁、优雅、豪华 | 浴袍类以单件计，大浴巾1.面巾1.方巾1为一套 |

续表

| 序号 | 产品 | 规格 | 价格带（元/套） | 色相 | 质地 | 款型 | 说明 |
|---|---|---|---|---|---|---|---|
| 4 | 窗帘 | 最高360cm，宽度不限 | 1500～2000<br>2000～5000<br>5000～10000<br>10000～20000<br>20000～50000 | 红、米、蓝绿、紫色、黑白 | 棉、麻、化纤类 | 优雅、豪华 | 一个房间为1套 |
| 5 | 小件类 | | 赠品 | 红、米、蓝绿、紫色、黑白 | 木浆、瓷土、木材、棉、真丝、再生纤维素纤维 | | 拖鞋、纸巾、装饰瓶、围腰、微波炉手套、茶杯、盘子、纸巾等 |

以上所有产品都可以定做或拆件销售。

（1）针对A产品的产品策略，可以得知，A产品的需求弹性系数缺乏弹性或弹性较小，所以，产品采用销售利润率定价法，预期利润率采用最高值40%。

（2）由于A产品定位的消费群体具备一定的经济收入，所以，定价策略采用新产品的撇脂定价法，结合心理定价策略中的整数定价法。

（3）由于A产品的产品线为床上用品大家纺的概念，还可以采用产品组合定价策略，通过主要产品、次要产品、赠品等产品的合理组合，促进销售，获取利润。

**（三）渠道策略**

采用连锁加盟的商业模式，考虑到南通市场的机会和障碍，引入股份制资本结构，加盟商和A品牌共同出资，投资比例可根据不同的销售终端模式予以调整（表1-27、表1-28）。

表1-27　终端模式表

| 序号 | 终端模式 | 加盟商股本占比（%） | A品牌股本占比（%） | 描述 |
|---|---|---|---|---|
| 1 | 旗舰店 | 0～30 | 0～100 | 地级市顶级商场或商圈专柜或专卖店 |
| 2 | 形象店 | 0～51 | 0～49 | 地级市其他商场或商圈 |
| 3 | 普通店 | 100 | 0 | 地级市下属市、县终端 |

表1-28　终端开业时间表

| 序号 | 开店时间 | 终端模式 | A品牌股本占比（%） | 商圈描述 |
|---|---|---|---|---|
| 1 | 2015年6～9月 | 文峰大世界A品牌专柜旗舰店 | 100 | 地处南通顶级商业圈南大街核心区 |
| 2 | 2015年6～9月 | 南大街A品牌专卖店旗舰店 | 100 | 地处南通定级商业圈南大街中心区，与南通本土品牌毗邻，距离文峰大世界A品牌专柜旗舰店约1000m |

### （四）促销策略

通过利用各种促销形式的组合、谋划，使得促销具有创造性和新颖性，促销策略中的整体促销方式，表面看各品牌之间的手法大同小异，但仔细研究其单一促销的方式，就会发现其中的奥妙，单一促销决定了整体促销的新颖程度。尤其是A品牌首次进驻南通市场，单一促销显得非常关键。

1. **整体促销**

（1）按A品牌"加盟店开业活动策划通用方案"的规定，做好相应的准备工作。

（2）做好店面橱窗形象产品的陈列、店中区的堆头、KT板喷绘、灯光等以刺激消费者的购买欲。

2. **单一促销**

（1）目标消费群体的广告方式。广告方式见表1-29。

**表1-29　广告方式表**

| 序号 | 活动区域 | 信息传递方式 |
|---|---|---|
| 1 | 建设中或开始入住的中高档住宅区 | 参加装修公司的推广活动，短信 |
| 2 | 商会 | 赞助、参加其组织的活动，刊物广告 |
| 3 | 高档饭店、会所 | 刊物广告 |
| 4 | 俱乐部 | 刊物广告，室内、室外广告，广告毛巾 |
| 5 | 生活体验馆 | 刊物广告、广告毛巾 |
| 6 | 高档美容、美发机构 | 刊物广告、广告毛巾 |
| 7 | 政府机构 | 邮递广告 |
| 8 | 其他高收入组织机构 | 邮递广告、保险、银行对账单广告 |
| 9 | 高档培训机构 | 现场POP、植入广告、案例广告 |
| 10 | 婚庆影楼 | 刊物广告、道具广告、优惠券抵扣 |

（2）针对目标消费群体的活动区域，设计单一促销创意方案。

（3）单一促销创意方案。

题目：培训，VIP客户的摇篮

目的：A品牌通过与msn培训咨询机构的强强合作，创造出新的运营模式，大幅度降低品牌推广费用，通过精准区域营销，迅速获得目标消费群体的客户。

3. **背景资料**　A品牌的商业模式是连锁加盟，每年以30%的速度增长，与国内msn培训咨询机构建立了战略合作伙伴，培训机构负责对品牌的诊断咨询及员工、加盟商的培训，每年的培训、咨询费用高达2000万元以上，msn培训机构是国内知名的企业管理咨询培训专业运营商，年销售额已经达5亿元。

4. **构想**　纵观A品牌10多年的促销策略，存在以下问题。

（1）促销组合策略与其他品牌雷同程度比较高。

（2）有创意的促销策划，实施费用很高，投入回收期长，见效慢。

（3）横向联合促销策略较多，如装修公司、家具销售商、婚庆影楼等，纵向联合促销策略较少。

通过盈利模式的创新，达到低投入、高产出的促销策略对A品牌具有很高的价值。

5. *流程设计* 双赢是流程设计的关键。

（1）A品牌继续与msn培训咨询机构签订3年的咨询培训合同，合同金额8000万元，msn培训机构一次性优惠3%，共优惠240万元，其中江苏市场可以获得24万元的优惠，付款条件同前合同，某培训机构可以获取1800万～2500万元的利润。

（2）msn培训咨询机构在南通的分公司每年培训12批次的企业中层以上的管理干部，约1200名，每次培训的案例，由A品牌免费提供，msn培训咨询机构可以免费获取A品牌有关数据的发布权，msn培训咨询机构通过案例分析、教材、宣传册、现场pop等形式免费为A品牌推广，并提供A品牌企划、客服人员与学员交流的机会。

（3）A品牌的旗舰店，每年预计发展50名VIP，免费为msn培训咨询机构提供参加VIP会员的沙龙活动的机会。

（4）效益分析。详见表1-30所示的广告效益分析表。

表1-30 广告效益分析表

| 序号 | 单位名称 | 直接收益（万元） | 间接收益 |
|---|---|---|---|
| 1 | A品牌 | 广告费优惠（江苏）24 | 节约了品牌推广费用<br>每年可以免费获得目标群体的客户资源 |
| | | （接受培训的人数×成功率×贡献的销售额/人/年×净利率）1200×5%×2×20%=24 | |
| 2 | msn咨询机构 | 广告费收益（江苏）180～250 | 每年可以免费获取目标群体的客户资源<br>msn培训机构获得的A品牌有关数据的发布权，利于其迅速提高获取目标群体的客户的数量和质量 |

## 六、具体行动方案

采用专卖店/店中店开业进度表（表可自行设计）。

## 七、费用预算（表1-31）

表1-31 费用预算表

| 序号 | 费用名称 | 金额（万元） | | 合计金额 | 占比（%） | 说明 |
|---|---|---|---|---|---|---|
| | | 专柜 | 专卖店 | | | |
| 1 | 货柜制作 | 8 | 20 | 14 | 14.77 | 按2年分摊 |
| 2 | 商场押金 | 1 | 0 | 1 | 1.05 | |

续表

| 序号 | 费用名称 | 金额（万元） | | 合计金额 | 占比（%） | 说明 |
|---|---|---|---|---|---|---|
| | | 专柜 | 专卖店 | | | |
| 3 | 专卖店租金 | 0 | 30 | 30 | 31.65 | |
| 4 | 仓库租金 | 3 | 3 | 6 | 6.33 | 均摊 |
| 5 | 宿舍租金 | 1.5 | 1.5 | 3 | 3.16 | 均摊 |
| 6 | 办公用具 | 0.5 | 0.5 | 1 | 1.05 | 均摊 |
| 7 | 电视广告 | 10 | 10 | 20 | 21.10 | 均摊 |
| 8 | 平面广告 | 1 | 1 | 2 | 2.11 | 均摊 |
| 9 | 开业活动 | 1 | 1 | 2 | 2.11 | 均摊 |
| 10 | 小计 | 26 | 67 | 79 | 83.33 | |
| 11 | 预计超支 | | | 15.8 | 16.67 | 按预计支出总额1.2倍计 |
| 12 | 合计 | | | 94.8 | 100.00 | |

以上为1个专卖店和1个专柜1年的费用，专卖店装修折旧期为2年。

### 八、过程控制要点

1．相关部门按开业进度的要求做好相应的工作，每天的工作进度必须由责任人和跟踪人共同在日进度表上签字确认，如发现相关工作无法达到要求，必须向副总经理汇报。

2．每周一次例会，检查工作落实情况，及时做出决策或计划调整方案。

3．相关部门的工作质量，将列入本年度绩效考核重点考核内容。

### 九、可能产生的风险与调整

1．由于A品牌的产品风格与南通床上用品市场现有产品的差异化程度较大，前期的广告宣传与推广的投入时间长短与资金的多少成正比。

2．由于A品牌的进入，引起的竞争对手的阻碍程度的大小与A品牌应对能力的强弱，将会影响A品牌的短期经营目标，其中，B品牌的阻碍对A品牌经营目标的达成率影响程度最大。

### 十、附录

**终端开业活动策划通用方案**

1．开业活动主题：A品牌＿＿＿＿＿＿专卖店＿＿月＿＿日开业庆典

2．开业活动目的：打造A品牌在当地的知名度，向顾客展示A品牌打造的五星级的家

3．开业活动时间：

（1）专卖店试营业时间＿＿＿月＿＿＿日到＿＿＿月＿＿＿日

（2）正式开业活动时间＿＿＿月＿＿＿日到＿＿＿月＿＿＿日

4．开业活动地点：（注明开业活动具体地址）

5．开业活动销售目标

5.1第一周期计划销售预算预算（零售额）

| 时间 | 第一天 | 第二天 | 第三天 | 第四天 | 第五天 | 第六天 | 第七天 | 第八天 | 合计 |
|---|---|---|---|---|---|---|---|---|---|
| 星期 | 星期六 | 星期日 | 星期一 | 星期二 | 星期三 | 星期四 | 星期五 | 星期六 | |
| 计划销售 | | | | | | | | | |

5.2第二周期计划销售预算（零售额）

| 时间 | 第九天 | 第十天 | 第十一天 | 第十二天 | 第十三天 | 第十四天 | 第十五天 | 第十六天 | 活动总计 |
|---|---|---|---|---|---|---|---|---|---|
| 星期 | 星期日 | 星期一 | 星期二 | 星期三 | 星期四 | 星期五 | 星期六 | 星期日 | |
| 计划销售 | | | | | | | | | |

6．开业活动产品范围及开业活动产品组合请另附《促销活动申请表》《促销产品配货单》

7．开业活动宣传组合

方案1　海报单页：共需求＿＿＿＿＿＿万份，其中＿＿＿＿＿＿份采用夹报发放，＿＿＿＿＿份由人工在沿街店面、购物场所、主要街道、居民小区发放，＿＿＿＿＿份在店内外发放

方案2　门头横幅（A红底白字）："A品牌开业大酬宾，惊喜大行动"

方案3　过街横幅（A红底白字）：在主要街道、居民小区每隔150m悬挂以下标语：

A．热烈庆祝A品牌登陆＿＿＿＿＿＿＿＿

B．热烈庆祝A品牌家纺＿＿＿＿＿＿＿专卖店＿＿＿月＿＿＿日隆重开业

C．A品牌给您五星级的家

方案4　专卖店店内顶部悬挂专卖店开业吊旗，吊旗由公司提供

方案5　在专卖店门前放1对音响，播放经典音乐，放高音，吸引路人注意进店

方案6　专卖店导购员的导购语言必须紧紧扣住开业活动主题，突出店内产品卖点、特色

方案7　在中高档居民小区内居民广告栏上粘贴专卖店开业活动宣传背胶，或在中高档居民小区内电梯里做开业活动宣传背胶（背胶由公司提供）

方案8　在＿＿＿＿＿＿＿＿城市广场放置（请选择）

大型拱门1个 □ 华表2座 □ 升空气球2只 □ 飞舞巨人2个 □ 其他：_____

内容：热烈祝贺A品牌_____专卖店____月____日隆重开业

地址：_____电话：_____，文字采用A红底白字

方案9　电视台报道：在专卖店试营业期间，邀请摄影记者进行店堂拍摄，在当地"生活栏""家居栏""都市快讯栏"等与市民生活相关的栏目播放，并说明专卖店地址及详细开业日期

方案10　报刊宣传：在当地家庭主妇收视率最高的报刊上做专卖店开业活动宣传

方案11　广播电台：在当地交通广播台或音乐台做套播广告，介绍专卖店开业活动信息

方案12　宣传软文：在专卖店试营业时邀请记者现场采访并撰写文章在当地家庭主妇收视率最高的报刊上连续刊登2～3次软文介绍（以介绍A品牌定位为主）

方案13　游动字幕：在电视台做游动字幕进行开业宣传（内容：热烈祝贺A品牌____专卖店____月____日隆重开业，惊喜酬宾"等你来"；地址：_____电话：_____）

方案14　在条件允许的前提下，在开业活动前一天及开业活动的第1、2、3天租用2～3辆面包车或将小卡车两侧及尾部用背胶画包起来（背胶由公司提供），上面注明开业活动信息，车子里放音响播放本次活动内容，要求声音响亮，吸引路人注意，还要有人敲鼓（此宣传要经城管审批）

注：开业活动宣传组合中方案1、2、3、4、5、6为专卖店必选方案，活动背胶等公司按协议提供。

8. 开业活动执行细则

8.1开业前筹备工作

8.1.1专卖店开业前两天将至少5张开业活动海报装在同一封信封内寄送当地至少100家（可通过黄页寻找）目标团购单位（学校、医院、大型集团公司等企事业单位）

8.1.2与送牛奶、送水公司的业务人员合作，让其将海报送到其订购用户家中

8.1.3专卖店开业前一天准备好1元、2元、5元、10元、20元、50元的备用零钱至少500元

8.1.4在专卖店开业活动开始前务必封锁开业活动消息，以免同行知道先入为主

8.1.5专卖店开业前一天12点前，门口要有开业活动的气球、横幅、背胶、海报等，增加活动气氛，所有开业活动产品组合类产品不予销售，但可预约

8.1.6由代理商、店长组织店员对所有产品及活动方案进行熟悉程度复核，并进行营业模拟

8.1.7开业活动前由代理商召集所有店员聚餐，进行战前总动员及目标要求，赢得店员的支持

8.2活动当日营业前

8.2.1开业活动期间每天早上按时开门营业，在营业前不能放顾客进店

8.2.2每天上班前由店长布置当日工作及要求

8.2.3早上排队分两排，一排为＿＿＿＿＿＿＿，另一排为＿＿＿＿＿＿，不可排得弯弯曲曲，甚至排到隔壁店门前，影响隔壁店的正常营业

8.3专卖店门前工作

8.3.1在专卖店门前放1对音响，播放经典音乐，放高音，吸引路人注意进店

8.3.2门外要有人引导犹豫不决的顾客入内，门内要设有专人笑迎宾客

8.3.3专卖店门口要有人在每天上班、下班高峰时段发放海报

8.3.4专卖店门口要有人专人进行验货，看验发票、盖出门章；尽量不要让那些购买"惊爆酬宾"产品、手拿赠送品的顾客离店，可通过将销售凭证收回后方可出专卖店的办法拖延时间，目的故意让顾客有足够长的时间留在店堂内，制造人气效应

8.4正常营业时

8.4.1"惊爆酬宾"商品及赠品在专卖店内每天只能陈列规定数量，在销售或赠送完毕后不得再销售，并将"赠品已赠完""本品已售空"牌放在醒目位置，告知顾客第二天仍有惊爆商品及赠品，请其第二天一早来领

8.4.2凡是购买"惊爆酬宾" 产品及领取限量赠品的顾客必须做好登记，要求顾客出示证件，登记时要语气平稳，说明经登记后每次做活动都会通知对方，强调好处以免顾客产生抵触情绪

8.4.3促销柜内的所有限量产品及"惊爆酬宾"产品不予销售，开好票后由导购员指引其到店堂深处凭票领取

8.4.4赠送产品已赠完或限量产品已卖完，如仍有顾客需要单独购买，则说明必须有了消费后方可享受同样政策

8.4.5所有产品均要求展示，并做有堆头，堆头要求丰满，同系列产品堆放在一起

8.4.6促销柜要放在专卖店深处，顾客一进门就能看到的地方

8.4.7顾客在离店之后不可携带商品进店

8.4.8收银员收银时必须详细清点，唱收唱付，注意假钞，必须签全名

8.4.9导购员人手一本《终端销售单》，店门验货员执一枚出门章

8.4.10每天下午13：00前统计当日销售情况，向公司报要货计划

8.5营业情况处理

8.5.1在某种促销产品出现滞销时，调整原摆放位置，移到店内最醒目处，导购员加强对该堆产品的介绍

8.5.2当某些促销品出现畅销，仅剩少量库存时，要控制销售场面，保证剩下来的每天均要有出样，如有顾客订货则答应10天内给其送货

8.5.3在店内顾客特别拥挤的情况下，可先放一批顾客进店，其余顾客在外等候，这样给过路人造成一种好奇心，在人越聚越多的情况下，造成抢购风暴

8.6 开业活动结束

8.6.1 店长每天要将当天活动情况作简要总结，并通报所有导购员便于跟进解决类似问题

8.6.2 开业活动结束后必须立即收起"惊爆酬宾"产品及参与活动的赠品等调整店堂陈列，恢复原价，显示品牌的真实性、严肃性

注：加盟店开业活动策划案由区域经理与代理商共同协商确定，皆可由公司传真确定，代理商在收到传真后务必在4小时内确认并回复公司

加盟店如有异议，请来电：＿＿＿＿＿＿＿＿＿

请传真：＿＿＿＿＿＿＿＿＿

联系人：＿＿＿＿＿＿＿＿＿

代理商签字：＿＿＿＿＿＿＿，＿＿＿＿年＿＿＿月＿＿＿日

区域　经理：＿＿＿＿＿＿＿，＿＿＿＿年＿＿＿月＿＿＿日

| 权限人员 | 确认意见 | 确认日期 |
|---|---|---|
| 客服确认 | | |
| 督导确认 | | |
| 设计主管确认 | | |
| 副总经理核准 | | |

**小结**

主要介绍了纺织品与营销的基本概念与发展，重点介绍了市场的概念、基本要素以及纺织品营销的基本内容；介绍了市场调查的基本方法和步骤及营销方案。市场调查伴随着企业整个活动过程，因此，要求学生会设计问卷调查表，进行市场调查与初步市场分析，能够对营销方案设计案例进行分析，提出自己的观点。

**【思考讨论】**

1. 市场营销观念的发展如何，当今有哪些营销观念，主要内容是什么？
2. 结合实际说明市场营销对纺织企业有哪些重要意义。
3. 结合实际说明市场调查在企业活动过程中有哪些作用？
4. 调查问卷是如何形成的？
5. 讨论与营销有关的工作岗位、岗位任务与职责。

**【实训项目1】根据问卷回答问题**

### 家用床上用品市场调查问卷

您好：

我们是浙江纺织服装职业技术学院的学生，正在做一项床上用品的市场问卷调查，谢谢您的配合！

1. 您平时都从哪个地方购买床上用品？

A．专卖店（　　） 　　B．平价超市（　　） C．商场（　　）

D．网上购物（　　） 　E．其他，请填写＿＿＿＿＿＿＿＿＿

2. 您（或您的家人、朋友）购买床上用品主要考虑：（可多选）

A．款式（　　） 　B．舒适性（　　） 　C．保健性（　　） 　　D．色彩（　　）

E．面料（　　） 　F．价格（　　） 　　G．购买时的方便程度（　　）

3. 您会喜欢哪种风格的床上用品？

A．西欧古典风格（　　） 　B．现代风格（　　） C．乡村自然风格（　　）

D．简约个人主义风格（　　）

4. 您在购买床上用品时是否考虑是全棉产品？

A．是（　　） B．否（　　） C．无所谓（　　）

5. 您大概多久会更新家里的床上用品？

A．半年（　　） 　B．9个月（　　） 　C．一年（　　）

D．一年以上（　　） 　 E．想换就换（　　）

6. 您一般在什么时候想购买床上用品？

A．需要时（　　） 　B．买来备用（　　） 　C．看着喜欢就买（　　）

7. 您希望床上用品还有什么性能？（可多选）

A．香味（　　） 　B．颜色更鲜艳（　　） 　C．耐洗（　　）

D．耐脏（　　） 　E．抗菌除螨（　　） 　F．保健性（　　）

8. 当您购买床上用品时会选择：

A．品牌（　　） 　B．杂牌（　　） 　C．无所谓（　　）

9. 您所知晓的家纺品牌：（可多选）

A．富安娜（　　） 　B．梦洁（　　） 　C．罗莱（　　） 　D．梦兰（　　）

E．维科（　　） 　F．博洋（　　） 　G．莱美（　　） 　H．水星（　　）

I．喜来登（　　）

10. 您的性别：A．男（　　） 　　　B．女（　　）

11. 您的年龄段

A．15岁以下（　　） 　B．15~20岁（　　） 　　C．21~25岁（　　）

D．26~30岁（　　） 　　E．31~40岁（　　） 　　F．41~50岁（　　）

G．51~60岁（　　） 　　H．60岁以上（　　）

12. 您的职业是：

A.学生（　　）　B.教师（　　）　　C.纺织服装（　　）

D.电子（　　）　E.其他，请填写＿＿＿＿＿＿＿＿＿

13.您目前个人月收入：

A.1000~1500（　　）　B.1501~2000（　　）　C.2001~3000（　　）

D.3001~5000（　　）　E.5001以上（　　）

14.您近半年内在床上用品上的花费是：

A.300元以下（　　）　　B.300~500元（　　）

C.500~800元（　　）　D.800元以上（　　）

此次问卷结束，谢谢您的配合！

请回答以下问题：

1.简述调查问卷的结构、内容、设计要点。

2.本问卷的优点有哪些？还有哪些不足？

3.您认为做何修改会更完善？写出修改后的问卷设计。

**【实训项目2】 设计某一纺织品调查方案，并完成调查报告**

# 任务二　纺织纤维原料市场分析

**知识点**

1. 纺织纤维的概念和特点。

2. 纺织纤维的分类。

3. 纺织纤维市场分析的基本程序。

**技能点**

1. 会对纺织纤维进行分类。

2. 会分析纺织纤维的市场行情。

3. 会撰写市场分析报告。

## 【任务引入】

当设计和制造一种可持续发展的纺织产品时，首先面临的是有关纤维原材料的一大堆问题。如果原材料需要确保天然纤维、水和矿物质的含量的多少才能保证好质量的话，则有一大堆问题需要解决；如果制造的纤维产品有诸如原材料的属性，它又是如何被制造成纤维产品的呢？原材料是否是可再生的材料或资源？它的制作全程是否将对环境的影响减少到最小？哪些化学物质被用在了制造过程中以及它的影响怎样？制造此种产品需要消耗多少能源及其影响？在产品的使用价值用尽时它是否还能回收利用等问题。

奥地利兰精公司已从事纤维胶生产近70年，最近也在生产溶解性纤维素纤维，包括天丝棉和兰精莫代尔纤维，所有这些纤维都源自木质。在可持续发展上颇受争议的还有兰精公司的纤维胶制造过程。最初，人们都认为，兰精公司的加工过程有损于环境，但其结果是，生产中产生的副产品是可以通过处理进行回收利用或直接出售，该公司还因其制造产品过程对环境的有害影响实现最小化而获得了欧盟环境署的奖励。

对于纺织纱线加工业来说，原料所占成本平均高达70%以上，为此，如何选择原料和合理利用原料，对产品质量与企业成本控制至关重要，在这里介绍原料市场分析的方法。

## 【任务分析】

1. 纺织纤维的分类与特点。

2. 纺织纤维市场环境分析方法。

3. 纺织纤维市场分析报告撰写。

## 【相关知识】 纺织纤维与营销环境认识

### 一、纺织纤维原料分类与命名

**（一）按来源和习惯**

1. **天然纤维** 根据纤维的物质来源属性分为植物（类）纤维、动物（类）纤维和矿物（类）纤维。

有的命名方式很直接，依据动、植物的名称加丝、毛或绒，或加纤维而成。如棉（纤维），木棉（纤维）、羊毛（纤维）、山羊绒、桑蚕丝、苎麻（纤维）等。俗称棉、毛、丝、麻。

主要天然纤维分类已在纺织材料学中学过，这里不多介绍。

2. **化学纤维** 按原料、加工方法和组成成分的不同，可分为再生纤维、合成纤维和无机纤维。

命名时，对于天然非纤维状物质的高聚物可以直接以"物质名+纤维"来命名，如大豆蛋白质纤维，但要求命名物质的含量需大于80%。

主要化学纤维分类已在纺织材料学中学过，这里不多介绍。

**（二）其他分类方法**

纺织纤维的分类因习惯叫法还可按纤维的外观形态、性能或功能、加工方式、资源状态等进行分类。

1. **按纤维的外观形态分类** 依据纤维的长度、细度、截面形态与分布、弯曲特征等。就长度与细度来说，有棉型（38～51mm）、毛型（64～114mm）、丝型（长丝）、中长型（51～76mm）、超细型（<0.9dtex）之分；按截面形态有普通圆形、中空和异形纤维；按组分分布有环状或皮芯等复合纤维；按卷曲状态有高卷曲、低卷曲、异卷曲、无卷曲纤维；超细、异形、复合、异卷曲等属于形态差别化纤维。

2. **按纤维性能或功能分类** 依据纤维力学、热学、光学、电学、染色性能的差异分类，属性能差别化纤维；具有高强度、高模量、耐高温或耐化学作用的高性能纤维；或具有特殊功能，如抗菌、导电、屏蔽、过滤等特征，甚至具有智能或自适应作用的纤维，这一类属功能或智能纤维。

3. **按加工方式分类** 天然纤维有不同初加工和改性的纤维，如丝光棉、精干麻、洗净毛、拉细羊毛以及生丝等；化学纤维有高速纺丝、牵伸丝（DTY）、预取向丝（POY）、或全取向丝（FOY）、变形丝等。

4. **按纤维的资源状态分类** 可分为大宗纤维和特种纤维，一般指天然纤维。

（1）大宗纤维。指棉花、绵羊毛、麻类纤维和桑蚕丝。

（2）特种纤维。产量稀少、经济和应用价值高的天然纤维，一般为动物类纤维，如极细羊毛、山羊绒毛、牦牛绒、蜘蛛丝等。

### 二、市场营销环境

**（一）纺织品市场营销环境的概念**

纺织品市场营销环境，是指与纺织企业生产经营有关，直接或间接影响纺织企业产品的供应与需求的各种因素的总和。在现有的市场经济条件下，没有任何一家企业可以离开周围环境而单独存在，所以研究构成市场营销环境的各要素对于纺织企业来说有着重要而现实的意义。

**（二）市场营销环境的构成要素**

市场营销环境主要由两方面要素构成：宏观环境要素和微观环境要素。

1. **宏观环境要素**　宏观环境要素是指对企业营销活动造成威胁或提供机会的主要社会力量，具体包括以下几个方面。

（1）人口环境（人口规模和构成、受教育程度、地区间流动等）。

（2）经济环境（购买力水平、消费支出模式、供求状况等）。

（3）自然地理环境（自然资源、气候、地形等）。

（4）技术环境（科技进步及其在生产中的应用）。

（5）政治法律环境（政治体制、法律法规等）和社会文化（民族、宗教、习俗等）。

一般而言，宏观环境要素是企业不可控制的。但是，纺织企业可以通过对环境进行调查，在明确市场威胁的基础上，寻找发展机会。

2. **微观环境要素**　微观环境要素是指与企业紧密相连，直接影响企业营销能力的各种参与者。具体包括以下几个方面。

（1）企业内部各部门（计划、人事、财务、技术、生产、营销等部门）。企业本身是微观环境中的决定力量。营销部门在制订营销计划时，应该充分考虑其他部门的要求。例如高层管理部门的总体计划、财务部门的资金计划、生产部门的生产计划、研发部门的研发计划等，所有这些部门构成了企业内部环境。营销部门应根据高层管理部门的政策制订营销方案。在实施过程中，营销部门必须与其他部门密切合作。

例如，生产部门希望能大量生产品种单一、交货时间充裕、款式变化少而且简单的产品，可是营销部门往往希望能满足不同客户要求，生产出不同的产品，实现多品种、小批量交货有保障；财务部门希望资金安排周密、既定预算、限制经费，而营销部门往往会希望资金安排灵活，要根据市场的需求安排资金的使用。对于采购部门，希望能大批量均匀地订货，而营销部门希望根据产品的变化来订货，并且希望能立即满足客户要求。研发部门希望在技术上有突破，并且承认革新和创造，营销部门要求研发部门能够根据市场的需求开发出适合市场需要的产品。面对这些冲突，营销部门只有和这些部门相互协调，相互合作，分工明确才能实现营销目标。

（2）市场渠道企业（供应商、中间商、物流企业、融资企业、会计事务所、律师事务所及其他服务营销机构）。供应商是指为企业及其竞争者提供生产经营所需要资源的企业和个人。纺织企业的供应商是指为纺织企业提供面料、辅助材料、缝纫机等设备，以及提供水、电和劳动力等，它包含了原材料、设备、能源、劳务和其他用品。由于供应状况对营销活动具有很大影响，所以选择供应商就显得尤为重要，而纺织行业需要面对的供应商提供的产品非常多。这些产品的供应会直接影响到产品的质量、产量和交货期。企业理所当然地愿意选择那些在价格、质量和服务性价比较好的供应商。和供应商建立起长期的稳定的供求关系，对企业而言是非常必要的。另外，一个企业也要注意与多家供应商保持合作和联系，避免过于单一地依赖一个供应商而受牵制。

中间商包括代理中间商和买卖中间商。代理中间商是指专门介绍客户或者协助签订合同但不拥有商品所有权的中间商，他们的主要职能是促成商品的交易，一次获得佣金。

买卖中间商是从事商品购销活动，并对所经营的商品拥有所有权的中间商。如批发商、零售商和一些外贸公司等。

物流公司。例如货物代理公司。可以协助企业办理和操作运输、仓储、装卸、搬运和订单处理等业务。

金融中间机构。可以帮助企业进行融资和金融交易，降低商品买卖中的风险，例如银行和保险公司。

（3）顾客（消费者和用户）。是指企业最终为其提供产品和服务的目标市场。它包括消费者市场、企业市场、中间商市场、政府市场和国际市场等。

每一个企业都要为目标市场上的顾客提供产品和服务，顾客的需求是企业制订营销策略的出发点和落脚点，不同企业面对的顾客即目标市场是不同的。

（4）竞争者（生产同类产品的企业及社会公众）。企业往往是在许多竞争者的包围和制约下从事经营活动，纺织企业的竞争更加直接。一个企业要想成功，必须为顾客提供比其他竞争者更大的价值，具有更高的美誉度。在竞争者中，企业要分清竞争者类型，并不是所有的纺织企业都是他的竞争者，而非纺织企业不是他的竞争者。例如，家电企业会希望顾客来购买他的产品，由于顾客手中的钱是有限的，当它购买了家电后可能购买纺织品的愿望会下降。如图2-1所示为市场营销环境各要素。

图2-1　市场营销环境

### 三、纺织品市场营销环境的特点

1. **客观性**　环境是客观存在的，是不以人的意志为转移的。企业很难根据自己的要求和意愿去改变它，尤其是客观环境，它不是一个企业所能左右的。但是企业可以主动适应环境的变化和要求，避免环境中的危险因素或利用环境中的机会，就可以创造更大的机会。

例如，欧盟地区的床单贸易在欧盟内部进行的比例相对较少，大约1/4的进口来自法国、英国、德国和意大利。约50%的进口来自亚洲的发展中国家（巴基斯坦、印度和中国）。这给我国生产床单的纺织企业创造了机会。

2. **差异性**　从宏观上看，似乎所有的企业都在一个相同的环境中运作。但是从微观上看，每个企业都有自己独特的环境。例如，纺织企业在不同的地理位置就面临着不同的环境。有的企业有原料上的优势，有的企业有技术上的优势，有的企业有客户上的优势。作为纺织企业，应该充分利用和挖掘这些优势，使这些优势得到充分发挥，成为自己的利润。

3. **复杂性**　企业经营的环境是各个因素相互影响、相互制约、相互依存的关系。任何一个市场都不是简单的供求关系，还会受到经济、文化甚至政治的影响。

因此，纺织企业应注重分析其营销环境中各因素的综合作用的结果。

4. **动态性**　随着时间的推移，社会中的环境都会发生变化，企业只能根据市场的变化来调整自己的营销策略，调整自己的营销计划和营销目的。纺织品是一种具有一定的流行性、时尚性的产品，因此，企业根据环境的变化来调整自己的经营策略显得更为重要。

### 四、宏观环境与分析

市场营销宏观环境的因素主要是指人口环境、经济环境、政治法律环境、自然环境、科技环境和社会文化环境。

由于纺织行业和人们的生活密切相关，所以宏观上的一些因素也会制约纺织企业的发展和营销。纺织企业生存和发展所依靠的基本相同的宏观条件和影响因素，就构成了公司的宏观环境。宏观环境通常指一个国家的经济、社会及其发展状况，它是不受企业控制的。任何企业都要处在这些环境中，因此不可避免地要受到它们的制约和影响。一个公司虽然不能控制宏观环境，但是必须密切注意这些环境的变化，趋利避害，才能顺利发展。

#### （一）人口环境

人口的数量、年龄结构、地理分布、民族构成、婚姻状况、风俗习惯、受教育程度等因素，形成了企业营销活动的人口环境。在分析人口环境时要注意以下几个特点。

1. **人口规模和增长速度**　目前世界人口突破60亿，其中80%的人口属于发展中国家。人口规模即人口总数，是影响基本生活资料的一个决定性的因素。对于纺织行业来说，人口规模的大小决定了这个市场的规模。人口的增长速度也决定了将来市场的容量和发展趋势，但是人口的增长不一定会带来纺织品消费的增长。往往是人口的增长会使家庭的负担增加，从而使穿着和纺织产品的消费下降。

总的来说，人口的增长给企业带来了机会，也带来了威胁。人口数量增多，当收入水平不变时，人们的需求量也增多。但人口过多增长，也会给企业带来负面影响。比如，人口过度增长引起的食品短缺、资源紧张、环境污染等会对纺织产品消费产生负面影响。

2. **人口构成**　包括自然构成和社会构成。自然构成是指性别结构、年龄结构等；不同年龄的消费群体在价值观、思维方式、行为特点等方面存在着明显的差异，对纺织品就有不同的需求，从而形成了不同的市场。社会构成是指民族结构、家庭结构、职业结构、受教育程度等；不同民族、不同职业和不同的受教育程度，人们的风俗习惯、经济收入、社交范围、居住环境、消费方式都存在着差异，对纺织产品的品种、款式和颜色的要求会有所不同。比如，叙利亚的人们喜爱青、蓝、绿、红色，而禁忌黄色（表示死亡）；而阿根廷的产品包装上流行黄、绿和红色，不喜欢黑色、紫色及紫褐相间色。

3. **人口的地理分布和地区间流动**　人口地理分布是指人口在不同地区的密集程度。伴随着社会经济的发展及小城镇建设和西部大开发战略的推进，我国人口在地区间流动明显增加，而且规模有逐年上升趋势。具体表现在以下几个方面：一是农村人口流入城镇；二是内陆人口迁入沿海地区和工矿业集中地区；三是经商、学习、旅游、出差等人口逐年增加。大量人口流入城市，一方面，这些人群在对城市建设做出贡献的同时，由于劳动力增加，就业问题突出；另一方面由于这些人的基本需求增加，使消费结构发生一定的变化。

人口的地理分布与经济、文化发展关系密切。居住的地区不同，人的消费需求的内容和数量就存在着差异。比如，我国北方的消费者在冬天对羽绒制品的需求比南方要多，而南方地区在夏季对草席制品的需求则远远大于北方地区。

### （二）经济环境

经济环境是指企业营销活动所面临的外部经济条件。与纺织市场规模及需求结构关系密切的经济环境因素主要有社会购买力、消费者收入与支出及物价水平、消费信贷和居民储蓄等因素。

1. **社会购买力** 社会购买力是指国民经济发展水平、消费者收入、价格水平、储蓄状况、信贷规模等一系列经济因素。国内生产总值（GDP）是衡量一个国家国民经济的重要指标。社会购买力与国民经济发展、市场供求状况、通货膨胀、居民储蓄的消费信贷等都有密切的关系。

2. **消费者收入与支出** 消费者对纺织产品的消费状况受其经济收入的影响，它决定消费者购买力的大小。据统计，一般发达国家的毛巾织物人均消费1.8kg，日本是2.3kg，而我国则只有250g左右，这不是中国的大众不需要，而是购买力太弱。对于纺织企业来说，研究纺织品市场规模的大小和支出模式具有现实的意义。

消费者收入是指消费者个人从各种来源所得到的经济收入。包括消费者个人的工资、奖金、津贴、股息、红利、馈赠和租金收入等。它可以分为两个部分，即消费者个人可支配收入和个人可任意支配收入。个人可支配收入是指在个人收入中扣除税款和非税性负担后所得余额；而个人可任意支配收入是在个人可支配收入中减去用于维持个人和家族生存不可缺少的费用（如食物、房租、水电、燃料、衣着等开支）后剩余的部分，个人可任意支配收入是消费需求变化中最活跃的因素。在研究消费者收入时，要考虑个人可支配收入、个人可任意支配收入、家庭收入、名义收入和实际收入等。一般而言，家庭收入高，购买力也大，对消费品的需求也大。还要区分"货币收入"和"实际收入"，只有"实际收入"影响消费者的实际购买力。

从我国收入情况来看，明显地存在区域性的不平衡。具体地说，东部沿海地区经济较发达，国民收入较高，消费者的购买力也较强。而中西部地区由于收入较低，消费者对纺织品的购买力较低。这里可以通过比较上海、西安与沈阳中等收入户人均可支配收入和消费支出情况得出。

随着我国"西部大开发"和"振兴东北"策略的深入，西部地区和东北等地区消费者个人可支配收入和个人可任意支配收入都会有较快速的增长。

消费者支出模式是指个人或其家庭的总消费支出中各类消费支出的比例关系。

此外，还有一些间接影响企业营销活动的经济因素，比如经济发展水平、经济体制、地区与行业发展状况以及城市化程度等。企业应对上述情况进行必要的调查与分析。

### （三）政治法律环境

纺织企业的经济活动是社会经济生活的组成部分，而社会经济活动总是受到政治、法律环境的影响。虽然在世界的范围内提倡自由经济与贸易，但是政治对经济和贸易的影响随时都存在。

**1. 政治环境** 政治环境是指对企业营销活动有影响的各种国内和国际政治因素的总和。政局的稳定、政治体制、政府对经济的干预等，对经济都会产生直接影响。纺织企业应密切关注政治环境及其变化，一方面保证经营活动不与国家的方针、政策相抵触；另一方面充分利用国家、地方政府给予的各种优惠、奖励政策。此外，还要关注国外各国政府采取的进口限制、税收政策、价格管制、外汇管制和国有化政策等对纺织营销环境的影响。

**2. 法律环境** 纺织企业只有依法进行各种营销活动，才能受到国家法律的保护。纺织企业必须了解并遵守国家或各地方政府颁布的有关金融、财政、物价、工资、税收、审计、工商管理、科技创新等方面的法律、法规，尤其是经济法。目前我国经济法有市场组织法、市场行为法和宏观调控法三大体系，如《公司法》《合同法》《专利法》《反不正当竞争法》《票据法》《劳动法》《保护消费者权益法》等。

纺织企业只有掌握我国和国际目标市场的国家和地区的政治法律状况，才能制订相对合理的策略。

### （四）自然环境

自然环境是指企业生产经营活动中所面对的地理、气候、资源等方面的种种状况。它对纺织品营销的影响主要体现在对纺织产品的要求不同，原材料供应也会不同。

纺织行业的原料竞争将日益激烈，以羽毛为例，中国的羽毛生产占世界50%以上，但是随着中国市场的不断扩大，各羽毛生产企业在全国划地圈地，抢占原材料。羽毛竞争日益激烈，还有生产面料辅料厂商之间的竞争等。

目前，全球都面临着自然环境日益恶化的问题。人们越来越关注工业化学品对环境的影响，随之而来的是各种各样关于人类健康和保护环境的法律法规出台。例如欧洲对纺织品中某些禁用的染料，出台了生态纺织品国际认证等。这些措施都是从人们的健康和对环境的保护出发的。一些真正的绿色产品相继问世，这些产品从植物的种植、纤维的加工到产品的形成都是完全环保的，被称为真正的绿色的纤维。这些产品的问世迎合了人们对健康和环境保护的需要和渴求。目前，自然环境有以下几个主要特征。

**1. 原料短缺** 在地球上，资源包括无限资源、可再生资源和不可再生资源。合成纤维以石油为主要原料，随着石油供应紧张，价格上涨，使得成本提高。在我国一些地区，水资源已经严重阻碍了经济的发展。由于水资源的缺乏，纺织印染行业已经受到了很多限制。有些印染企业把江水变成可印染加工的水来降低用水成本。

**2. 能源成本的提高** 目前，石油的价格不断上涨，能源价格的上涨，使得基础原材料等一系列产品价格上涨。这些势必使产品的成本提高。我国纺织品行业是一个利润相对比较低的行业，成本的提高势必会削弱我国纺织产品在国际市场上的竞争力。

3. *污染增加*　有些生产活动不可避免会破坏自然环境，因此很多限制性的条款就应运而生。

### （五）科技环境

科技环境主要涉及科技的发展现状、新的科技成果、科技的发展动向、科技环境的变化对社会经济生活的影响等。其中新的技术革命给纺织企业营销创造了市场机会，也带来了威胁。具体表现如下。

1. *科技在生产中的应用意义大*　使纺织企业降低了成本、扩大了生产、提高了经济效益

2. *科技的发展使纺织企业利用新材料生产纺织新产品*　各种各样的面料问世，纺织技术的进步和化学纤维的品种和功能的不断提高，极大地满足了人们对纺织品的需要。应用现代技术加工的各种面料以及对化学纤维性能的不断改进，新品种的研发，使得纺织品市场千姿百态，丰富多彩。例如抗菌、抗紫外线、快干去湿等。

3. *科技加快了信息传播速度，导致纺织品营销多元化*　由于网络的发展，使得信息传播的速度空前加快。利用网络进行交易，进行沟通也越来越方便。人们可以通过电视、网络等媒体很快就获得世界上不同的纺织品信息，并通过网络进行交易。这就要求纺织企业能够对流行趋势进行正确的判断，迅速生产出令消费者满意的产品，并考虑拓宽纺织产品的销售渠道。

### （六）社会文化环境

纺织市场营销所面临的社会文化环境，是指影响人们消费方式、购买行为的价值观、审美观、风俗习惯以及宗教信仰、民族文化、地域文化等。

## 五、微观环境与分析

纺织市场的微观环境是指对纺织企业营销活动产生直接影响的环境因素的总称。涉及企业内部环境因素、营销中介、顾客、竞争者、社会公众等。

### （一）企业内部环境

企业内部环境是指纺织企业内部对市场营销产生影响的决策部门和职能部门。如财务部门、采购部门、人力资源部门、研究与开发部门、生产部门、市场营销部门等。各部门之间目标一致、协调配合是实现纺织企业营销决策的根本保障。

### （二）市场营销渠道成员

"供应商—企业—营销中介—目标顾客"链条是实现纺织企业满足顾客需要为企业带来效益的基本途径。其中，供应商和各种营销中介被称作市场营销渠道成员，它们与纺织企业形成相互协作的关系。

1. *供应商*　供应商是向纺织企业及其竞争者提供原材料、辅助材料、设备、能源和劳动力等资源的一切组织和个人。如面料供应商、辅料供应商、电脑绣花机供应商等。

2. *营销中介*　营销中介是指那些协助纺织企业进行促销、销售等经营活动的中介组织。包括中间商、实体分配机构、营销服务机构、金融中介机构等。

（1）中间商。是协助纺织企业寻找消费者并促进产品销售的商业性组织。分为代理中间商（如经纪人、制造商代理商、销售代理商等）和经销中间商（如批发商、零售商等）。

（2）实体分配机构。是指担任仓储、运输活动的所有机构。其作用在于使物流畅通无阻，为纺织企业创造时间和空间效益。

（3）营销服务机构。主要包括市场调研公司、广告公司、信息咨询公司等。

（4）金融中介机构。主要包括银行、信贷公司、保险公司以及为企业提供金融支持或降低货物购销风险的各种机构。

### （三）顾客

顾客是指纺织企业为之服务的目标市场。按购买主体和购买目的划分，可将市场分为消费者市场、生产者市场、中间商市场、政府市场和国际市场等。

（1）消费者市场。消费者市场由个人和家庭组成，消费者购买产品和服务的目的是为了个人消费。纺织品是人们的日常用品，消费者市场是纺织品的最终市场。

（2）生产者市场。生产者购买产品或服务的目的是进一步加工或在生产过程中使用。比如，生产者购买面料、填充物、绣花线等。

（3）中间商市场。中间商的目的是转卖商品从中获取利润，如纺织品批发商、零售商等。

（4）政府市场。政府市场是指由政府机构组成的，购买产品或服务是为了提供服务。如医院、学校、机关等场合需要的窗帘等。

（5）国际市场。国际市场是指由其他国家的购买者构成的市场，包括消费者、生产商、中间商和政府等。国际市场是纺织品的庞大市场。

### （四）竞争者

广义上是指向纺织企业所服务的目标市场提供产品的其他企业和个人。从消费者需求角度看，企业通常面临着四种类型的竞争者。

1. **愿望竞争者**　愿望竞争者是指向某一企业的目标市场提供种类不同的产品以满足不同需要的其他企业。

2. **一般竞争者**　一般竞争者是指向一企业的目标市场提供种类不同的产品，但可以满足同一需要的其他企业。

3. **产品形式竞争者**　产品形式竞争者是指向某一企业的目标市场提供种类相同，但质量、规格、型号、款式、包装等有所不同的其他企业。如生产不同质地、档次、工艺的床上用品的企业属于产品形式竞争者。

4. **品牌竞争者**　品牌竞争者是指向某一企业的目标市场提供种类相同，产品形式也基本相同，但品牌不同的产品的其他企业。如同样生产床上用品的博洋、维科、罗莱和富安娜等，成为品牌的竞争者。

### （五）社会公众

公众是指所有实际或潜在的关注企业的生产经营活动，并对其实现目标有一定影响的组织或个人。企业所面临的公众主要有以下几类。

1. **政府机构**　政府机构是指有关政府部门。企业的经营在很大程度上要得到政府的支持。为此，纺织企业在制订营销计划时，要研究各级政府相关的方针和政策，处理好与政府部门的关系。

2. **金融机构**　金融机构是指有可能影响纺织企业获得资金能力的银行机构、投资公司、保险公司和证券公司等。纺织企业要在最大限度上发挥上述机构的作用。

3. **媒介机构**　媒介机构是指电视台、报纸、杂志、电台等大众传播的各种媒介。上述各公众团体对企业声誉的正面或反面宣传起着相当大的作用。纺织企业要善于利用各种媒体对企业和产品进行宣传，提高企业和产品的美誉度。

## 【任务实施】　市场分析

市场营销环境分析常用"SWOT"分析法。"SWOT"分析法是分析企业的优势（Strengths）、劣势（Weaknesses）、机会（Opportunities）和威胁（Threats）的方法。其中优势和劣势是指对企业微观环境分析，分析企业的优势和不足；而机会和威胁是指对企业外部环境进行的分析，目的是从中找到企业发展的机会和受到的威胁。

### 一、环境威胁和市场营销机会

市场营销环境分析的目的在于寻求营销机会，避免环境威胁。每个企业都会面临着许多营销机会或环境威胁，这些机会或威胁不断地影响、制约企业的营销活动。因此，企业必须重视收集市场信息，进行市场营销环境分析，以便采取相应的对策。

所谓环境威胁，是指营销环境中对企业营销不利的各种趋势。如果企业不采取行动，这种不利的趋势将伤害到企业的市场地位，甚至会影响企业的生存和发展。企业营销人员要善于识别所面临的环境威胁，并根据威胁的严重性和威胁出现的可能性进行分类管理，然后，针对那些严重性大且可能性大的威胁来制订应变计划，防患于未然。

所谓营销机会，是指对企业具有吸引力，能够给企业带来竞争优势和丰厚利益的环境变化趋势。根据对企业的威胁和机会状况的不同，对企业业务进行分类和评价。把企业的业务分为理想业务、冒险业务、成熟业务和困难业务四个类型。具体如图2-2所示。

|  | | 威　胁　水　平 | |
|---|---|---|---|
|  | | 低 | 高 |
| 机会水平 | 高 | 理想业务 | 冒险业务 |
|  | 低 | 成熟业务 | 困难业务 |

图2-2　企业业务分类、评价

从图2-2可知，理想业务是高机会和低威胁的业务；冒险业务是高机会和高威胁的业务；成熟业务是低机会和低威胁的业务；困难业务是低机会和高威胁的业务。困难业务也是企业考虑淘汰的业务。

## 二、纺织企业对策

纺织企业通过对市场营销环境的分析，目的是从中找出给企业造成环境威胁或市场营销机会的各种因素及其变化趋势，以采取有效的对策。

对于企业所面临的市场营销机会，必须慎重地评价其质量。对于企业所面临的威胁，有以下三种可供企业选择的策略。

1. **对抗策略**　企业试图限制或扭转不利状况的发展。例如，通过各种方式促使（或阻止）政府通过某种法令，或达成某种协议，或制订某项策略以抵制不利因素的影响。

2. **减轻策略**　企业以通过各种营销措施来改善环境，降低威胁的严重性。例如，以扩大销售来减轻成本的上升。

3. **转移策略**　企业决定转移到其他盈利更多的行业、市场，实行多角化经营。例如我国部分纺织品在国外市场受到限制，就把重点放在开拓国内市场上。

### 小结

企业必须研究营销环境，以寻找机遇、控制风险。营销环境包括影响企业在目标市场上有效经营的各种力量。企业营销环境分为微观环境和宏观环境。

微观环境包括五个部分。第一是企业的内部环境，即企业各个部门和管理层，该环境能影响营销人员的决策制订；第二是营销渠道，它能协助公司实现价值；第三是顾客市场，包括消费者、制造商、经销商、政府以及国际市场，不同的市场，需求状况是不同的，应分别进行分析；第四是企业的竞争者，对竞争者进行分析是企业必须做的；第五是对一个组织实现其目标的能力有兴趣或有影响的任何公众因素。

宏观环境由能影响公司机遇和对公司造成威胁的各种主要因素构成。这些包括人口、经济、自然、技术、政治和文化几个方面。

人口环境揭示了变化中的年龄结构、家庭的组成、人口的地理变迁、教育程度、民族构成等。

企业通常面临着四种类型的竞争者。它们是愿望竞争者、一般竞争者、产品形式竞争者和品牌竞争者。

对市场营销环境的分析通常采用"SWOT"分析法。其中优势和劣势是指对企业微观环境分析；而机会和威胁是指对企业外部环境进行的分析。家纺企业根据面对市场的机会和威胁，常采取对抗策略、减轻策略和转移策略三种策略。

### 【思考讨论】

1. 宏观和微观环境的组成要素。
2. 纺织品营销环境有何特点？
3. 各社会公众与纺织企业有何关系？

4．纺织品市场环境分析用什么方法？

## 【实训项目】 纺织纤维原料描述、市场调研与市场分析

选择某一种原料，完成以下任务：

1．描述该种原料。

2．选择合适的方法进行该原料的初步市场调研。

3．对该市场进行分析，撰写分析报告。

# 任务三　纱线市场与营销方案设计

**知识点**

1. 纱线的概念和特点。

2. 纱线的分类。

3. 纱线营销策划的基本程序。

**技能点**

1. 会对纱线进行分类。

2. 会分析纱线的市场行情。

3. 会撰写营销策划方案。

## 【任务引入】

XZ公司是一家综合性纺织企业，有粗梳毛纺、精梳毛纺、染整、半精纺等生产线。主要产品有各种比例精纺纱线、粗纺纱线、半精纺纱线等，各种比例羊绒及其他混纺面料、各类针织毛衫和机织大衣及服饰等纺织品。

近几年来，受市场配置的制约，东部沿海地区纺织企业面临以下几个严峻的问题：第一，土地资源紧缺；第二，劳动力资源紧缺；第三，对环保的要求提高。为了维持比较优势，逐步向中部转移是大势所趋，企业转移是事关科学发展的大事，一定要符合市场配置资源的规律，企业要在有经济效益的情况下，自愿、合理、循序渐进地来完成向中西部地区转移，其步伐正呈逐渐加快趋势。

在这种情形下，XZ公司该如何应对，采取何种营销策略来提高竞争力呢？

## 【任务分析】

1. 纱线的分类与特点。

2. 纱线市场环境分析。

3. 纱线市场营销方案设计。

## 【相关知识】　纱线分类及发展现状

### 一、纱线及其分类

#### （一）按纱线的体系分类

纱线是纤维沿长度方向聚集成形的柔软细长的纤维集合体。纱线有"纱""丝""线"之分。

1. **纱** 又称作单纱，由短纤维经纺纱加工，使短纤维沿轴向排列并经加捻而成。纱又可以按以下方式进行细分。

（1）按纤维喂入轴系分。按纤维须条喂入的条数，常见的有双须条，如自捻纺纱、A/B纱、赛络纺（sirospun）纱等；多须条的分束纺纱（solospun）、多罗拉喂入系统纺纱等；按引入其他轴系纤维的有纤维+须条+丝、纤维须条+丝；有单束或单根，也可多束或多根等。

（2）按短纤维的类型分。纱可分为棉或棉型、毛或毛型、绢丝、麻或麻型、中长型和化学纤维纱，分别称作棉纱、毛纱、绢纱、麻纱、中长纤维纱和化学纤维纱。

（3）按纱的粗细分。分类习惯称作"粗细形容词+支纱"，以棉或棉型纱和毛或毛型纱为例，具体特数（支数）范围见表3-1。

表3-1 纱线的粗细分类

| 细度 | 棉或棉型纱（tex） | 毛或毛型纱［tex（公支）］ |
| --- | --- | --- |
| 特细支 | ≤10 | ≤12.5（≥80） |
| 细支 | 11~20 | 12.5~31.25（80~32） |
| 中支 | 21~31 | — |
| 粗支 | ≥32 | >31.25（<32） |

（4）按纺纱方法分。可分为环锭纱、非环锭纱。

传统的环锭纺纱，简称作环锭纺，甚至直接称"纱"；非环锭纺纱分别以"纺纱方法特征词+纱"来命名。有时甚至取消"纺"字。

此外，近年来的复合与结构纺纱技术产生的纱，主要是在传统环锭细纱机上加装特殊装置制得的纱，其成纱分别以"专用外来名+纱"称谓。如复合纺纱的赛络纺纱（Sirospun yarn）、赛络菲尔纺纱（Sirofil yarn）；如结构纺纱的分束纺纱（Solospun yarn）、集聚纺纱（Compact yarn）、皮芯结构纺纱等。

2. **丝** 丝即连续长丝束，俗称长丝纱。丝主要是仿短纤纱蓬松、卷曲、多毛羽的变形纱；仿天然纤维自然粗细、伸缩和空间异粗细、异截面、异收缩、异卷曲丝；仿丝纤维高强低伸特征的工业长丝纱。

长丝束通过加捻形成复丝，复丝加捻形成捻丝，捻丝再经一次或多次并合、加捻成为复合捻丝。

根据丝的来源可分为天然丝（俗称真丝）和化纤丝。

3. **线** 可分为普通股线、花式线（纱）、复合线、结构线（编结线）。

**（二）按纱线组成分类**

1. **以纤维组成分类** 可分为纯纺纱线、混纺纱线、伴纺纱线。

2. **以混合纤维的分布分类** 可分为均匀混合纱线、变化混合纱线、组合或复合纱线。

**（三）按纱线的用途分类**

1. **加工用纱线**

（1）织物主体用纱。机织用纱、针织用纱和编织用纱。

（2）织物辅用纱线。如起绒织物的起绒纱，用于非织造布的缝编纱线等。

2. **成品用纱线**　直接使用的纱线，如产业用增强帘子线以及缝纫线、绣花线等。

### （四）其他分类

主要是沿用了在生产加工中对纱线的一些习惯叫法，举例如下。

1. **按纱的捻向**　分为顺手（S捻）和反手（Z捻）纱。

2. **按纱线的可用性**　分为回丝、废丝、废纱、接头纱等。

3. **按纱线的卷装形式**　分为管纱、筒子纱、绞纱。

4. **按后处理方法**　分为原色纱（本色纱）、漂白纱、染色纱、烧毛纱、丝光纱等。

## 二、纱线产品现状与发展

纱线是整个纺织工业的基础，没有好的纱线做不出好的面料。纱线的品质影响到印染布、针织、服装、家用纺织品等一系列下游产品。织造企业对纱线的质量要求越来越高，提升纱线档次成为国内纱线产品发展的必然方向。

1. **鼓励发展紧密纱**　当前，企业非常关注如何提高织机效率，但是提高织机效率，取决于纱线的质量。紧密纺能够将纱线的质量提高一个档次，使纱线强力提高15%，条干均匀，毛羽少，提高织机效率。在织造的过程中，紧密纱还能够做到少上浆或者免浆，既能节省浆料，又能节省染料，对于节能环保有重要意义，成为纱线生产的一个发展方向。

2. **为知名品牌提供产品，也是纱线企业追求的一个方向**　一些国外高端服装品牌从纱线环节就开始选择供应商，耐克、阿迪达斯、鳄鱼等服装品牌均有国内纱线企业为其提供纱线产品，要求不断提升产品附加值，尽管低特（高支）纱的生产难度比高特（低支）纱大，但是，中高特（中低支）纱不等同于中低档，低特（高支）纱也不等同于高档。发展纱线产品的品种应该按照市场需求来定位。纱线产品以内需为主，为了满足大众消费的需求，对高中低档次的产品都有需求。目前，受金融危机影响，国内外市场对低特（高支）纱的需求减少，对中高特（中低支）纱的需求开始增长，但从长远发展来看，高质量的低特（高支）纱线仍然有广泛的市场。

3. **在功能性、差别化方面发展**　随着生活水平的提高，消费者在满足基本需求的基础上，对纺织品的舒适性、健康性的要求越来越高，因此，在纱线新产品研发方向，功能性、差别化的纱线是纱线新品的重要发展方向之一。

4. **多种纤维混纺纱线是当前经济的增长点**　目前，很多企业都注重多纤维混纺纱线的开发，如山东德州的华源生态科技公司生产的多纤维混纺纱线，市场反映非常好。

5. **高档纯棉低特纱的市场前景看好**　纯棉产品属于大众消费，绝大多数消费者青睐天然纤维制品。当前，用于内衣、休闲裤的纯棉纱线需求量较大，具有抗辐射、抗菌等功能的新型纤维市场前景广阔。

6. **色纺纱是发展的方向之一**　色纺纱降低了印染工序中浆料、染色废水的处理难度，各类包芯纱体现出纱线的功能性。

【相关链接】几种纱线代表性企业

在生产多纤维混纺纱线、纯棉低特纱、色纺纱方面具有代表性的企业有哪些？

在多种纤维混纺纱方面：青岛六棉、保定一棉、江苏大生、山东帛方都是口碑较好的企业，上海天虹集团的氨纶包芯纱，山东基德公司的蛋白纤维、牛奶纤维混纺纱具有代表性。

色纺纱领域：浙江华孚、浙江百隆集团的纯棉色纺纱，江苏霞客的化纤色纺纱，都是目前国内外知名的产品。

纯棉高档纱：安徽华茂、聊城华润、济宁如意、山东魏桥、东营三阳、东营天信以及广东忠华等企业的紧密纺牛仔纱代表了业内领先水平。

### 三、毛纺纱线的未来发展趋势

目前，我国毛纺行业呈现良好的发展势头。天然纤维、化学纤维等不同原料、不同行业、不同纱线的工艺的有机结合和半精纺等新型纺纱技术的兴起给毛纺纱线提供了较大的发展空间。

近年来，随着我国创新型半精梳毛纺工艺技术的兴起，应用各种传统和新型原料开发毛纺产品的半精梳生产企业也不断增多。应用羊绒、羊驼毛、兔绒、马海毛等特种动物纤维，棉、毛、丝、麻等常规天然纤维及其改性纤维，天丝、莫代尔、天竹、大豆纤维等新型纤维素纤维、合成纤维等原料，生产8.3～12.5tex（120～80公支）纱线，主要涉及纯纺类、绢丝混纺类、羊绒混纺类、羊毛混纺类、棉混纺类、天丝混纺类、大豆纤维混纺类、竹纤维混纺类、其他纤维混纺类、彩点类等十大类近200个品种。

### 四、市场营销思路

1. **产品研发思路及模式**　产品开发如何从来样仿制、改良创新向自主创新能力方面提升是今后纱线生产企业的一个课题。半精纺纱线大都为色纺纱，为了向客户提供满意的产品，应从终端市场需求的调研开始，研发出符合终端市场需求的纱线是所有纱线生产企业的当务之急。

2. **市场推广意识**　近年来，企业在市场推广方面的意识得到了提升，通过以广告、展会为主的推广方式被纱线企业利用。

3. **品牌建设策略**　拥有产品的档次、品牌数量，已经成为衡量纱线企业实务的标志。尤其面对当前的金融风暴，品牌的竞争优势更加突出。

## 【任务实施】　XZ公司营销方案设计

XZ公司在对营销环境进行了充分分析的基础上，以降低成本、提高综合竞争力为目的，制订了纱线市场营销方案。

## 一、策划说明

从纺纱工艺流程来说，XZ公司有毛纺的精纺、条染复精梳以及半精纺纺纱系统。此外，为了生产线的完整性还有染整加工。主要对散纤维和毛条等进行染色加工，以降低成本。同时为了增加纱线的花色品种，有花式纱线生产线，生产不同种类的花式纱线，以发挥其加工流程短、品种丰富的特点。

## 二、营销环境与状况分析

### （一）宏观环境分析

1. **全球经济依然存在下行风险，纱线市场需求有呈下滑趋势**　纺织服装是我国重要的外贸出口商品，相当大量的纱线属间接出口。目前，全球各经济体经济复苏进程缓慢，全球经济增长情况和民众消费情况将决定着衣着消费能力，直接影响纱线的市场需求，消费能力难以释放。

2. **由于国内制造成本增加，部分订单已经转向印度、越南等制造成本低廉的国家**　2011年，我国纺织品出口受挫，由于国内制造成本增加，国外的部分订单转向了印度、越南等成本低廉的国家，使我国纺织品出口受到很大冲击。

3. **国内消费能力值得期待**　在国家财政刺激下，内需水平或将有所提高，纺织企业也开始将目标放在国内消费市场。

4. **国家支持小微企业发展，棉纺企业将继续受益**　为了刺激经济发展，提高国内消费水平，国家相继调降个人所得税和企业经营税，为了支持小微企业的发展，未来将减免小微企业多项税费。

5. **内忧外患，纺织业在艰难中寻找出路**　国内纺织服装对外出口增长减速，企业订单减少，许多中小纺织企业已经在这场战争中倒闭，停产限产的企业也不在少数，此为外患。国内CPI高涨推升纺织企业原材料成本，员工工资攀升导致人力成本增加，种种经营成本的增加导致产品成本上涨，但纱线价格却连连走跌，此为内忧。

6. **内销发展仍然维持增长的趋势**　民众的可支配收入直接决定民众的消费能力和潜力，自2010年3月起，我国城镇居民以及农村居民人均可支配收入均在稳定增加，表明我国居民消费能力正在稳步提高，城镇、农村居民衣着消费支出占总消费支出的比例在持续上升，表明民众越来越愿意把钱花在衣着消费上，尤其是20世纪八九十年代出生的年轻一代，随着网购消费市场的迅速发展，进一步促进了衣着消费市场的发展，国内衣着消费能力在稳步稳定增长，预计衣着内销发展仍然维持增长的趋势。

### （二）产品分析

半精纺技术是我国纺纱技术的一项创造，其加工流程选用棉纺与毛纺的组合，同时设备主要是在原棉纺设备的基础上进行改造与毛纺设备相结合来配置。目前，由于不同企业的设备选型不同，因此，半精纺生产线的设备缺乏通用性，有些纺机厂开发半精纺设备的积极性来源于半精纺技术的推广。以目前现有状况来看，很多企业采用了很多个性化的设备改造的形式。

多元中长纺纱俗称"半精纺"，是我国发明的一项先进纺纱技术。它具有流程短、棉毛纺工艺结合、产品风格独特、原料适用性广泛的特点。

半精纺是羊绒、丝、棉、尼龙、竹纤维等多元纤维的混纺，是集时尚、舒适、功能与轻薄性等多元纤维性能互补为一体的新型纺织品。在企业产业升级过程中，为企业提高产品质量和档次，提高生产率和竞争力，提高经济效益创造了条件。

半精纺的主要产品为12.5～50tex（80～20公支）的各档次多元纤维混纺纱线，主要原料为绢丝和羊绒、棉、黏胶及新型纤维，如强PTT、PBT、玉米纤维、Lyocell纤维、蛋白复合纤维等不同成分、不同混纺比的多元混纺纱线。根据市场流行结合客户的需要，主要有2/20.8tex（2/48Nm）绢丝/羊绒（85/15），棉/羊绒（85/15），棉/尼龙/绢丝（70/20/10），丝光羊毛/绢丝/羊绒（70/20/10），2/35.7tex（2/28Nm）棉/羊驼毛（90/10）等品种。

在生产品种上，传统棉精纺产品只能生产有限的棉型纱线，不能生产有多元中长纺纱风格的产品。而传统的毛精纺产品工艺流程长，用料范围小，适用于高档产品等适用面较小的特点。

### （三）竞争分析

传统的纱线在技术推广过程中，受到了原料性能和对原料的使用水平的限制。从市场需求来看，在相当长的一段时间，市场竞争仍很激烈。而半精纺产品为我国首创的产品，占了市场先机，有竞争优势。

### （四）顾客分析

半精纺产品的消费者是那些穿着追求健康、舒适，以休闲为主的人群。适用于不同年龄、不同层次和档次的消费者。由于半精纺原料的种类和比例以及加工的难度不同，产品的档次也不同，因此，可以满足不同层次消费人群的需要。

### （五）产品需求的预测

半精纺纱线主要用于加工粗纺面料、精纺面料、T恤衫等。由于用途广泛，加上使用原料的范围广泛，因此，风格多样加上丰富的色彩，产品风格具有不可替代性，在未来相当长的时期内会有广泛的市场需求。其市场除了国内外，日本和欧洲是半精纺产品的主要消费地区。

## 三、机会与障碍分析

### （一）机会分析

目前，半精纺面料由于大量地采用天然纤维，因此，能够满足国内外市场对面料环保性的要求，产品已被日本、欧美市场客户接受，产品价格具有很高的附加值。与精纺同质同类产品相比，原料成本降低30%左右；而短顺毛精纺面料平均价格要比一般精纺面料的高出20%～30%，而生产、原料成本差异不大。

从上面的分析可知，半精纺产品与精纺和粗纺产品相比，有独特的风格和成本优势。半精纺这一概念经过几年的发展，市场已经接受了这一概念，当前半精纺纱线的应用市场前景是比较广阔的。

（二）障碍分析

1. **劳动力成本增加**　我国的纺织行业还是劳动密集型的企业，需要大量的劳动力。近年来，和沿海地区其他企业一样面临着劳动力严重短缺的困难。加上纺织企业一线工人劳动环境较差、劳动强度较大，因此，虽然每年纺织企业一线工人的工资在提高，但是纺织企业面临的"用工荒"的问题更加严重。

2. **土地成本提高**　该企业位于沿海城市土地价格较低的区域，但是，随着土地价格的普遍提高，企业在扩大规模的过程中面临着土地成本高的巨大压力。

3. **能源成本增加**　和纺织生产相关的水、电的成本在提高，对于有染整的企业来说，染整过程中水的需求量相当大。因此，水、电、汽在生产过程中的成本是企业必须面临的问题。

4. **社会对环保的要求提高**　染整企业不同程度地存在着污染的问题，一个符合要求的染整企业在处理污水上的成本占染整加工成本的30%左右。为了达到环保的要求，在环境治理方面，企业需统筹考虑，设计新的节能的污水处理系统迫在眉睫。

5. **原料市场变化频繁**　目前，纺织厂原料约占成本的70%左右，因此，正确使用原料，既关系产品质量也关系产品成本。由于种种原因，近年来，羊毛、羊绒、天然丝、化学纤维以及棉等纺织原料价格变化频繁，市场不定因素越来越多。给企业进行市场预测带来困难，对企业应对原料价格变化的要求进一步提高。

6. **客户个性化需求提高**　随着消费者对产品风格要求的提高，在生产过程要求采用不同的原料以生产出风格个性化同时成本也较粗纺产品低的产品。因此，我国的半精纺生产工艺应运而生。但近年来，随着该技术的发展，市场竞争也越来越激烈。

## 四、营销目标

### （一）短期目标

营销短期目标见表3-2。

表3-2　营销短期目标

| 序号 | 品种 | 2013年销售额（万元） |
| --- | --- | --- |
| 1 | 2/20.8tex（2/48Nm）半精纺绢丝/羊绒（85/15） | 20000 |
| 2 | 2/20.8tex（2/48Nm）棉/锦纶/绢丝（70/20/10） | 2000 |
| 3 | 2/20.8tex（2/48Nm）丝光毛/绢丝/羊绒（70/20/10） | 14000 |
| | 合计 | 36000 |

### （二）长期目标

每年新增8~10家较大的客户，年销售额增加8%。

### 五、营销策略组合

#### （一）产品策略

1. **产品功能**　半精纺纱线制成的面料风格介于粗纺与精纺之间，有明显的质感和肌理效果。成衣以商务休闲为主，单件上衣、夹克搭配全棉水洗裤或牛仔裤，颜色根据不同年龄、不同层次的需要进行配色，其色彩趋于活泼。产品手感较柔软，表面丰满，有较好的弹性和光泽，保暖性好。

2. **产品结构**　根据市场流行结合客户的需要，主要有2/20.83tex（2/48Nm）绢丝/羊绒（85/15），棉/羊绒（85/15），棉/尼龙/绢丝（70/20/10），丝光羊毛/绢丝/羊绒（70/20/10），2/35.7tex（2/28Nm）棉/羊驼毛（90/10）等品种。公司经调研分析，确定产品需求表见表3-3。

表3-3　产品需求表

| 序号 | 产品名称 | 销售额（万元） | 占比（%） |
|---|---|---|---|
| 1 | 2/20.8tex（2/48Nm）半精纺绢丝/羊绒（85/15） | 17700 | 52.52 |
| 2 | 2/20.8tex（2/48Nm）棉/锦纶/绢丝（70/20/10） | 2200 | 6.53 |
| 3 | 2/20.8tex（2/48Nm）丝光毛/绢丝/羊绒（70/20/10） | 13800 | 40.95 |
| | 小 计 | 33700 | 100 |

#### （二）价格策略

因产品在市场上很受欢迎，处于供不应求的情况，因此，采取无差别定价策略。具体情况见表3-4。

表3-4　价格策略设计表

| 序号 | 产品 | 时间 | 策略 |
|---|---|---|---|
| 1 | 2/20.8tex（2/48Nm）半精纺绢丝/羊绒（85/15） | 2012.9–2013.8 | 无差别定价 |
| 2 | 2/20.8tex（2/48Nm）棉/锦纶/绢丝（70/20/10） | 2012.9–2013.8 | 无差别定价 |
| 3 | 2/20.8tex（2/48Nm）丝光毛/绢丝/羊绒（70/20/10） | 2012.9–2013.8 | 无差别定价 |

#### （三）渠道策略

以直接渠道为主，部分采取间接渠道。一方面便于沟通，另一方面保证企业利润目标。

#### （四）促销策略

（1）参加每年在上海举办的国际纱线展。

（2）利用网络、报纸、科技周、学术会议等机会进行品牌介绍与宣传。

（3）做好公共关系工作，在转型升级过程中，加强与当地政府的沟通，争取更多的项目引进优惠政策，并积极参与各种科研、行政机构组织的评奖活动。

**小结**

纱线是面料和服装加工的原料，对于下游企业来说，纱线的规格、风格和质量直接决定面料和服装的质量。为此，在充分了解各种纱线性能、分类与市场的基础上，进行营销方案设计对纱线生产企业来说非常重要。

本项目主要介绍了纱线市场现状，通过实际案例介绍纱线企业进行营销方案设计与实施的基本要点。

**【思考讨论】**

1. 熟悉纱线的分类、性能、规格和应用。

2. 影响纱线市场的主要因素。

3. 如果企业参加纱线展，应该做哪些工作？

**【实训项目】　纱线初步营销方案设计**

选择某一品种纱线，在调研的基础上尝试完成以下内容。

1. 完成该纱线的产品介绍。

2. 选择合适的方法进行该纱线的市场调研。

3. 进行市场分析，撰写分析报告。

4. 完成初步营销方案设计。

# 任务四  面料市场与营销方案设计

**知识点**

1. 纺织面料的概念和特点。
2. 纺织面料的分类。
3. 常见纺织品面料规格配置及用途。
4. 纺织面料营销策划的基本程序。

**技能点**

1. 会对纺织品面料进行分类。
2. 会识别纺织品面料的配置。
3. 会撰写营销策划方案。

## 【任务引入】

2010年2月，国家旅游局公布了GB/T 14308—2010版《饭店星级的划分与评定》标准，经国家质检总局、国家标准化管理委员会批准，2010年版国家标准《饭店星级的划分与评定》于2011年1月1日实施。GB/T 14308—2010版《饭店星级的划分与评定》标准的主要特点是强调客房产品，突出客房舒适度的要求，增加了客房棉织品、枕头、床垫、温湿度、遮光、隔音、热水龙头等方面的具体质量要求。据了解，新版实施办法还将星级饭店评定与复核的时间由以前的5年一次调整为3年一次，2011年起，全国1.4万余家星级饭店将同时复核。A品牌是酒店纺织行业的领军品牌，是国内最早的高档纺织品制造商，是为高星级宾馆、酒店提供纺织装饰配套专业服务的企业。通过对新版标准的分析认为，新版标准中，标准附录B中的4.14.1.1、4.14.1.2及4.14.2对有关床单、被套、枕套的纱线规格及枕头要求的规定（详见后文表4-1产品特点要求表），对A品牌来说，这是一次重大的发展机遇，计划抓住这一机会，通过营销方案的设计、实施，保持快速发展趋势，进一步提升品牌形象和竞争力。

## 【任务分析】

对A品牌进行营销方案的设计应做到如下几项工作。

1. 酒店用纺织面料的种类及特点。
2. 分析A品牌酒店纺织品营销环境与状况。
3. 根据分析结果，设计相应的"4PS"策略方案。

## 【相关知识】　酒店用纺织面料

### 一、酒店用纺织面料

改革开放30多年来，我国酒店业得到长足发展。截至2009年，我国星级酒店数量已经超过16000家，预计到2015年，五星级酒店达到1000家以上，数量增加一倍以上。2005～2009年，全国新增星级酒店3000多家，据中国饭店业市场景气指数统计，在此期间，全国25个重点旅游城市国际管理酒店新增客房67000间，已达126000间，增加近一倍；2012前，新增81000间，喜达屋、希尔顿、洲际、万豪、雅高等世界顶级酒店管理集团纷纷落户中国，扩张态势迅猛，由此带来对酒店纺织品的高端需求。据预测：每年的酒店纺织品需求量已达600亿～1000亿元，由于酒店纺织品使用、洗涤及维护的特殊性，近年来，已经发展成为纺织行业中迅速发展的分支行业，与家用纺织品相比，在纺织面料的生产、销售方面具有明显的差异。酒店纺织品在酒店业内习惯上称作"布草"。

从商业角度，酒店纺织品面料可分为床上用品面料、盥洗用品面料、餐厨用品面料和装饰遮盖类用品面料。

#### （一）床上用品面料

1. **床上用品面料分类**　分类见图4-1。床上用品面料主要指枕套、被套、床单及枕芯、被芯及垫芯类面料，由于酒店纺织品在洗涤、维护过程中需经过最高温度为90℃的洗涤及170～180℃烘筒干燥，且洗涤频率高，对舒适度要求高。

对价格十分敏感，其面料呈现如下特点。

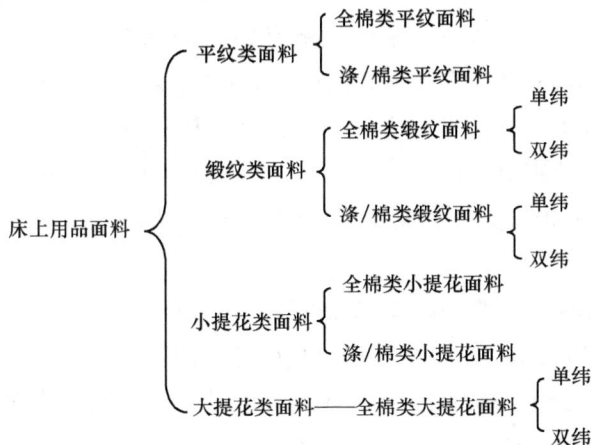

图4-1　酒店纺织品床上用品面料分类

（1）80%以上面料采用全棉生产工艺，20%的面料采用涤棉混纺或交织生产工艺。

（2）经纬纱同时采用97dtex以上线密度的面料，为了兼顾面料外观、手感及制造成本费用之间的关系，一般会采用双纬织造工艺。

（3）70%的面料采用漂白工艺，20%的产品采用染色工艺，10%的面料采用印花工艺。

（4）经纬纱同时采用97dtex以下线密度的面料，其衍生产品较多，质量差异、价格悬殊较大，主要影响因素为配棉方案、织造设备、经纬密度配置及印染后整工艺等。

**2. 常用床上用品面料**

（1）全棉平纹面料。主要规格：146dtex×146dtex（40英支×40英支），433.1根/10cm×354.3根/10cm，门幅为190～315cm；主要用于床单及高档枕芯、被芯及垫芯类产品的生产，这类面料的衍生产品较多；还有一种专门用于羽绒枕芯、被芯类产品生产的面料，这类产品一般都要经过防跑绒整理。其规格为146dtex×146dtex，523.6根/10cm×393.7根/10cm，俗称防羽布，门幅为160cm和250cm，少量高档产品的面料则采用97.2dtex纱织造而成。

（2）涤/棉平纹面料。主要规格：146dtex×146dtex（40英支×40英支），433.1根/10cm×354.3根/10cm，门幅为160～240cm；采用涤棉混纺纱织造而成，涤/棉配置比例为50/50，门幅为190～315cm，用途与全棉平纹面料相同；而另外一种规格为129.5dtex×129.5dtex，433.1根/10cm×299.2根/10cm面料，采用涤棉混纺纱织造而成，涤/棉配置比例为35/65，这类面料的衍生产品较多，主要用于低档枕芯、被芯及垫芯类产品的生产。

（3）全棉缎纹面料。主要规格为97.2dtex×146dtex（60英支×40英支），681.1根/10cm×472.4根/10cm；97.2dtex×97.2dtex（60英支×60英支），681.1根/10cm×590.5根/10cm，单、双纬；97.2dtex×72.9dtex（80英支×60英支），787.4根/10cm×724.4根/10cm，单、双纬，门幅为250～300cm；主要用于高档枕套、被套、床单的生产，少量产品采用20/80涤/棉纱织造而成，由于GB/T 22800—2009《星级旅游饭店用纺织品》标准中有关加分规定，全棉97.2dtex×72.9dtex（60英支×80英支）面料呈爆炸性增长趋势。

（4）全棉、涤棉小提花类面料。主要规格有146dtex×146dtex（40英支×40英支），551.2根/10cm×472.4根/10cm；97.2dtex×146dtex（60英支×40英支），681.1根/10cm×472.4根/10cm，门幅为250～300cm；主要用于枕套、被套、床单的生产，花型主要采用条、格等几何图案，是目前市场上使用最为广泛的面料之一，尤其是1cm、3cm缎条最受消费者青睐，其中，146dtex×146dtex（40英支×40英支），551.2根/10cm×472.4根/10cm面料有时也采用50/50涤/棉纱织造而成。

（5）全棉大提花面料。主要规格有97.2dtex×146dtex（60英支×40英支），681.1根/10cm×472.4根/10cm；97.2dtex×72.9dtex（60英支×40英支），787.4根/10cm×866.1根/10cm，单、双纬，门幅为250～300cm；主要用于高档枕套、被套、床单的生产，这类产品是目前市场上用于酒店纺织品生产的最高档次的面料。

**（二）餐厨用纺织面料**

**1. 餐厨用纺织面料分类** 分类见图4-2。酒店餐厨用纺织品洗涤条件较床上用品更加剧烈，而且也要保持其产品色彩丰富的功能，所以，70%以上的产品使用涤纶为原材料，经分散染料染色、转移印花工艺而成，30%的产品仍然使用全棉面料或涤棉交织面料，餐饮类纺织品面料为了保持其洗涤后具备良好的尺寸稳定性，经纬密度要求较高。

桌布口布类面料 ┬ 全棉类桌布口布面料
　　　　　　　├ 涤棉交织类桌布口布面料
　　　　　　　└ 涤纶类桌布口布面料

椅套类面料 ┬ 涤纶类椅套面料
　　　　　├ 涤棉交织类椅套面料

台垫桌旗类面料 ┬ 涤纶类台垫桌旗面料
　　　　　　　└ 涤棉交织类台垫桌旗面料

餐厨用品面料

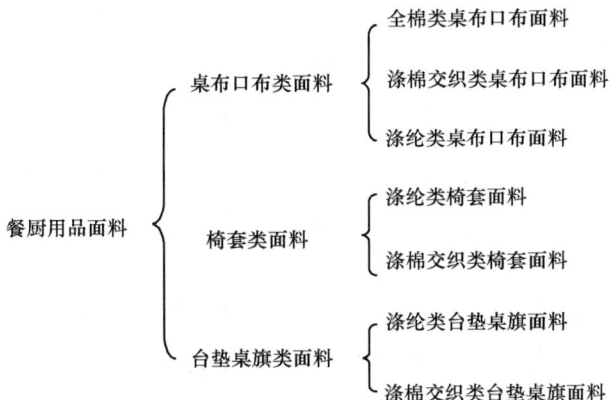

图4-2　酒店纺织品餐厨用品面料分类

**2. 常用餐厨纺织品面料**

（1）全棉类面料。主要规格有182dtex/2×182dtex，315根/10cm×472.4根/10cm，146dtex/2×146dtex，354.3根/10cm×236.2根/10cm，这类产品主要有斜纹、缎纹和大提花三种织物，门幅为150～280cm。

主要用途：用于高档口布、台布的生产，这类产品以白色为主，兼有部分中、浅色，其中146dtex/2×146dtex，354.3根/10cm×236.2根/10cm，面料经常采用大提花独花工艺，俗称"缎框"台布、口布。

（2）涤纶类面料。主要规格有167dtex×167dtex/3（150D×150D/3），650根/10cm×180根/10cm，单位面积质量为220～250g/m²，门幅为150～320cm，主要用于桌布、口布、椅套、台垫、桌旗类产品的生产，一般采用平纹、缎纹和大提花织物，以其价格低廉，色彩丰富，规格齐全，洗涤后不易褪色等优点，使得其是目前市场上运用最为广泛的面料。

**（三）盥洗类纺织品面料**

**1. 盥洗类纺织面料分类**　通常称作巾类产品或卫浴类产品，其面料是由三个系统纱线相互交织而成的具有毛圈结构的织物。这三个系统的纱线即是毛经、地经和纬纱，主要产品有方巾、面巾、地巾、大浴巾和浴袍类面料，以棉为原料，基本不采用其他材质的原料，颜色以白色、浅色为主，部分大浴巾采用白纱、色纱交织工艺（图4-3）。

**2. 常用盥洗类纺织品**

（1）平织巾类面料。主要规格有278dtex/2(底经)×278dtex（底纬）×278dtex/2（圈经），98.4根/10cm×47.2根/10cm×51.2根/10cm；278dtex/2×278dtex×182dtex，298.4根/10cm×47.2根/10cm×51.2根/10cm；主要用于方巾、面巾、地巾、大浴巾、浴袍的生产，这类面料的特点如下。

①（底经）×（底纬）的线密度、密度基本是固定不变的，根据设计要求可以变化圈纱的线密度，一般可用416dtex、364dtex、278dtex纱。

②螺旋、非螺旋是巾类面料的外观风格，主要区别在于圈经纱的捻度和搓揉整理工艺

毛巾类平织螺旋面料

毛巾类平织面料

毛巾类平织非螺旋面料

毛巾类

毛巾类提花螺旋面料

毛巾类提花面料

毛巾类提花非螺旋面料

盥洗类面料

浴袍类平织螺旋面料

浴袍类平织面料

浴袍类平织非螺旋面料

浴袍类

浴袍类平织割绒面料

浴袍类提花面料 —— 浴袍类提花割绒面料

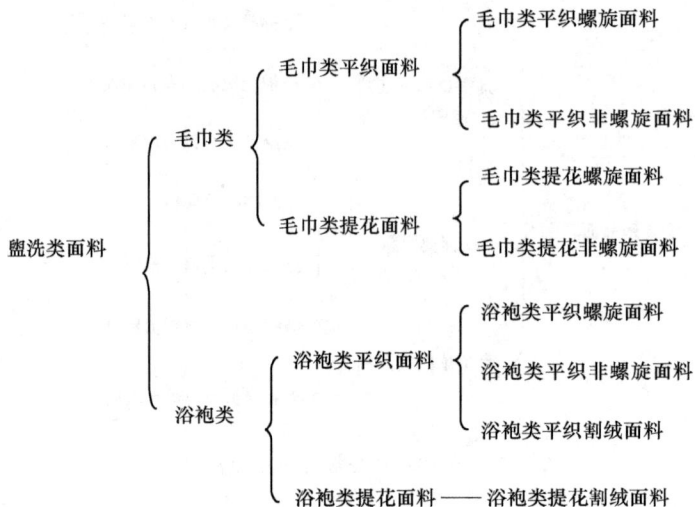

图4-3　酒店纺织品盥洗用品面料分类

的差异，螺旋面料的纱捻度较非螺旋面料的大，螺旋面料必须经过搓揉后整理工艺，反之亦然。

③割绒、毛圈面料的区别主要在于：割绒是在毛圈面料的基础上，将毛圈割断后，使得面料毛圈变为单根纱竖立状态，出现绒状现象的过程，其余工艺及参数基本相似。

（2）提花巾类面料。这类面料与平织巾类面料的差异主要在于：提花类产品必须将酒店logo通过大提花工艺织造在面料上，底经、底纬、圈经的线密度、密度配置、螺旋及割绒工艺及参数与平织类面料基本一致，这类产品主要用于方巾、面巾、地巾、大浴巾、浴袍的生产。

**（四）窗帘面料**

窗帘纺织品面料的发展，其功能变化大致经历了三个阶段。

第一阶段，将面料制造成各种窗帘，悬挂于窗户内侧，通过调节室内亮度，利于睡眠。

第二阶段，将纺织面料通过纺织、印染工艺，赋予面料一定的图案、色彩、织纹肌理、款型等，起到调节室内氛围的装饰作用。

第三阶段，将纺织品通过特殊后整理，如调温、阻燃、防紫外线等，赋予面料某种特殊功能，提高面料的附加值。

窗帘面料的商业分类主要是通过它的作用来进行区分的（图4-4）。

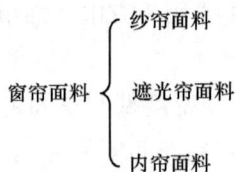

纱帘面料

窗帘面料

遮光帘面料

内帘面料

图4-4　窗帘面料分类

1. **纱帘面料**　这种面料一般以涤纶或涤棉混纺等为材质，纺成普通纱、竹节纱、结子花圈纱等花色纱，织造而成。这种织物结构比较稀松、质地轻盈，具有良好的透气性、透光性，处于半透明状态，主要作用是为了使得室内光线更为柔和，有些对遮光效果要求不高的窗户，也可将纱帘面料通过织造、印染工艺，适当降低透光性，并通过色彩及花型的变化，单独应用。

机织纱帘面料大多数采用平纹组织、纱罗组织、联合组织，如平素质地的巴里纱织物，经向或纬向显现疏密结构与条格效应的纱罗织物，缎类、绉类织物和提花织物；工艺上有提花、烂花、绣花、剪花、喷花、印花等。

这类产品的门幅一般为150cm、280cm两种。

2. **遮光帘面料**　遮光帘面料顾名思义，隔断室内与室外的光线，降低室内透光性，制作成窗帘后，一般使用子母带将其附着于内帘的外侧，主要产品有以下三种。

（1）涂层遮光帘。以黑色或藏青等深色涤纶面料为基布，采用铝粉涂层工艺而成，这类产品质地轻盈，价格便宜，遮光效果较好；但使用过程中，由于频繁的拉动，容易起褶皱，长时间使用后，因涂层部分脱落产生漏光点使得遮光效果下降。

（2）复合遮光帘。以黑色或藏青等深色涤纶面料为基布，与银色PVC薄膜一起通过一定的温度和压力的碾压、复合而成，这类遮光产品的价格较涂层类产品的要高，克服了涂层类产品因涂层易于脱落而导致遮光效果下降的缺点，但由于这类产品易于卷边，面料较为厚重，在外观效果和使用的便捷性方面存在缺陷。

这类产品的门幅一般为150cm、280cm两种。

（3）二合一遮光面料。这种面料，克服了以上两种遮光帘的缺点，将遮光帘和内帘效果合二为一，就是将深色遮光纱线与普通染色纱线通过织造技术，形成夹层结构，就是两面为普通染色纱线，中间为遮光纱线，织造工艺难度有所增加，使用便捷性大大提高，但其遮光效果略有下降，其内帘装饰效果受到影响，原因是黑色遮光纱线对普通纱线颜色的映衬，色彩的色相、饱和度受到影响。

涂层遮光面料、复合遮光面料主要运用于宾馆、酒店的客房、餐厅，二合一遮光面料，兼具了遮光帘和内帘面料的效果，一般适合于家庭卧室和客厅使用。

这类产品的门幅一般为280cm。

3. **内帘面料**　大提花窗帘面料的使用，伴随着涤纶、丙纶等纤维的生产，已经进入普通家庭，纹板大提花机由于技术相对落后，对纱线的强力要求比较高。而化学纤维的使用，一方面可以大大降低原料成本，另一方面减少了大提花制造过程中断头的问题，提高了生产效率，使得这类产品得到广泛应用。近年来，随着电子大提花设备的引进，真丝、黏胶等再生纤维素纤维已经得到广泛运用，并在花色品种技术方面也有长足发展，受到现代家庭的欢迎，可以说，大提花织物在室内装饰上的运用较服装和床上用品来说，是最为成熟的，内帘面料无论是门幅、平方米质量，还是织造、印染后整理工艺，其产品相当丰富。

内帘面料是以各种粗犷的中厚型织物为主，所使用的原料有棉、麻及各种纤维的混纺纱，还有涤纶长丝、黏胶长丝、各种异形丝、有光丝等。利用化学纤维原料的变化，使织物具有不同风格特征。有的利用腈纶雪尼尔毛圈纱起花，有立体的绒毛效应；有的利用混色花色纱割绒印花，突出层次；有的利用异形涤纶丝、人造丝，使织物花型起光亮效果；有的则利用各种花式纱线（特粗纱、花色纱、结子纱、圈圈纱、印节纱、金银丝等）加以点缀，使织物表面粗犷，有立体感。

大提花窗帘面料一般采用多种丝织原料交织显花。纹织结构变化细腻，花纹表现洒脱豪放，色彩丰富，层次感强。如罗纹锦、高峰锦、棉麻绸等，均具有浓郁的东方艺术特色和良好的使用功能。

里层窗帘品种还有纯棉、涤/棉、涤纶长丝印花织物及色织大提花织物、花色纱线仿麻织物、双层提花织物、绒类织物（如有平绒、灯芯绒、丝绒、天鹅绒、条格绒、提花绒、轧花绒、刷花绒）等。纯棉、涤/棉贡缎织物经印花、轧花整理，产品高雅，有高档感；腈纶大提花织物手感厚实，蓬松柔软；刷花绒具有凹凸花纹，风格粗犷、高雅；双层大提花织物手感柔软，外观新颖别致。

这类产品的门幅一般为150cm、280cm两种。

主要内帘面料的分类情况如下。

（1）按使用材质可以分为以下几种。

①涤纶与棉、丙纶与棉交织大提花织物。这类产品是大提花窗帘面料最常见的品种之一，也是最早的产品。已经广泛运用在各种家庭、酒店、商场、办公室等场所。20世纪80年代，这类产品主要以58.6~83.3dtex棉或涤/棉纱线为经纱，以167dtex（150旦）涤纶纱线为纬纱交织而成后，再经过染色后，制作成成品，由于这类产品经纬向采用的纱线的材质不同，对同一种染料的吸附性能差异很大，染色后，会显现出多色彩效果，也就是"类似色织提花"的效果，即使采用的原材料都比较便宜，对于当时的大部分家庭来说，是一种高级时尚的面料，难以承受其价格，所以，当时这类产品主要用于星级宾馆，随着人们生活水平的不断提高及生产成本的不断下降，90年代后，逐渐进入普通家庭，成为当时运用最广泛的大提花织物。

这类织物由于使用纱线较粗，织物表面效果粗糙，密度稀松，易勾丝，基本以染色为主，现在仅仅存在于低档市场。近年来，其使用纱线逐步精细，各种节支纱、花色纱得到不断运用，原有不足得以有效克服，特别是花型部分结构日显细腻，风格多样，以节支染色、色织或染色加印花为主，可选择范围广泛。整个产品的定位得到明显提高，也迎合了现代家庭及公共场所升级换代的需要，整个产品的定位基本为中、高档，作为这类产品的第二代产品占据了家庭大提花窗帘面料的主要地位。

②纯化学纤维大提花织物。尽管第二代大提花窗帘织物的各项功能有了很大发展，但是，这类产品在色彩、光泽及涤纶纱线与全棉纱线的交织过程中，色彩叠加后的第三种颜色效果难以控制，使得纸稿效果大打折扣，难以达到设计要求。涤纶作为化学纤维中的重要一员，是大提花窗帘织物的最重要的原料之一，在第一代大提花织物中，主要与棉交织。随着涤纶的产品日益丰富，特别是各种改性、超细涤纶的问世，显示涤纶在大提花织物中的广阔前景，它可以在一定程度上替代部分全棉和真丝的性能，例如，棉的吸水性、真丝的光泽及

手感得以很大的改善。目前，以纯涤纶为原料可以制作出各种粗细、风格的纱线，以较为低廉的价格取代部分棉及真丝等天然纤维，主要以色织大提花织物为主，其花型清晰、色彩鲜艳、寿命长久、耐日晒、光泽亮丽，仅在手感和透气性方面不及真丝；与棉混纺及交织产品相比，在阻燃和去污等特种整理方面，具有绝对的优势，为这类产品的发展提供了更广阔的发展空间，以第三代大提花窗帘织物成为主力军，替代了棉与各种纤维混纺及交织的织物，是一种较为理想的窗帘用料。

雪尼尔大提花织物汇集了全腈、全黏、全涤等多种化学纤维和特种纤维的特性，是在视觉、触觉上相当完美的一种高档大提花面料，在高档大提花窗帘织物中占有很重要的地位。

③真丝大提花织物。由于这类产品采用天然真丝为原料，要达到一般窗帘所要求的单位面积质量，必须采用多股纱线，所以，价格昂贵，以门幅为280cm的真丝大提花织物为例，按具体工艺不同，其市场零售价为500～1500元/m，只有少数消费者消费，在各种销售终端也很少见到此类产品。目前，国内生产的这类产品主要供发达国家的家庭和公共场所使用。这类产品光泽亮丽、自然，雍容华贵，花型细腻、逼真，风格多样，手感柔软、光滑，适度挺括、厚重，以色织大提花为主，染色大提花为辅，至今为止，堪称是代表大提花织物最高水平的产品。

④全棉大提花织物。由于全棉大提花织物在耐日晒牢度、洗涤维护等方面的原因，所以，很少运用在窗帘上。

⑤新型特种材质的大提花。随着科技的发展，为了进一步提高大提花织物的附加值，满足部分消费者的需求，各类新材料不断应用于大提花窗帘织物，如彩棉、金属纤维及各种再生纤维素纤维等。

（2）按生产工艺可以分为以下几种。

①染色/印花大提花织物。最常见的大提花织物，一般是纱线（有的经前处理过）织造成面料后，再经过煮漂、染色及后整理而成。这种工艺在第一代大提花窗帘织物加工过程中被广泛运用，其加工成本低，对产品批量要求低，操作方便，一般印染厂多数采用卷染设备完成，但这种设备也存在着难以克服的缺点：缸差、匹差及两边色彩等缺点。这类产品色彩单一，视觉冲击力不强，难以满足各类消费者的需求。印花由于套色丰富，并融入了各类花卉、线条等图案，扩大了它的适用范围。

转移印花是实现这种效果最常见的方法。这种印花方法是先将某种染料印在纸或其他材料上，然后再用热压等方式，使花纹转移到织物上的过程。目前，使用较多的转移印花方法是在合成纤维织物上利用分散染料的干法转移。这种方法是先选择合适的分散染料与糊料、醇、苯等溶剂与树脂研磨调成油墨，印在坚韧的纸上制成转印纸。印花时，将转印纸上有花纹的一面与织物重叠，经过高温热压约1min，则分散染料升华变成气态，由纸上转移到织物上。印花后不需经水洗处理，因而不产生污水，可获得色彩鲜艳、层次分明、花型精致的效果。但是存在的生态问题除了色浆中的染料和助剂外，还需大量的转移纸，这些转移纸印后很难再回收利用。

转移印花以在纯涤纶织物上的效果最好，涤棉混纺织物因棉纤维不被分散染料着色而得色要比纯涤纶织物浅，块面大的花型还有"雪花"（留白）现象。纯锦纶织物也能转移印花，但得色量较低，湿处理牢度较差。转移印花法消耗的转印纸为织物长度的2倍，废纸及印后残留染料难以回收，且印深色有困难，故多应用于部分织物（如变形丝织物和针织物）的局部印花，以涤纶和涤纶交织大提花装饰织物最适用这种印花。

②色织大提花织物。色织大提花织物是纱线经练漂、染色后织造成大提花织物，再经后整理而成。色织大提花织物使用两种以上的色纱织造而成，弥补了染色大提花颜色单一、色彩冲击力弱的不足，使得整个产品层次分明，色彩过渡自然，视觉效果会随着视角变化，耐洗牢度优于染色大提花；但这类产品的工艺相对复杂，制造成本较高。不过，色织大提花织物的综合性能明显优于染色提花，并为广大消费者所接受，其功能的提升远远大于其价格上涨的因素，所以，色织大提花窗帘面料是当今最受消费者欢迎的大提花窗帘面料，如前文提及的化学纤维大提花面料中的雪尼尔是一种经典面料的代表之作。

此外，还有功能性大提花面料。其中阻燃、去污整理大提花织物是特种功能织物最杰出的代表产品，无论其社会效益，还是经济效益都最为明显，特别是阻燃整理，由于在窗帘大提花织物上的工艺较为成熟，具有极强的可操作性。

总之，大提花窗帘织物，由于其使用要求没有过多限制，不存在服装和床上用品与人体直接接触的问题，无论按哪种分类，可以说这类产品都是最丰富、最成熟的，也是未来开发空间最大的产品之一。

## 二、面料产品的现状与发展

改革开放以来，随着我国加入世界贸易组织，我国面料市场得到长足发展，逐渐形成了服装、窗帘及家纺产业集群，一大批交易场所（产品集散地）应运而生，生产企业集群集中度不断增加，广东东莞虎门、广东西樵、福建石狮、吴江盛泽、绍兴柯桥、南通叠石桥等市场的年交易额已达到300亿～500亿元，上海、江苏、浙江、广东、山东五省市面料产量占全国的50%以上，在这些东部省市形成了一些规模较大的纺织面料批发交易市场，而我国的北方地区，特别是西部地区的成规模的面料批发集散市场较少，一般是以一级批发市场为货源地，形成了数量众多的面料二级批发市场。面料市场形成了以一级批发市场为轴心的发散性辐射和从南向北的方向性辐射，然后以二级批发市场为枢纽，向当地和周边地区扩散的特征。

由于大量从日本、德国、意大利等发达国家引进纺织、印染设备，国内消化吸收改进后的设备也达到一定水平，产品的生产效率、质量水平得到大幅提升，纺织设备技术的提高在很大程度上改善了织物单位面积质量、加工门幅、组织结构、制版技术；印染设备技术的提高使得花型设计、染色牢度、印花套色、外观质量、抗菌、阻燃等特种整理水平显著提高，在常规产品生产技术及质量水平方面，已经大幅度缩小了其与国际水平的差距；不可否认，我国的纺织面料市场仍然存在很多发展空间和不足之处，纺织行业除了棉纺、化学纤维等上游企业规模较大外，面料企业普遍规模较小，竞争较为充分，市场集中度较低。由于中低档面料制造业进入门槛低，各种有实力的投资者不断加入竞争行列，客户的选择范围大大增加，买方市场地位更加突出，客户忠诚度下降，客户对面料企业需求的不确定性增加。更重要的是由于我国市场经济还处在发展初期，消费理念、经营理念的落后，导致了我国面料市场竞争环境的恶劣，恶性竞争现象严重影响了市场的健康发展。从以上现状可以发现未来面料市场产品的发展趋势及思路。

**（一）面料产品及技术发展趋势**

1. **无梭织布机替代有梭织布机是总体发展趋势**　有梭织布机噪声大、车速低、机物料耗用多、劳动强度大、安全性低等缺点，已经不符合人类及社会发展需要，而无梭织布机可以有效弥补上述不足。

2. **机电一体化技术的提升拓展了面料的开发空间**　随着电子、信息技术的发展和应用，织布机的自动化程度、灵活性及应变能力、可靠性及现代化管理等方面显著提高，这对面料的品种开发、外观质量改善、效率提高及制造成本下降等方面将有重大突破。

3. **连续引纬前景十分广阔**　多梭口织布机与喷气、喷水、片梭、剑杆织机等无梭织布机的引纬原理有很大差异，多梭口织布机摒弃了后者的断续引纬原理，实现了连续化的引纬，从而开创了一条低速高产之路，为生产出性价比更高的产品提供了可能。

4. **应变能力和环保将提高印染加工的门槛**　小批量、多品种、快交货、节能减排、绿色环保是今后相当长时间内的发展趋势，在设计过程中，产品开发应该引起足够的重视。

5. **再生纤维素纤维的广泛运用**　天丝、大豆纤维、竹纤维、莫代尔等再生纤维素纤维的开发和利用优势越来越明显，其在服装类及家用纺织品类产品中的广泛应用已经得到市场认可，随着技术的发展，这类产品的缩水率大、耐搓揉性差、易起绒的缺点正逐渐得到克服，运用范围有望进一步扩大；功能性面料除了在阻燃、抗菌、防污、防水等性能方面较为成熟以外，其他隔声、可调温、红外线等产品，随着行业产业链的进一步整合、技术发展以及产品隐性功能逐步转为显性功能体验方法的成熟，其商业价值将获得明显提升。

**（二）市场营销思路**

1. **产品研发思路及模式**　我国纺织企业的研发策略基本停留在技术层面，即产品开发仍然处于来样仿制、改良创新等阶段，自主创新能力尚待提高。很多企业的技术人员埋头做技术研究，开发人员不参与调研、不了解潮流趋势，没有建立以客户需求为中心的理念，企业产品研发策略很难上升战略层次，目标市场不明确，缺乏长远、系统的规划。欧美、日本及韩国等国家一般采用"有效地利用国内外资源，进行充分的整合和优化"的研发思路值得借鉴。这些国家一般采用从中国进口坯布，利用后整理技术优势，提升织物的高科技含量和附加值，创造更大的利润空间。欧洲、美国与日本等发达国家一般都采用产、学、官、研相结合的方式，协同研发，我国台湾省和韩国也逐渐向这一模式发展。近年来，我国在技术创新模式方面的发展速度加快，在政府积极鼓励产品研发走"产、学、研"之路方面收到一定成效，但其中的"形象工程""面子工程""补贴工程"现象令人担忧，如何通过产业政策、税收政策及市场规则等方面进一步优化现有政策，提高企业走"产、学、研"之路的积极性是一个重要课题。

2. **市场推广意识**　近年来，企业在市场推广方面的意识得到提升，广告、展会及各类推广活动都开展得如火如荼，在形象设计、产品的包装和产品概念点的推广方面，财大气粗，一掷千金。但能将文化、形象、产品的趋势点与产品的特色进行充分融合的企业仍是少数，目标客户群的确立，产品质量信息的有效传递，客户体验、售后服务均被忽视，而一窝蜂地盲目跟随潮流导向，花钱解决问题的思路，使得很多品牌渐渐失去核心竞争力。

3. **品牌建设策略**　　当前的国际市场是科技与品牌的竞争，拥有多少品牌，已经成为衡量一个企业、地区乃至国家经济综合竞争力的重要标志。尤其面对当前的金融风暴，品牌的竞争优势更加突出，一些纺织企业也清醒地认识到，拥有国际知名品牌、时尚品牌的抗金融风险的能力就强。近年来，虽然我国的纺织企业成长得很快，在产品开发及技术水平方面都有了很大的提升，但目前我国还没有更多的国际知名品牌，尤其是面料品牌。

反观国外纺织品品牌建设，有些企业在很短的时间内建立了国际一流的知名品牌，如杜邦的LYCRA纤维、Coolmax纤维，兰精的Tencel纤维，陶氏的XLA纤维等，还有韩国的Crecora品牌，都是依靠品牌的力量，迅速开拓了国际市场，这种品牌的建设模式是值得我国企业参考和借鉴的。

4. **生产与管理理念**　　管理是品质的保证，品质是品牌的保障，产品的品质关系到企业的生存和发展，也是我国从纺织大国走向纺织强国的必由之路。因此，企业要赢得市场和消费者，就要寻求一种科学合理的管理理念，注重国际质量体系认证，尽快更新国内纺织企业的企业管理理念，尤其是在生产与运营管理方面，必须引入国际先进的生产管理模式与企业的具体实际相结合，全面提升企业现场管理水平，从而实现品质优化、品牌升级。

随着全球经济一体化的发展，我国纺织企业越来越清楚地认识到：企业要发展壮大，必须要摒弃传统的、落后的、过时的生产及管理模式，善于吸收科学规范的各种先进管理理念与方法。目前，石狮的一些纺织服装企业就引进了日本的JIT生产与管理方法，JIT是指准时生产，是一种彻底追求生产过程合理性、高效性和灵活性的生产管理模式，这种新的管理方式给企业带来了一场新的技术革命，提升了企业在市场的竞争能力。

另外，在功能性检测方面，也要充分借鉴一些发达国家的检测技术手段和方法，以便能尽快与国际接轨，改变目前国内企业比较混乱的状态。

前面已对纺织品面料作了详细分类，产品按行业可分为服装用、装饰用和产业用面料，纵观现有相关教材，发现有关服装面料的阐述和介绍已相当充分，故本章不再赘述，而装饰用和产业用面料的信息相对较少，为了增强本部分的实用性，面料的基础部分只作简单阐述，重点从商业分类的角度，详细介绍装饰产品中的家用床上用品类、酒店纺织品类。

【相关链接1】　家用床上用品面料

床上用品面料是装饰类面料中的重要组成部分，其面料产品的发展及变化速度较快，尤其是再生纤维素纤维在床上用品面料上的成功应用，大幅度提升了面料的舒适性，这是床上用品面料的一大优势。

床上用品面料可以分为染色面料、印花面料、小提花面料和大提花面料。

### （一）染色面料

**1. 基本概念** 染色即染上颜色，也称作上色，是指用化学的或其他的方法影响面料本身而使其着色的过程。使得面料获得各种颜色，能够满足客户的不同需求。床上用品面料（图4-5）中，全棉面料一般采用活性染色工艺，涤纶面料一般采用分散染色工艺，而真丝面料一般采用酸性染色工艺。

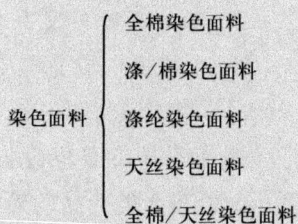

染色面料 $\left\{\begin{array}{l}\text{全棉染色面料}\\\text{涤/棉染色面料}\\\text{涤纶染色面料}\\\text{天丝染色面料}\\\text{全棉/天丝染色面料}\end{array}\right.$

图4-5 家用床上用品染色面料分类

**【相关链接2】 床上用品A版和B版面料**

在床上用品中，设计风格、作用、质量要求及数量配比具有较大差异。

设计风格的区别在于：A版面料的花型设计较为复杂，包括构图层次、套色、加工工艺等，如印花四件套，一般有A、B版都为印花面料；或A版为印花面料，B版为染色面料两种设计方法。A、B版都采用印花面料时，A、B版花型设计风格一般采用"母子"或"姐妹"图案的设计思路，A版的花型面积为40%～60%，B版的花型面积为20%～30%；A版采用7～12套色，B版采用3～5套色；A版采用印花面料，B版采用染色面料时，设计较为简单一些。

作用的区别在于：A版一般用作被套、枕套的正面的主要面料及床单的贴边辅助面料，而B版一般用作被套、枕套的反面面料，被套、枕套正面贴边辅助面料及床单的面料。

质量要求的区别在于：A、B版面料中，一般来讲，A版的面料质量高于或等于B版面料，如：146dtex（40英支）A版/146dtex（40英支）B版，146dtex（60英支）A版/146dtex（40英支）B版，大提花A版/缎纹B版等。

耗用数量配比的区别在于：B版面料的耗用一般为A版面料耗用的2倍。

有时一套床上用品会采用2种以上的面料设计制作而成，第3种面料一般称作C版面料，依此类推。如图4-6所示床上用品六件套中，A版为印花面料，B版为单色染色面料。

图4-6 床上用品印花/绣花六件套

### 2. 染色面料的主要用途

（1）被芯、枕芯、垫芯类产品的面料。芯类产品采用染色、漂白产品，只有少数低档产品采用印花面料，主要原因是芯类产品使用时隐藏于套类产品里，无需对面料进行印花、提花等复杂工艺的加工。如果其产品采用印花面料，套上套类产品后所产生的透显现象，会影响套类产品的外观效果，特别是套类产品的经纬密度较低时，透显现象更为严重。

（2）绣花四件套、六件套类产品的用料。一般来讲，经绣花以后的染色面料可作为被套、枕套的A版面料，未经绣花的染色面料作为枕套、被套的非A版面料，床单可以采用绣花或非绣花染色面料。

（3）套件类产品的非A版面料。为了兼顾套件类产品的外观效果及成本控制要求，套件类产品一般会采用2～3种染色面料进行搭配使用，染色面料一般是非A版面料中用量最大的面料。

### 3. 常用染色面料

（1）平纹类全棉染色面料。主要产品有146dtex×146dtex（40英支×40英支），433.1根/10cm×354.3根/10cm；146dtex×146dtex（40英支×40英支），523.6根/10cm×283.5根/10cm两种。前者主要用于绣花件套和被芯面料，颜色种类较多，后者主要用于羽绒被芯面料，主要以漂白及浅色为主，门幅均有235cm和250cm两种。

（2）斜纹类全棉染色面料。主要规格有146×146dtex（40英支×40英支），523.6根/10cm×283.5根/10cm，门幅为158cm和250cm两种。这类面料是目前床上用品面料中用途最广泛的面料之一，颜色种类繁多，主要用于绣花件套、芯类面料，是除绣花套件以外的套件类产品中非A版面料中用量最大的面料。

（3）缎纹类全棉染色面料。主要规格有97.2dtex×146dtex（60英支×40英支），681.1根/10cm×472.4根/10cm，门幅为279～285cm；97.2dtex×146dtex（60英支×40英支），681.1根/10cm×472.4根/10cm，是真丝套件类产品的非A版面料中用量最大的面料，颜色种类不多。

（4）涤/棉、涤纶类染色面料。主要以129.6～146dtex（40～45英支）纱支为主，分为涤/棉、涤纶平纹、涤纶小提花条格类面料，前者门幅一般在160～240cm之间，后者门幅一般为240～250cm。由于材质采用超细涤纶纤维，手感得到较好改善，主要用于制作以三维卷曲涤纶纤维为芯料的低档芯类产品。

（5）真丝染色面料。主要规格有2.4tex/2×2.4tex/3（22旦/2×22旦/3），444.9根/10cm×237根/10cm，门幅为279～285cm；这类产品主要用于高档蚕丝被或全真丝套件类产品中，是非A版面料中用量最大的面料。

（6）天丝染色面料。主要规格有97.2dtex×146dtex（60英支×40英支），681.1根/10cm×472.4根/10cm，门幅250cm。主要用于天丝类小四、小六件套类产品及蚕丝被芯面料中，是非A版面料中用量最大的面料，用于被芯类产品的纬密变化范围为393.7～472.4根/10cm，既可降低面料成本，也可进一步提高被芯类产品面料的柔软程度。

（7）全棉/天丝染色面料。规格有97.2dtex×146dtex（60英支×40英支），681.1根/10cm×472.4根/10cm，门幅250cm。既可采用棉/天丝交织工艺，也可采用棉/天丝纱（50∶50）织造工艺，主要用于高档蚕丝被芯面料，面料纬密变化范围为393.7～472.4根/10cm。

### （二）印花面料

1. **基本概念**　使染料或涂料在织物上形成图案的过程称作织物印花，印花是局部染色，无论是印花还是染色，染料或涂料与纤维结合的原理是一样的，仅仅是使用的设备有所差异。家用床上用品印花面料分类如图4-7所示。

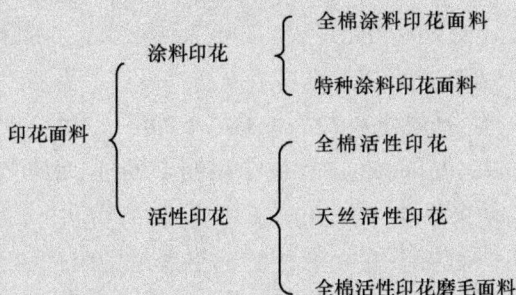

图4-7　家用床上用品印花面料分类

【相关链接3】　印花涂料

涂料不同于染料，只是一种不溶性的有色粉末，多半为有机合成物，但也有的为无机物。它不能与纤维发生化学反应，它在纤维上"着色"的原理，是借助于一种能生成坚牢薄膜的合成树脂，固着在纤维表面，因此，它对各种纤维的织物都能印花。

活性染料，就是能与纤维发生化学反应的染料。活性染料分子中含有能与纤维素纤维中的羟基或蛋白质纤维中的氨基发生反应的活性基团，成为"染料—纤维"化合物，主要适用于棉、麻、丝、毛。

活性印花面料色彩亮丽，色牢度好，手感柔软，可以常洗不褪色，久用如新，而涂料虽然不具备以上优点，但具备工艺简单、流程短、节能等优势。

2. **印花面料的主要用途**

（1）用于小四件、六件套类及大件套类产品的生产。涂料印花工艺面料一般用于低档小件套类产品的生产，活性印花面料一般用于中、高档产品的生产，除了用于小件套类产品以外，也可用于大件套类产品的生产。

（2）用于被芯类产品的生产。涂料印花主要用于夏被的生产和部分春秋、冬被的生产，活性印花面料较少用于被芯类产品的生产。

3. **常用印花面料**

（1）涂料印花面料。主要规格有146dtex×146dtex（40英支×40英支），503.9根/

10cm×275.6根/10cm，门幅有158cm和235cm两种。前者主要用于夏被及件套类产品的生产，后者主要用于套件类产品的生产。

（2）特种涂料印花面料。主要规格有146dtex×146dtex（60英支×40英支），523.6根/10cm×283.5根/10cm，门幅有158cm和250cm两种。这类产品大多数为婚庆套件类产品，主要采用贝壳粉涂料印花工艺，替代了原有的金、银粉印花工艺，避免了原有工艺易氧化发黑及牢度不够的缺点。

（3）全棉活性印花面料。主要规格有146dtex×146dtex（60英支×40英支），523.6根/10cm×283.5根/10cm；97.2dtex×97.2dtex，787.4根/10cm×354.3根/10cm，门幅为250cm；是小四件、小六件套类产品最主要的面料之一，花型颜色非常丰富，可选性强，大多数面料采用连续多单元圆网印花工艺，花型单元较小，少数面料采用独版平网印花工艺，花型单元达200cm×200cm以上。

（4）天丝活性印花。主要规格有97.2dtex×97.2dtex（60英支×40英支），708.7根/10cm×472.4根/10cm，门幅为250cm；主要用于高档小四件、小六件套类产品的生产，其原材料主要采用奥地利兰精公司生产的天丝（再生纤维素纤维）原料，由于其良好的吸湿性，印花颜色非常艳丽，面料手感柔滑，是近年来最为时尚、流行的产品，虽然价格昂贵，但深受消费者青睐，目前市场显现出供不应求的状态。

（5）活性印花磨毛面料。主要规格有278dtex×278dtex（21英支×21英支），425.2根/10cm×228.3根/10cm；278dtex×182dtex（21英支×32英支），523.6根/10cm×236.2根/10cm；182dtex×182dtex（32英支×32英支），523.6根/10cm×255.9根/10cm；门幅为235～250cm；主要用于小四件、小六套件类产品的生产，面料特点主要是经普通活性印花后，再进行磨毛加工，面料表面显现细软、均匀毛绒，手感及服用舒适程度明显提高，一般适用于秋冬季使用。

### （三）小提花面料

**1. 基本概念**　小提花组织是一种机织物的组织结构。小提花组织是利用多臂织机，通过两种或两种以上织物组织的变化，在织物表面形成各种小花纹的组织。如在平纹地或斜纹地上配置各种与其组织同色或异色的小花纹组织。小花纹是以一种组织点相对集中或经纬浮线形成。花纹类型有线型、条格型、散点花纹型等。家用床上用品小提花面料分类如图4-8所示。

**2. 小提花面料的作用**

（1）用于小四件、六件套类产品的生产。性价比较高，常见的缎条、缎格面料广泛应用于家庭及酒店用纺织品。用于套件类的小提花面料质量较好，档次较高，属中、高档产品。

（2）用于芯类产品的生产。这类面料的总体品质较套类产品面料要低一些。

**3. 常用小提花面料**

（1）小提花染色面料。主要规格有146dtex×146dtex（40英支×40英支），551.2根/

```
                          ┌── 全棉小提花染色面料
              染色小提花面料│
              │           └── 涤纶小提花染色面料
              │
              │           ┌── 全棉印花小提花面料
小提花面料 ────┤  印花小提花面料│── 涤棉印花小提花面料
              │           └── 涤纶印花小提花面料
              │
              └── 色织小提花面料──全棉色织小提花面料
```

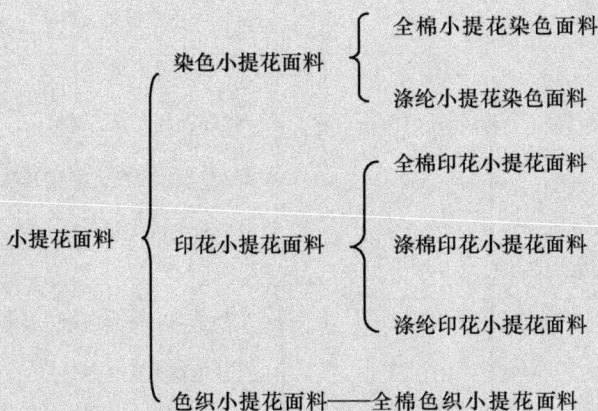

图4-8 家用床上用品小提花面料分类

10cm×472.4根/10cm，门幅为235～250cm。主要用于小四件、小六件套类产品及以柞蚕丝类、再生纤维素为填料的被芯产品的生产，颜色种类繁多，可选择性强，是目前市场上应用最广泛的小提花产品之一。面料主要差异在于纬密及织造工艺方面的差异，这类面料的纬密变化范围为393.7～472.4根/10cm之间，织造设备主要有进口喷气布机和国产剑杆布机之分，价格悬殊也较大，用作套件类生产面料的质量一般都比被芯类面料的质量高，花型主要以条格几何图案为主。

（2）小提花印花面料。主要规格有146dtex×146dtex（40英支×40英支），551.2根/10cm×472.4根/10cm，门幅为250cm。主要用于优质小四件、小六件套类产品的生产。

（3）小提花色织面料。主要规格有146dtex×146dtex，460根/10cm×343根/10cm；146dtex×146dtex，435根/10cm×276根/10cm，门幅为250cm。主要用于优质小四件、小六件套类产品的生产，经纬纱线颜色较为丰富，采用色纱交织工艺，花型主要以条格几何图案为主。

**（四）大提花面料**

**1．基本概念** 大提花组织是应用某种组织为地部，在其上表现一种或数种不同组织、不同色彩或不同原料的大的花纹循环的组织。该组织形成的织物称作大提花织物或纹织物或大花纹织物。大提花织物是在提花机上制织完成的，它是许多根彼此可独立运动的纹针来控制经纱的运动，从而织出花纹。

大提花组织中一个组织循环的经线数多达几千根，大多是以上述的一种组织为地部，以另一种组织或几个组织为花部；或者用不同的表里组织交替出现，配合不同颜色的经纬纱线，使之在织物表面显现彩色的大花纹。这种大花纹是组织显现的效果，而不是印花而形成的。但有时表面的花纹效果是大提花组织加印花相结合而得到的。

大提花织物的品种繁多，风格不同，材料丰富，表面花纹大而清晰，色泽及组织层次多，厚度各异，适宜用作许多场合的家用纺织品，几乎各种类家用纺织品都可运用大提花组织织物。家用床上用品小提花面料分类如图4-9所示。

大提花面料 {
　染色大提花面料 {
　　全棉染色大提花面料
　　棉/涤染色大提花面料
　　棉/黏染色大提花面料
　　棉/莫代尔染色大提花面料
　　真丝染色大提花面料
　}
　色织大提花面料 {
　　全棉色织大提花面料
　　真丝色织大提花面料
　　天丝/真丝色织大提花面料
　　棉/真丝色织大提花面料
　}
}

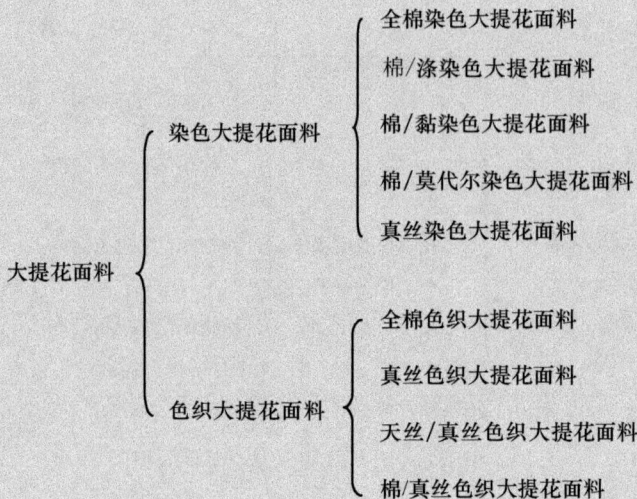

图4-9　家用床上用品小提花面料分类

### 2. 大提花面料的作用

（1）用于小四件、小六件套类及大件套类产品的生产。一般用于中、高档产品的生产；色织大提花类面料是目前市场上最高档次的面料，尤其是在大件套类产品上的应用非常广泛，这也是大提花类面料较其他面料的最突出的优点之一。

（2）用于芯类产品的生产。中、高档蚕丝被产品一般都采用染色类大提花面料生产。

### 3. 常用大提花面料

（1）全棉染色大提花面料。主要规格有97.2dtex×146dtex（60英支×40英支），681.1根/10cm×472.4根/10cm，门幅为279cm。用于各种套类产品的A版面料，这类产品是2003～2008年间最流行的高档床上用品面料，近年来，逐渐被涤棉、涤黏交织大提花面料所替代。

（2）涤/棉、黏/棉、莫代尔/棉染色大提花面料。主要规格有97.2dtex×146dtex（60英支×40英支），681.1根/10cm×472.4根/10cm，门幅为279cm。主要用于各种套类产品的A版面料，经向采用全棉纱，纬向采用涤纶、黏胶、莫代尔纱交织而成，由于交织面料在染色过程中的吸湿率的差异及涤纶、黏胶纤维的光泽度较高，较全棉染色大提花产品面料外观优势明显，这是其成为替代产品的主要原因，但由于其价格较全棉染色大提花面料高，故使用受到限制。

（3）涤/棉、黏/棉染色大提花面料。主要规格有146dtex×146dtex（40英支×40英支），551.2根/10cm×472.4根/10cm，门幅为250cm；主要用于各种套类产品的A版面料，是目前市场上运用最广泛的产品，虽然，在产品风格上不及规格为97.2dtex×146dtex（60英支×40英支），681.1根/10cm×472.4根/10cm的产品细腻，但其良好的性价比，奠定了其在市场中的绝对地位。

（4）真丝染色大提花面料。主要规格有2.4tex/2×2.4tex/3（22D/2×22D/3），1153根/10cm×591根/10cm，门幅为250～285cm。主要用于高档蚕丝被或全真丝套件类产品中A版面料。

（5）全棉/真丝染色大提花面料。主要规格有97.2dtex×2.4tex/3（60英支×22D/3），681.1根/10cm×472.4根/10cm，门幅为250cm；主要用于高档小四件、小六件套及高档蚕丝被的生产，由于其采用经棉纬丝的交织工艺，面料较为厚实且正面显现出真丝的优点，性价比较全真丝面料高，市场应用较为广泛。

（6）全棉色织大提花面料。主要规格有97.2dtex×146dtex（60英支×40英支），681.1根/10cm×472.4根/10cm；116.6dtex×116.6dtex（50英支×50英支），614.2根/10cm×456.7根/10cm；48.6dtex/2×97.2dtex（120英支/2×60英支），724根/10cm×645根/10cm；门幅为279cm；主要用作各种套类产品的A版面料，是仅次于真丝色织大提花面料的一款高档面料。

（7）真丝色织大提花面料。主要规格有2.4tex/3×2.4tex/3（22D/3×22D/5），315根/10cm×489根/10cm；2.4tex/2×2.4tex/8（22D/2×22D/8），464.6根/10cm×189根/10cm，门幅为280～290cm；主要用作高档豪华类套件产品的A版面料，是目前最高档的床上用品面料，克服了传统真丝面料滑丝、勾丝、不易于洗涤维护的缺点，深受高档消费市场客户的青睐。

（8）天丝/真丝色织大提花面料。主要规格有97dtex×2.4tex/3（60英支×22D/3），708.7根/10cm×472.4根/10cm，门幅为280～290cm。主要用作高档豪华类套件产品的A版面料，较真丝色织大提花面料，在价格上存在一定优势，具有部分替代性，属于新产品范畴，真正的市场优势及地位尚待确认。

## 【任务实施】　酒店用纺织面料营销方案

经以上分析，该酒店用纺织面料营销方案依据国家旅游局公布的标准，通过对新版标准中纺织品部分的深入研究和分析，以提升品牌形象和竞争力为目的进行面料市场营销方案设计。

### 一、策划说明

国家旅游局公布了GB/T　14308—2010版《饭店星级的划分与评定》标准。从宏观政策上，国家标准的修改和制定起到进一步引导和规范旅游饭店业未来发展的方向的作用，对每一个饭店既是一次挑战又是一次机遇。A品牌是酒店纺织行业的领军品牌，作为高星级酒店纺织品供应商，通过对新版标准中部分纺织品的深入研究和分析，寻求把握商机，不仅直接影响到未来年度经营指标的达成程度，同时，对进一步提升品牌形象和竞争力起到积极推进作用。

### 二、营销环境与状况分析

营销环境是由影响市场营销管理者与其目标顾客建立和维持稳固关系的能力的所有外部行为和力量的构成。企业必须对环境趋势和机会更加敏感，通过认真、系统的环境研究，能够及时调整战略，适应新的市场挑战和机会。

#### （一）宏观环境分析

"十二五"时期是建设世界旅游强国的关键时期，是把旅游业培育成战略性支柱产业和现代服务业的重要时期，是全面深化旅游业改革开放，加快旅游业发展的攻坚时期。这一时期的旅游规划主要任务是提升产业地位，转变发展方式，创新体制机制和满足市场需求等。

对"十二五"时期我国旅游业发展面临的环境有三个基本判断：一是旅游业继续处于高速增长的新阶段，二是国内旅游成为产业发展的基础，三是旅游业进入历史发展的最好时期。主要依据有以下几点。

1. **旅游消费已经进入大众化时代**　"十二五"时期，我国人均消费水平会持续增长，居民消费方式、结构发生重大变化，目前，我国刚刚实现每年人均出游1次的目标，而世界上的发达国家美、日、韩的人均出游均在7次以上，随着公众假日、休息日、带薪休假等休息时间趋近于中等发达国家水平，旅游将成为城镇居民生活的基本内容和刚性需求。

2. **扩大内需政策的强劲拉动**　"十二五"时期扩大内需和调整结构的任务仍然相当艰巨。旅游业作为扩内需、促消费、保增长的重要内容，必将发挥更大的作用。此外，我国高速公路、高速铁路、民航等交通基础建设，财政补贴以及减税等政策的陆续推出引发了居民家庭汽车拥有量激增，导致了交通格局和居民出行方式的变化，必将推动旅游市场规模的不断壮大。

3. **国家重大战略的有力支撑**　2009年出台的《国务院关于加快发展旅游业的意见》，为旅游业提供了强有力的政策支持。近几年国家出台的25项重大区域战略中，旅游业也成为推进战略举措的重要内容，如要求海南建设国际旅游岛，要求广西建设桂林国家旅游综合改革试验区，要求宁夏建设西部独具特色的旅游目的地，要求福建建设海峡西岸自然和文化旅游中心，要求西藏建设国际著名的旅游胜地，要求新疆建设我国重要的旅游目的地等。

4. **科学技术发展的有力推动**　随着科技进步和信息化、网络化技术的日新月异，旅游业和信息业的融合发展将成为必然趋势，旅游业将借助新技术实现新发展，一是旅游电子商务普及应用加快，旅游和信息向深度融合推进；二是3G等先进技术和移动商务的推广应用，真正实现以人为中心的旅游电子商务应用。

#### （二）市场分析

截至2012年末，我国共有星级酒店11706家，其中五星级酒店654家，四星级酒店2201家、三星级酒店5545家及一星级、二星级酒店3306家，共提供客房超过157万间。但是，2011年新版酒店星级评定标准实施后，2012年共有134家酒店被取消星级资格，包括121家二星级酒店和13家一星级酒店。喜达屋、希尔顿、洲际、万豪、雅高等世界顶级酒店管理集团纷纷落户中国，扩张态势迅猛，无论是硬件设施，还是软件服务，星级饭店都代表我国整个住宿业的最高水平。国家旅游局表示：今后星级饭店将坚持数量增长和质量提升并重的发展道路，并以新版星级饭店标准宣贯实施为契机，严格星评和复核工作，加大检查力度，切实维护好星级饭店这个国家品牌，确保星级标准的权威性。

GB/T 14308—2010《饭店星级的划分与评定》标准的主要特点是强调客房产品，突出客房舒适度的要求，增加了对客房棉织品、枕头、床垫、温湿度、遮光、隔音、热水龙头等方面的具体质量要求。同时强调绿色环保，一至五星级饭店均要求制订相应的节能减排方案并付诸实施，同时，小型豪华精品饭店可以直接申请评定五星级。据了解，新版实施办法还将星级饭店评定与复核的时间由以前的5年一次调整为3年一次。由此带来对高端酒店纺织品的需求。每年的酒店纺织品需求量已达600亿～1000亿元。在此期间，酒店纺织品企业虽然得到相应发展，部分品牌如"斯得福""康乃馨"迅速崛起，但由于行业品牌集中度低，品牌意识薄弱，自主研发能力落后等特点，恶性竞争现象蔓延，导致产品质量优劣混杂，不但客户需求难以在最大程度上得到满足，而且企业之间因鱼龙混杂，导致产品质量以次充好，严重影响了企业发展。在这种环境下，企业如何根据市场需求，制订合理的市场营销策略，抓住新版标准实施之机，提升自我市场应变能力和技术研发能力，从而避免恶性的、不当的竞争，成为企业赢得市场竞争的一个重要侧重点。

**（三）产品分析**

1. **产品特点** 本案的产品特点必须符合GB/T 14308—2010《旅游饭店星级的划分与评定》标准附录B中4.14.1.1、4.14.1.2及4.14.2对有关产品要求的规定。表4-1为旅游饭店对酒店纺织品产品特点的要求（表4-1）。

表4-1 旅游饭店对酒店纺织品产品特点要求表

| 标准号 | 设施设备评分表 | 得分 |
|---|---|---|
| 4.14.1.1 | 床单、被套、枕套的纱支规格不低于97.2dtex×72.9dtex（60英支×80英支） | 6 |
| | 床单、被套、枕套的纱支规格不低于97.2dtex×146dtex（60英支×40英支） | 3 |
| | 床单、被套、枕套的纱支规格不低于146dtex×146dtex（40英支×40英支） | 1 |
| 4.14.1.2 | 床单、被套、枕套的含棉量为100% | 1 |
| 4.14.2 | 床垫硬度适中、无变形，可提供3种以上不同类型的枕头 | 2 |

2. **生命周期** 是指产品的市场寿命，即一种新产品从开始进入市场到被市场淘汰的整个过程，分为介绍期（Introduction）、增长期（Growth）、成熟期（Mature）、衰退期（Decline）四个阶段。一种产品进入市场后，它的销售量和利润都会随时间推移而改变，呈现一个由少到多、由多到少的过程，就如同人的生命一样，由诞生、成长到成熟，最终走向衰亡，这就是产品的生命周期现象。所谓产品生命周期，是指产品从进入市场开始，直到最终退出市场为止所经历的市场生命循环过程。产品只有经过研究开发、试销，然后进入市场，它的市场生命周期才算开始，产品退出就是生命周期的结束。

通过对产品特点、产品生命周期理论及GB/T 14308—2010《旅游饭店星级的划分与评定》标准附录B的要求分析，可以获得如下信息。

（1）确定了酒店纺织品以棉为材质的趋势，涤棉混纺、交织类产品受到政策的遏制，市场需求量会进一步减少，这类产品只能作为定制产品。

（2）盥洗类产品基本没有变化，可维持现状，无须作策略调整。

（3）枕芯类产品是一大亮点，各种功能性枕芯的成长期将会缩短，加快产品改良的速度及产能的迅速提升。由于这类产品属于家用纺织品中的成熟产品，而且功能枕是普通枕的功能补充，是否可以取代普通枕尚无定论，所以，功能枕带来的机会对于酒店纺织品企业来讲，存在不可预测性和不稳定性。

（4）97.2dtex×146dtex（60英支×40英支）枕套、床单、被套的市场需求量，在短期内会呈现较大幅度的下降，然后会出现回升，但总量会下降15%～20%；而替代产品97.2dtex×72.8dtex（60英支×80英支）的产品需求走势则与之截然相反。

（5）功能枕及97.2dtex×72.8dtex（60英支×80英支）枕套、床单、被套将运用于饭店客房，从GB/T 14308—2010《旅游饭店星级的划分与评定》标准颁布、实施时间预测，这类产品需求量爆发期在2011年4～9月，然后，每3年呈现出一个需求高峰期。

### （四）竞争分析

**1. 目前同类替代产品情况**

（1）GB/T 14308—2010《旅游饭店星级的划分与评定》标准中，虽然要求配备3种以上枕芯类产品，但对规格、材料、造型等具体要求并未说明，所以，该产品的同类替代品较多，尤其是家用床上用品中类似产品充足。

（2）新版标准中，97.2dtex×72.8dtex（60英支×80英支）和97.2dtex×146dtex（60英支×40英支）枕套、床单、被套，前者是近期出现的新产品，具有部分替代后者的功能；后者为市场成熟产品，具有少量的衍生产品，但还未出现成熟的替代品。由于前者价格较后者高出10%～15%，虽然只有少数高端客户选用，市场总的需求量不高，但随着GB/T 14308—2010《旅游饭店星级的划分与评定》标准的颁布、实施，97.2dtex×72.8dtex（60英支×80英支）的市场需求量会大幅上升，两者之间将会出现较大幅度的互为替代关系。

**2. 行业竞争状况分析**　酒店纺织品生产企业，主要集中在江苏、上海、浙江和广东，品牌集中度较低，目前尚无全国性知名品牌。由于酒店纺织品行业还处于无序竞争状态，总体而言，大企业的竞争能力要高于小企业，但由于市场采用的销售模式为B2B形式，市场信息不对称、产品同质化及灰色交易现象严重，导致了生产优质产品的企业，并未获得其应有的市场份额和客户的认可。

GB/T 14308—2010《旅游饭店星级的划分与评定》标准的颁布、实施，客观上给予每个企业的机会是一样的，但如果仔细分析相关产品的技术难度及生产要求后，可以发现，芯类产品是酒店纺织品生产企业和家纺床上用品生产企业共同参与竞争的市场，而97.2dtex×72.8dtex（60英支×80英支）床单、被套、枕套则是具有一定规模企业之间的竞争领域，理由如下。

（1）GB/T 14308—2010《旅游饭店星级的划分与评定》标准中，97.2dtex×72.8dtex

（60英支×80英支）和97.2dtex×146dtex（60英支×40英支）枕套、床单、被套都被列为加分产品，只是给予两个产品不同的加分，分值的差异导致两者间的市场总量需求比例发生变化，前者的市场需求量会增加，后者则减少。

（2）由于GB/T　14308—2010《旅游饭店星级的划分与评定》标准的实施日期为2011年1月1日，据预测新版标准的宣贯需要一定时间，97.2dtex×72.8dtex（60英支×80英支）面料的最早需求时间为2011年3月，对消费者需求分析后，不难看出，短时间、集中需求是这次市场变化的主要特征，这需要酒店纺织品企业具备完整的组织、落实、控制能力，小型企业在这方面处于弱势。

（3）由于97.2dtex×72.8dtex（60英支×80英支）面料，对原料及织造设备的要求比较高，只有少数大型纺织企业具备生产能力，这些企业与下游企业合作时，在起订量、资金结算、企业信用、综合实力等方面的要求较高，这是下游小型企业望尘莫及的。

总之，芯类产品是所有酒店纺织品生产企业及家纺床上用品生产企业共同参与竞争的态势，而由于GB/T　14308—2010《旅游饭店星级的划分与评定》标准产生的97.2dtex×72.8dtex（60英支×80英支）枕套、床单、被套的突发性需求则只能是规模企业之间的竞争。

**（五）顾客分析**

**1．客户结构**　酒店星级数量（2013年数据）结构见表4-2。

表4-2　酒店星级数量结构表

| 序号 | 星级 | 数量（家） | 占比（%） |
|---|---|---|---|
| 1 | 五星级 | 654 | 5.65 |
| 2 | 四星级 | 2201 | 19.02 |
| 3 | 三星级 | 5545 | 47.92 |
| 4 | 一星级、二星级 | 3172 | 27.41 |
| | 总计 | 11572 | 100% |

**2．产品需求的预测**　功能枕芯与97.2dtex×72.8dtex（60英支×80英支）枕套、床单、被套相比，所有星级酒店都会对前者产生需求，因为这类产品的可获取性较强，呈刚性需求，但可以提供产品的供应商数量较多，特别是在家用纺织品市场中，这类产品的生产技术非常成熟，库存充足，采用的是以产定销的模式，而酒店纺织品供应商基本采用的是以销定产的模式，对于家纺床上用品企业而言是一次最佳机遇，但由于其渠道资源及定价模式的弱势，一般来说，同等产品，其销售价格较酒店纺织品供应商的价格高出20%以上，留给了酒店纺织品企业参与竞争的空间。由于酒店在使用过程中，采用的是顾客预订使用的模式，而理论配置数量只有普通枕芯的50%，所以，酒店的实际配置数量只有普通枕的20%~30%，据此推测，其市场需求总量为5亿~8亿元。

97.2dtex×72.8dtex（60英支×80英支）枕套、床单、被套这类产品在一星级、二星级酒店基本不会得到使用，因为这类产品的价格可能是其现有产品的200%，而三星级酒店只会部分使用，因为这类产品是现有产品价格的130%～150%，只有四星级及五星级酒店会全部使用，因为这类产品的价格是现有产品价格的110%～120%，增加的成本投入不大，却可以在星级评定中全取6分。此外，如果不使用这类产品，还存在被同行品头论足的市场风险，套件类中芯类产品的配置比例为1：3，但考虑到酒店现有的97.2dtex×146dtex（60英支×40英支）床单、被套和枕套，为了尽量减少投入，达到验收要求，最低配置比例在1：1左右，市场需求总量预计18亿～30亿元。

### 三、机会与障碍分析
#### （一）机会分析

1. **机会类型**　机会就是能够获取利润的市场需求，GB/T　14308—2010《旅游饭店星级的划分与评定》标准的修订所引起的对功能枕芯及97.2dtex×72.8dtex（60英支×80英支）枕套、床单、被套产品的较大的市场需求，属于因企业外部环境因素变化带来的机会，对于机会企业必须充分考虑到自身资源的满足程度和达成的难易程度，采取抓住、关注或放弃的对策（图4-10）。

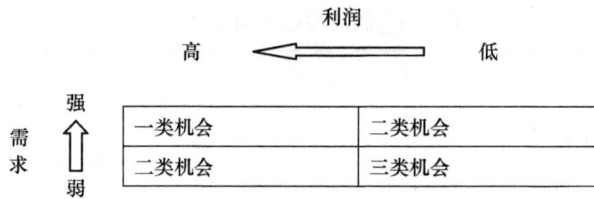

图4-10　需求机会类型

97.2dtex×72.8dtex（60英支×80英支）枕套、床单、被套产品的需求属于一类机会，采用的对策为积极抓住，集中资源投入；而枕芯的需求属于二类机会，采用的对策为关注，可适当参与（图4-11）。

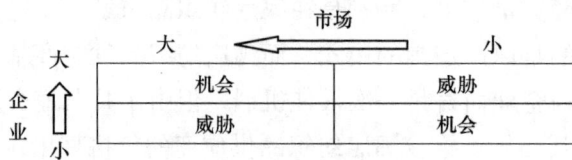

图4-11　业务分类、评价

97.2dtex×72.8dtex（60英支×80英支）枕套、床单、被套产品的市场机会远远大于威胁，而功能枕芯的市场机会与威胁为势均力敌的态势。

根据以上市场、产品及顾客分析，97.2dtex×72.8dtex（60英支×80英支）枕套、床单、被套产品的需求是一次较好的机会，这种机会具有显在机会、当前机会和局部机会的特征，这是本案创意策划过程中的重点和亮点部分。

2. **市场需求量评估** 97.2dtex×72.8dtex（60英支×80英支）枕套、床单、被套市场总需求量为18亿～30亿元。如果结合企业资源现状，则可以获取的市场份额，可实施营销策略的组合，最终能实现的营销目标，都需要对企业可以获取的市场份额作进一步的预测。

97.2dtex×72.8dtex（60英支×80英支）面料，由于生产技术要求高，只有部分大型纺织企业具有生产坯布的能力，按18亿～30亿元的市场总额计算，需要面料4500万～7500万m。A品牌2012年1～6月数据显示，97.2dtex×146dtex（60英支×40英支）枕套、床单、被套，年需求量销售额为6000万元，保守估算，使用过97.2dtex×146dtex（60英支×40英支）枕套、床单、被套的酒店，为了通过检查，按酒店现有97.2dtex×146dtex（60英支×40英支）枕套、床单、被套产品总量的三分之一比例增加97.2dtex×72.8dtex（60英支×80英支）枕套、床单、被套产品，销售量为2000万元左右。一台喷气织布机的日产量为1200m，如果以45天作为周期算，拥有100台大提花织布机的厂家才能生产完成。纺织厂考虑到其他酒店纺织品企业或非酒店纺织品企业对97.2dtex×72.8dtex（60英支×80英支）面料的需求，一般情况下，只能安排三分之一的织布机为A品牌生产97.2dtex×72.8dtex（60英支×80英支）面料，那么，2000万元的97.2dtex×72.8dtex（60英支×80英支）枕套、床单、被套产品所需要的面料的生产周期为90～120天，这是A品牌对生产周期的最低要求，因为自2013年4月开始，酒店对97.2dtex×72.8dtex（60英支×80英支）枕套、床单、被套产品的需求将进入高峰期。

（二）障碍分析

1. **来自竞争对手的障碍** 97.2dtex×72.8dtex（60英支×80英支）枕套、床单、被套产品的需求机会具有显在机会、当前机会和局部机会的特征，应该充分考虑到竞争对手具备同样的分析和预测能力，竞争对手会以同样的手法抢夺上游纺织企业的产能资源。

2. **来自上游纺织企业的障碍** 虽然上游纺织企业对GB/T 14308—2010《旅游饭店星级的划分与评定》标准变化信息的敏感性会存在滞后性，但随着上游酒店纺织品企业行为的变化，很有可能利用这次机会，提高面料价格。

3. **来自A品牌自身的障碍** 这次机会如果在实施过程中，执行不到位，错过需求高峰期，将会造成大量的库存，同时，短时间内需筹措资金500万～600万元，导致财务费用的增加。

## 四、营销目标

（一）短期目标

97.2dtex×72.8dtex（60英支×80英支）枕套、床单、被套的销售额在2013年内达到2000万元。

（二）长期目标

新增20～30家四星级以上酒店客户，年销售额增加5%。

### 五、营销策略组合

营销策略组合，是A品牌是否实现营销目标的关键，其组合设计的差异化程度及创新点是营销组合的核心所在。根据市场分析，A品牌的营销策划组合的设计侧重点在于产品外延功能的设计、价格策略设计及促销策略设计，特别是渠道策略的设计是整个营销策划的关键所在。

#### （一）产品策略

所谓产品策略，即指企业制订经营战略时，首先要明确企业能提供的产品和服务以满足消费者的要求，也就是要解决产品策略问题。它是市场营销组合策略的基础，从一定意义上讲，企业成功与发展的关键在于产品满足消费者的需求程度以及产品策略正确与否。

1. **产品功能** GB/T 14308—2010《旅游饭店星级的划分与评定》标准对产品的核心价值要求已经非常明确，就是枕套、床单、被套类产品的配置必须达到 97.2dtex×72.8dtex（60英支×80英支），满足星级评定检查的要求，结合这些产品的需求特性和长期经营目标，还必须对产品的外延作必要的策划，引导客户对未来产品发展趋势的遐想。现有酒店纺织品面料中，具有自主知识产权的产品极少，这对生产优质产品的企业极为不利，小型企业很容易利用后来克隆方法轻易参与市场竞争，所以，A品牌必须发挥自身技术研发方面的优势，同时投入 20～30个专利花型面料，实行差异化策略，提高竞争对手进入及追赶的成本（图4-12）。

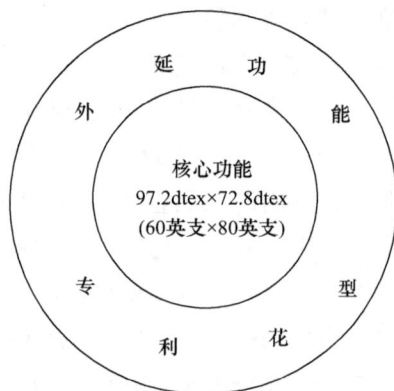

图4-12 产品功能设计

2. **产品结构** 考虑到目标客户群中的需求差异化、产品价格、生产周期及产能等因素，97.2dtex×72.8dtex（60英支×80英支）面料可以设计为缎纹类和大提花类两类产品，产品需求表见表4-3。

表4-3 产品需求表

| 序号 | 产品名称 | 销售额（万元） | 占比（％） |
|---|---|---|---|
| 1 | 97.2dtex×72.8dtex（60英支×80英支）缎纹枕套、床单、被套 | 500 | 25% |
| 2 | 97.2dtex×72.8dtex（60英支×80英支）大提花枕套、床单、被套 | 1500 | 75% |
| | 小 计 | 2000 | 100% |

#### （二）价格策略

价格策略是指企业通过对顾客需求的估量和成本分析，选择一种能吸引顾客，实现市场营销组合的策略。本案重点考虑的是产品自身价格的设计。产品需求的价格弹性小和刚性需求是本案产品的特点，其总体思路是分阶段实施新产品价格策略（表4-4）。

表4-4　价格策略设计表

| 序号 | 产品 | 时间 | 策略 | 时间 | 策略 | 时间 | 策略 |
|---|---|---|---|---|---|---|---|
| 1 | 97.2dtex×72.8dtex（60英支×80英支）缎纹枕套、床单、被套 | 2013.04 | 撇脂定价法 | 2013.05 | 产品差别定价法 | | |
| 2 | 97.2dtex×72.8dtex（60英支×80英支）大提花枕套、床单、被套 | 2013.04 | 加成定价法 | 2013.05~2013.06 | 撇脂定价法 | 2013.07 | 产品差别定价法 |

【相关链接】　新产品定价策略

新产品定价策略含撇脂定价策略、渗透定价策略和满意定价策略。撇脂定价策略是新品定价策略中最常使用的一种策略，所谓撇脂定价是指在产品生命周期的最初阶段，把产品的价格定得很高，以攫取最大利润。

撇脂定价的条件如下。

（1）市场有足够的购买者，他们的需求缺乏弹性，即使把价格定得很高，市场需求也不会大量减少。

（2）高价使需求减少，但不致抵消高价所带来的利益。

（3）在高价情况下，仍然独家经营，别无竞争者。高价使人们产生"这种产品是高档产品"的印象。

（三）渠道策略

本案的渠道策略是对上游供应商供货的策略设计，目的是确保合约期的供货数量及质量，防止供应商的毁约行为的发生。

1. **买卖合同内容**　买卖合同中，2种产品的供货量、供货期的合理分配，直接影响了整个策划方案实施结果的好坏，是整个营销策划方案的创新点所在。买卖合同产品见表4-5。

表4-5　买卖合同产品表

| 序号 | 产品 | 供货期 | 销售额（万元） | 供货期 | 销售额（万元） | 供货期 | 销售额（万元） |
|---|---|---|---|---|---|---|---|
| 1 | 97.2dtex×72.8dtex（60英支×80英支）缎纹枕套、床单、被套 | 2013.03 | 400 | 2013.04 | 100 | | |
| 2 | 97.2dtex×72.8dtex（60英支×80英支）大提花枕套、床单、被套 | 2013.03 | 300 | 2013.04~2011.05 | 1000 | 2013.06 | 200 |
| | 小计 | | 700 | | 1100 | | 200 |

2. **合同要点**

（1）买卖合同签订时间必须在2013年11月30日前，提前签订合同具有一定的隐蔽性，避免竞争对手和供应商的察觉；同时，充分考虑到供应商的生产周期，以便有充分的时间备足原材料。

（2）可以采用一次性支付定金的方法，违约金按上限约定，提高供应商违约成本，确保市场需求高峰期有足够的供应量。

**（四）促销策略**

促销策略是指企业如何通过人员推销、广告、公共关系和营业推广等各种促销方式，向消费者或用户传递产品信息，引起他们的注意和兴趣，激发他们的购买欲望和购买行为，以达到扩大销售的目的。

1. **传递内容** 该产品的销售机会存在明显的显在机会、当前机会和局部机会的特征。所以，足量的库存量、交货时间短是促销的第一要素，专利花型的差异化需求是第二要素，缎纹和大提花两类产品的可选性是第三要素。

2. **促销方案设计** 促销方案（表4-6）在整个策划方案中时间最长，对整个策划方案起到渗透和铺垫作用，每个阶段的过渡和衔接非常关键。

表4-6　促销方案实施表

| 序号 | 阶段 | 内　容 |
|---|---|---|
| 1 | 2013.06～2013.12 | 内部员工学习、研究新版标准，披露公司有关产品市场开放方案，提高企业内部员工的关注程度 |
| 2 | 2014.01～2014.03 | 采用产品赞助的方式，积极参与目标销售区域各省、市新版标准宣贯活动，提高客户对A企业的关注程度，同时，通过公司资料、人员、网站及行业杂志推出专题广告，优质、专业是诉求关键 |
| 3 | 2014.03～2014.06 | 通过公司资料、人员、网站及行业杂志推出专题广告，20天交货期是诉求关键，因为正常产品交货期为40天，97.2dtex×72.8dtex（60英支×80英支）产品很有可能长达60天 |
| 4 | 2014.06以后 | 通过公司资料、人员、网站及行业杂志推出专题广告，价格是诉求关键，一样的品质不一样的价格 |

## 六、具体行动方案

本案的行动要点是利用时间差，短、平、快且必须具备极强的执行力，计划、措施实施及过程监控和调整必须落实到位，具体行动方案必须列入部门绩效考核方法，适当提高考核权数，才能确保整个策划方案的实施。具体行动方案实施见表4-7。

表4-7　具体行动方案实施表

| 序号 | 任务 | 时间要求 | 责任部门或负责人 |
|---|---|---|---|
| 1 | 20～30个大提花新花型设计、价格策略设计 | 2013.07～2013.12 | 产品开发部、销售部经理 |
| 2 | 500万元资金筹措 | 2013.08～2013.11 | 财务部经理 |

| 序号 | 任务 | 时间要求 | 责任部门或负责人 |
|---|---|---|---|
| 3 | 买卖合同的签订 | 2013.12 | 采购部经理 |
| 4 | 买卖合同的执行监控 | 2013.04～2013.06 | 采购部经理 |
| 5 | 产品质量的监控 | 2013.04～2013.06 | 质检部经理 |
| 6 | 促销策略的设计、实施 | 2013.06～2013.06 | 市场部、销售部经理 |
| 7 | 各部门协调、各种变更、调整 | | 副总经理 |

### 七、费用估算

"兵马未动，粮草先行"，费用估算既要考虑到成本控制的要求，同时，又要确保整个策划方案的顺利进行，估算时，应留有一定的余地。费用估算见表4-8。

表4-8　费用估算表

| 序号 | 开支项目 | 金额（元） | 所占百分率（%） | 使用方法 |
|---|---|---|---|---|
| 1 | 产品开发费用 | 50000 | 11.36 | 20～30个新花型设计费用 |
| 2 | 出差费用 | 50000 | 11.36 | 促销、采购人员 |
| 3 | 促销费用 | 100000 | 22.72 | 各种赞助广告 |
| 4 | 财务费用 | 200000 | 45.45 | 6个月500万元利息及费用 |
| 5 | 其他费用 | 40000 | 9.09 | 按费用10%计算 |
| | 小计 | 440000 | | |

### 小结

纺织品面料按行业可以分为服装用、家纺用和产业用面料。家用面料包括床上用品、窗帘及毛巾类产品面料。专业分类与商业分类存在一定的差异，商业分类是企业在长期的实际销售工作中形成的，一定程度上，可以看作各种专业分类的特殊交叉与集合，此种分类实用、辨别简单、易于掌握和管理。新品开发营销策划方案是企业经营活动中经常运用的营销策划方案之一，主要是以"4PS"为核心内容，同时，通过市场调研和分析，发现某种机会，对"4PS"组合重新进行设计，适合在特定环境中的运用，不同于一般的工作计划，必须具有特殊的创意或点子。

### 【思考讨论】

1. 面料产品及技术发展趋势是什么？
2. 平纹、斜纹、缎纹三原组织的性能有哪些差异？
3. 家纺用床上用品的分类有哪些？
4. 什么是小提花面料？什么是大提花面料？

5. 企业宏观环境分析内容有哪些?

## 【实训项目】 识别涂料印花和活性印花面料

1. 理解印花涂料和活性染料的基本概念。

2. 学会对两种面料进行识别。

3. 列出两种面料风格之间存在的差异。

# 任务五　服装市场与营销方案设计

### 知识点

1. 了解服装概念。
2. 了解我国服装市场现状和服装的基本要素。
3. 了解服装市场调研的基本方法。
4. 了解服装市场营销的基本程序。

### 技能点

1. 会进行服装市场调查与初步预测。
2. 会进行市场细分、目标市场选择和市场定位分析。
3. 会进行营销方案初步设计并制订相应的销售策略

## 【任务引入】

作为广州2010年亚运会体育服装类唯一的高级合作伙伴，361°独家提供了2010年广州亚运会火炬传递者的所有服装。亚运火炬手服装取"羊"的创意，名为"骄羊圣火"，将代表中国元素的红黄色渐变融入服装，象征着亚运会的圣火熊熊燃烧，永不熄灭。同时，361°的LOGO首次出现在火炬手服装上，而361°启动的"热爱之火点亮亚洲"的线上圣火传递活动相继展开，通过新颖的线上互动模式，邀请新生代网民共同参与"亚洲多一度热爱"的活动，让更多人通过鼠标实现传递亚运火种的体育梦想。

2012年1月6日，中央电视台体育报道团在国家体育馆正式开启中央电视台对伦敦奥运年的报道行动。同时，为伦敦奥运会量身定做的《伦敦行动》系列推广节目在当天对外发布，作为节目出品方的中视体育娱乐有限公司与361°（中国）有限公司现场签约，达成合作。作为中视体育在2012年为企业提供体育用品营销定制化服务的开年大作，《伦敦行动》得到了361°的鼎力支持。

## 【任务分析】

361°进行营销方案的设计主要做了以下几项工作。

1. 对A品牌服装做市场调查，分析A品牌服装的营销环境与状况。
2. 分析并确定A品牌服装的市场定位、营销方案和销售策略。

## 【相关知识】　认识服装与营销

全媒体营销：随着媒体融合大潮愈演愈烈，"全媒体营销"一词成为广告媒体圈的新宠，可以说"全媒体"是"媒介融合"的必然产物。这一概念随着信息技术和通讯技术的发展、应用和普及，从以前的"跨媒体""多媒体"逐步衍生而成。全媒体营销的整合策略正是取长补短。如今，传统媒体高昂的广告费用使一些中小企业望而却步，难以承受，而基于互联网的新媒体则接受度较窄，权威度较低，这也是单一媒体形式难以突破的瓶颈所在。可见，单一形式媒体投放难免出现有长有短，所以整合传统媒体及新媒体优势资源，以及全媒体营销才是企业真正实施成功营销的出路。中国传媒大学广告学院院长黄升民认为，全媒体营销是一个必然的趋势，社交媒体成为其中的共创平台的关键工具，但不是全部。真正实现有效传播和营销，达到品牌建设的效果，需要制定一个全面整合的营销传播计划，除了科学的运用社交媒体，还需要有针对性地使用各种媒体进行混合的传播。

## 一、认识服装

服装是穿于人体，起到保护、防静电和装饰作用的制品，广义的衣物除了躯干与四肢的遮蔽物之外，还包含了手部（手套）、脚部（鞋子、凉鞋、靴子）与头部（帽子）的遮蔽物。服装是一种带有工艺性的生活必需品，而且在一定生活程度上，反映着国家、民族和时代的政治、经济、科学、文化、教育水平。

### （一）关于服装的几个概念

1. **款式**（style） 所谓款式，是指服装的特征和特有的形式，它具有某些可确认的区别于其他形式的品质和特点。通常，服装的款式是指它的设计、裁剪，是指可以用线条、形状和比例等术语来描述的特质。但并不是每种款式都能流行。

2. **设计**（design） 狭义的服装设计内容包括色彩、面料、款式、搭配和装饰件。广义的还包括纸样结构、生产工艺、销售及形象的设计，当某种服装是流行的时候，并不意味着服装的面料、色彩、款式等都必须是流行的，事实上只要其中有一部分流行即可成为流行服装。

3. **流行**（fashion） 流行意味着被消费者接受，一种款式只有当其获得消费者的认可时才能成为流行。流行是一个时间性的概念，消费者接受的时间有多长，款式的流行时间就会有多长。某种服装款式的流行并不意味着所有的消费者或者其中的大部分认同，而只要某款式为某一特定群体所认可，就可以成为一种流行。

4. **流行周期**（fashion cycle） 服装的流行都有起始阶段、高峰期、逐渐衰落的过程，这就称作服装的流行周期。在流行的开始阶段，只为某些有经济能力、追求时髦、希望与众不同的消费者所接受时。当这种流行服装为大众所接受时，就到达了流行的鼎盛阶段。最终，流行不可避免地进入衰退阶段。通常这是由于消费者已厌倦看到大量同款式服装的缘故，但他们仍会在降价的时候购买这些服装。

5. **流行季节**（fashion season） 服装行业分阶段推出新的服装系列，通常分两个或六个流行季节，两个流行季节指的是春夏季和秋冬季，六个流行季节指的是夏季、初秋、晚秋、冬季、早春、晚春。

### （二）服装的分类

服装的种类很多，由于服装的基本形态、品种、用途、制作方法、原材料的不同，各类服装也表现出不同的风格与特色，变化万千，十分丰富。不同的分类方法，使得人们平时对服装的称谓也不同。大致有以下几种分类方法。

1．**根据服装的基本形态分类**　依据服装的基本形态与造型结构进行分类，可归纳为体形型、样式型和混合型三种。

（1）体形型。体形型服装是符合人体形状、结构的服装，起源于寒带地区。这类服装的一般穿着形式分为上装与下装两部分。上装与人体胸围、项颈、手臂的形态相适应；下装则符合于腰、臀、腿的形状，以裤型、裙型为主。裁剪、缝制较为严谨，注重服装的轮廓造型和主体效果。如西服类多为体形型。

（2）样式型。样式型服装是以宽松、舒展的形式将衣料覆盖在人体上，起源于热带地区的一种服装样式。这种服装不拘泥于人体的形态，较为自由随意，其裁剪与缝制工艺以简单的平面效果为主。

（3）混合型。混合型结构的服装是寒带体形型与样式型综合、混合的形式，兼有两者的特点，剪裁采用简单的平面结构，但以人体为中心，基本的形态为长方形，如中国旗袍、日本和服等。

2．**按穿着组合分类**　大致有如下几种分类。

（1）整件装。上下两部分相连的服装，如连衣裙等，上装与下装相连，服装整体形态感强。

（2）套装。上衣与下装分开的衣着形式，有两件套、三件套、四件套。

（3）外套。穿在衣服最外层，有大衣、风衣、雨衣、披风等。

（4）背心。穿至上半身的无袖服装，通常短至腰、臀之间，为略贴身的造型。

（5）裙。遮盖下半身用的服装，有一步裙、A字裙、圆台裙、裙裤等变化较多。

（6）裤。从腰部向下至臀部后分为裤腿的衣着形式，穿着行动方便。有长裤、中裤、短裤三种。

3．**按用途分类**　分为内衣和外衣两大类。内衣紧贴人体，起护体、保暖、整形的作用；外衣则由于穿着场所不同，用途各异，品种类别很多。又可分为社交服、日常服、职业服、运动服、室内服、舞台服等。

4．**按服装面料与制作工艺分类**　可分为中式服装、西式服装、刺绣服装、呢绒服装、丝绸服装、棉布服装、毛皮服装、针织服装、羽绒服装等。

5．**其他分类方式**　除上述一些分类方式外，还有些服装是按性别、年龄、民族、特殊功用等方面的区别对服装进行分类。

（1）按性别分类。有男装、女装。

（2）按年龄分类。有婴儿服、儿童服、成人服。

（3）按民族分类。有我国民族服装和外国民族服装，如汉族服装、藏族服装、墨西哥服装、印第安服装等。

（4）按特殊功用分类。有耐热的消防服、高温作业服、不透水的潜水服、高空穿着的飞行服和宇航服、高山穿着的登山服等。

（5）按服装的厚薄和衬垫材料不同来分类。有单衣类、夹衣类、棉衣类、羽绒服、丝绵服等。

（6）按服装洗水效果来分类。有石磨洗、漂洗、普洗、砂洗、酵素洗、雪花洗服装等。

**6. 国际服装的分类方式** 国际服装的分类方法主要按照商品名称及编码协调制度［简称协调制度（HS）］进行分类，它是在《海关合作理事会分类目录》（CCCN）和联合国《国际贸易标准分类》（SITC）的基础上，参酌国际间其他主要的税则、统计、运输等分类协调制度的一个多用途的国际商品分类目录。HS编码，以六位码表示其分类代号，前两位码代表章次，第三、第四位码为各产品位于该章的位置（按加工层次顺序排列），第一至四位码为节（Heading），其后续接的第五、六位码称作目（Subheading），前面六位码各国均一致，第七位码以后各国根据本身需要制订码数。

服装属HS分类制的第十一类及第61、62章，第61章为针织或钩编制品，编号为6101.1000~6101.9000共120个，第62章为非针织或非钩编服装及衣着附件，适用于除絮胎以外，任何纺织物的制成品。编号为6201.1100~6217.9000，共155个编码，分别是按款式、性别、年龄、原材料的不同来进行分类，如棉制男式羽绒大衣的HS编号为6201.1210，棉制女式羽绒大衣的HS编码为6202.1210。服装HS编码分类中对成衣性别的规定有具体要求，即性别分男式、男童、女式、女童、婴儿；左门襟在右门襟之上归男性，反之归女性，中性成衣归女性类别。针、机织成衣及衣着附件的编序依照产品特性由外套类至内衣类，针、机织相互对应，再次则为其他产品。如6203.1100为羊毛或动物细毛制男式西服套装（为外衣），6207.1100为棉制男内裤（为内衣、编码在后），又如6104.3100为羊毛或动物细毛制针织或钩编的女式上衣，与此相对应的6204.3100为羊毛或动物细毛制女式上衣。

## 二、服装产品的现状和发展

截至2010年，我国的服装产量已经达到253.8亿件，出口额达到15.82亿元，早已经成为全球最大的服装生产国和出口国。随着国内消费者收入的提高，对服装的消费能力也越来越强，消费中表现出注重品牌、注重时尚、提高档次的趋势增强，一些服装生产企业在金融危机环境下开始转型升级，许多大中型百货商场也提高了其服装的档次，一些服装批发向"品牌"转化，服装品牌专卖店发展速度也在加快。

国际范围内，工业化后的发达国家逐步丧失了服装加工方面的优势，劳动力成本的增加是其主要原因，使之很难抵挡来自发展中国家低价纺织服装产品的竞争，这种冲突导致了世界服装业产生了如下变化。

**1. 世界性产业结构的转移** 发达国家和地区的服装加工业萎缩，部分或大部分转向不发达国家和地区，使不发达地区的服装业迅速发展。

**2. 发达国家和地区在高档时装市场上的地位仍不可动摇** 发达国家和地区的服装企业仍然占有高档时装市场，并在不放弃本国市场的同时，把眼光瞄准国际市场，包括迅速增长的发展中国家市场。

**3. 这种竞争格局引发了快速反应策略实施**　其核心概念是服装市场的时装化倾向、流行周期短、小批量和多品种。价格不再是顾客选择服装时的最重要标准，发达国家可发挥设计、信息、加工设备和技术方面的优势，提高服装市场上的竞争力。

随着信息技术的高速发展和广泛应用，以及服装流行的快节奏，服装市场的快速变化和波动与服装供应链繁多相矛盾，为了对变化和波动的市场作出快速反应，服装界今后的应变策略是逐步构成简洁的供应链，包括快速反应（QR）服装生产体系、科学的物流管理系统、生产和零售市场信息的标准化、供应计划的一体化及更有效的垂直营销系统等。在技术和营销方法上也发生了很大的变化，具体表现在以下几方面。

（1）服装电子商务日益兴起。互联网技术和知识经济导致专业市场实体交易的GDP变得越来越小。淘宝商城、凡客诚品、美特斯邦威网店、四季青网上市场等电子商务与专业市场商品交易的竞争已经成为事实，而电子商务对于商品市场、采购方式、交易手段、商业文明等综合领域的影响更形成了其对传统市场的围攻之势。电子商务专家黄相如认为：由于市场的引领和网络的作用，导致交易方式、商品市场组织和流通渠道发生变化，从而促成供应链管理一体化的渠道模式和信息流、商流、资金流三流合一的物流模式。未来，构建"短流程终端"的"实体市场+网络交易"模式正在成为一种趋势，"搜索排名"和"体验采购"也将成为服装网品市场的基础。在服装网络购物交易构成当中，B2C的增长速度非常明显。2009年服装B2C交易额为24亿元，同比增速高达99.8%。预计服装B2C仍将维持高速增长，2012年交易规模有望突破180亿元。

由于网络交易的介入，专业服装批发市场面临的竞争环境日趋严峻，越来越多的各地专业服装批发市场推出自己的网络交易平台，越来越多的专业市场商户在淘宝、拍拍等网站上注册电子商铺。

通过构建网上平台，创建虚拟商城，将实体市场移植到网络，不仅丰富了网络市场的电子商务功能，实现了网络市场在虚拟空间的规模扩张，还提高了知名度，扩大了影响力。

（2）服装技术和功能的不断突破。2010年中国服博会上，羽绒服的受关注程度不亚于客商对保暖内衣的关注。宁波斯纳格力服饰有限公司生产出了可以随时充电发热的衣服。这款衣服的外形和普通服装并无两样，但在衣服内层接近腰部的地方，多了一条黑色的发热带，据工作人员介绍，这其实是一个取暖器，里面还有一个远红外理疗仪，充电3h就可以持续发热8h。发热带的充电装置上安装了一个USB接口，一旦衣服的电量用完，只要用电线将电脑与这件衣服相连接，就能随时充电发热。这种能发热的衣服还获得了国家知识产权局颁发的实用新型专利和外观专利。

（3）网上试衣技术日趋成熟。网上试衣间是用户在网上挑选衣服后，然后使用和自己身形一样的虚拟的人物来试穿网上的衣服商品，网上试衣间是便于用户了解穿上网上买的衣服的效果。用户只需轻轻一点鼠标，就能看到千变万化的服装搭配效果。

"网上试衣间"系统由德国弗劳恩霍夫学会的科学家与其他科研小组共同开发。顾客在进行虚拟试衣之前，先通过手持式的三维扫描仪对自身形体进行扫描，获得的数据被传输回服装销售商处，形成顾客自己的虚拟三维影像。之后，顾客就可以根据销售商提供的服装目录选取新衣"试穿"上身，并可以通过鼠标控制虚拟影像进行简单的举手弯腰等动作，在电脑屏幕上查看衣服是否合身；还可以观看不同场合灯光下服装的效果。据悉，这套试衣系统在葡萄牙的一场时装秀中一经亮相，即迅速在网上盛行。此外，顾客甚至可以调控光线等参数进一步观看服装的整体效果。

最早推出网上试衣间服务的是美国H&M公司。登录进入该公司网页，选择"试衣间"，不用考虑纽扣、拉链和具体尺寸等细节，消费者只需选择一位标准模特，或自创一位类似于自己体形的模特，并选择模特的肤色、发型、身体特征、高度、体重以及眼睛的颜色、鼻子、嘴唇等。之后注册进入"我的模特"，一旦注册得到确认，就可以用所有H&M销售的服装包括泳装、成衣和小装饰品为模特进行搭配。消费者在试衣间找到满意的组合后，即可进入"你的衣柜"，随后将衣柜中的组合打印出来，便可带到商场直接购买。

2007年年底，中国才开始出现并逐渐流行网络试衣。不过，到2009年1月为止，中国的网上试衣服务因其技术上的瓶颈，还不能达到最完美的现场效果，大部分都未成形。部分用户认为，试穿后只能看到前后左右各个方位的平面效果，但是立体感不强。到2009年1月为止，网上试衣服务大多只是针对二三十岁的年轻女性，尚未顾及男性和其他年龄阶段的消费群体，如果遇到孕妇或者其他身体特点较为突出的人，试穿效果也会大打折扣。

2011年，中国宁波的智慧博览会上展出的"三维试衣镜"可摆放于各门店，内置3D试衣系统，设置有3G模块，方便数据通讯、在线支付等；也可应用于网络销售平台，消费者打开网页即可在页面上试穿服饰，插件形式更容易多平台移植。而2011年9月17日中国宁波高新技术成果交易洽谈会（高交会）上出现的"真人互动入镜虚拟试衣系统"引人关注。据东南商报报道，一名漂亮的女士站到服装店一个大屏幕前，身上的内衣、外套、裙子、鞋不停地变换，最后还搭配上了拎包、首饰。摊主解释，这个系统就是用电脑实现穿衣镜的功能，顾客在买衣服的时候，只要站在衣服店的电视屏幕前，人像就会显示在电视屏幕里，然后和预先录进的3D模型衣服进行互动。这样，顾客不用脱衣服、穿衣服，就能从前后侧面看到自己穿上中意衣服后的效果。由此可见，网上试衣技术目前在中国已日趋成熟。

## 【任务实施】 服装市场营销方案设计

### 一、概述

服装市场营销方案主要包括服装市场调研、消费者需求分析、市场细分及目标市场选择、市场营销策略四部分。有关市场调研部分已在任务一 总体认识中作过介绍，在这里只需对预测作简要说明。重点介绍消费者需求分析、市场细分及目标市场选择与市场营销策略部分。

### 二、服装市场预测

市场调研预测就是应用科学的方法，对影响市场供求变化的诸因素进行系统的收集、分析和研究，提出解决问题的建议，并预见市场发展趋势，掌握供求变化的规律，为市场营销决策提供可靠的依据。

服装作为社会文化发展的反映，是人的思想和期望的载体，受到社会、经济、心理等各方面因素影响，是最市场化的艺术。服装的三大构成要素——款式、面料、色彩具有明显的流行性。因此，信息的收集、流行的预测对于服装行业来说尤为重要，它决定着服装的生产销售以及整个服装市场导向。服装企业只有及时地洞察消费者的需求与变化，了解市场的动态流行信息，才能生产出合乎潮流的服装，满足消费者的需求。

营销决策依赖于市场预测。预测是预计和推测，不是主观意图，更不是毫无根据的猜测，而是建立在市场调查研究基础之上的科学分析。市场预测必须以市场调查为依据，市场预测的科学性，是以调查研究为基础的。

服装的流行作为一种社会现象，与社会经济和文化紧密相连。服装的流行预测具有不确定性因素，服装流行理论对服装流行预测有很大影响。国际上有许多著名的流行预测机构，如美国的"第一视觉""色彩箱"，国际上一些服装集团每季都向这些机构购买流行预测的商业情报。我国已先后建立一些流行预测机构，如中国服装研究设计中心、中国流行色协会等。

对于国内服装市场的预测，除了及时收集国际流行信息，掌握国际市场发展趋势以外，还要针对国情，进行系统科学的调查。例如对某一区域内的消费市场作以下基本调查。

① 销售方式。如有奖销售、配套销售、邮购销售、网上销售。

② 服装色彩、款式流行的发展和演变。

③ 服装面料、辅料和配件的发展和演变。

④ 服装的包装和展示形式的发展和演变。

服装市场流行的预测就是基于这些收集的资料进行分析、研究，综合了纺织品设计师、服装设计师、色彩学家、时装评论家、服装企业的管理人员、营销人员、市场调查人员的意见所决定。

### 三、消费者需求分析

服装穿着鲜明地反映了人们的价值观念和生活方式。服装对于消费者来说是心理和社会的重要象征，具有向其他人转达社会地位、职业、自信心以及个性特征等形象的功能。服装消费行为是一系列复杂动机的产物，受到社会、经济、文化、习俗、心理等多种因素的影响，研究服装消费心理行为，对企业和服装营销者掌握总体消费趋势、满足消费者的需求，及时向服装企业反馈消费者信息等都至关重要。

#### （一）消费行为趋势和类型

消费者的消费行为是以需求为起点，以购买类型和模式为中心。正因为有了需要，才会产生购买兴趣，形成购买动机。因此，消费者的需要是购买行为的首要动力因素。消费生活由低层次向高层次发展时，服饰行为一般有认同倾向（即朝高层次消费者靠拢的倾向），而高层次消费者为了与低层次消费者的服饰相区别，会去寻找新的服饰，在不断的认同、求新、再认同、再求新的过程中，继而形成服饰的流行行为。通常与服装消费心理较为密切的需求有美观、顺从、社会参与、自我表现、声望价值和经济条件等。

强调个性也是现代服装消费者的需求之一，并成为一种发展趋势。越来越多的消费者要求穿着不同于他人，以表现自己的独特风格和气质。

消费者对服装最基本的需求与舒适、经济、审美观及自我实现有关。这些需求是积极的，并且贯穿于不同的教育背景、经济地位和其他变量中。消费者能够而且愿意花费多少钱来购买服装，不仅取决于服装价格和消费者收入等经济因素，而且还取决于政治、文化、社会等诸多非经济因素。根据对服装的不同价值观和需求，可以把服装消费者划分为六种类型，各种类型及特点见表5-1。

表5-1 服装消费者类型及特点

| 消费者类型 | 特点 |
| --- | --- |
| 理论型 | 求知欲强，好追根问底，特别注意服装的舒适性 |
| 经济型 | 注重商品的使用性能，认为购买只能流行一时的服装是一种浪费 |
| 审美型 | 完美主义者，对服装打扮表现出较高的品位和修养 |
| 政治型 | 追求成功的事业和权利，穿着的服装讲究并且符合身份，与其事业和政治目标相一致 |
| 社交型 | 重友情，待人热诚，服装打扮注重时尚和流行 |
| 宗教型 | 信奉宗教，喜欢哲学，服饰往往较为保守或者朴素 |

一个人往往同时具有以上两种或多种价值观，从而构成一个影响消费行为的价值观系统。

（二）影响服装消费心理与行为的因素

服装消费心理和行为是一系列复杂因素的产物，这些因素相互依存、相互影响。服装企业通过对消费者消费心理和购买行为的客观分析，可以更加了解消费趋势，扩大市场占有率，家庭生活周期、生活方式、消费层次和市场等因素是影响服装消费行为的主要因素。

1. **家庭生活周期的影响** 家庭是社会生活消费的基本单位，是影响消费行为的最重要的社会因素。家庭的社会地位和经济条件不仅决定家庭的购买能力，也决定家庭成员的需求层次、消费水平和消费结构。随着家庭生活周期的变化，家庭的需求结构、经济能力和消费水平已相应发生变化。研究家庭生活周期对服装消费的不同需要，有助于服装企业把千千万万个家庭按照其不同的收入和生活周期所处的结构，区分成不同特点的细分市场，并针对不同目标市场制订营销战略。

关于如何划分家庭生活周期阶段，有各种论点。其中美国的洛姆·马克金在市场学一书中提出的独身、新婚、满巢1（子女年幼）、满巢2（子女成为少年和青少年）、空巢、丧偶独居六阶段，使用最为广泛。

根据我国目前的家庭状况，可把城市家庭生活粗略地划分为单身青年期、核心家庭期和空巢期三个阶段，以此来说明家庭生活周期对服装消费行为的影响。

（1）单身青年期。我国处于这一阶段的青年通常在家吃住，经济上独立，父母一般是在中年，有时还会帮助子女。因此，单身青年购买力高，加上他们对新鲜事物十分敏感和乐于接受，崇尚时髦，喜欢标新立异，有较强的自尊心，更希望有一个能取悦于人的外表，常常会用服装来吸引人们的注意，获得社会的认可。所以，单身青年是流行时装最有实力的购买者。

单身青年在购买行为上也有其特征，根据统计，77%的青年人买衣服没有计划性，64.5%的青年人只要看到合适的衣服就会购买，80%青年人经常逛商店。另外，调查中还发现，在众多的服装广告宣传中，青年人对杂志、电视和橱窗陈列的印象比较深刻。

（2）核心家庭期。核心家庭是指由一对夫妻与其未婚子女所组成的家庭。在城市家庭结构中，核心家庭占有很大比例，高达66.5%。在核心家庭初期，即小孩还未上学之前，家庭经济是比较紧张的，青年夫妇对流行时装的追求势头有所下降。在婚后生活环境的影响下，面对更多的现实问题，青年夫妇会变得成熟，不再追求过于时髦的服装，而把对时髦的向往体现在孩子身上。随着孩子的成长，教育费用又有所增加，在这一时期，也许还要照顾退休的双亲，因此，日常开支比较大，负担比较重，购买能力有限。

对处于核心家庭夫妇的问卷调查表明：他们每月用于购置衣着的费用约为生活费用的19%，低于单身青年。他们比较尊重传统习惯，购置服装以是否符合年龄、身份，价格是否适当为前提。对于服装的信息来源，调查分析结果显示以电视和橱窗陈列为主。

（3）空巢期。目前在大多数家庭中，离巢期和空巢期仍是两个时期。对于独生子女家庭，这两个时期可合二为一。这一时期的前期是为子女准备结婚费用，处于储蓄率较高的时期，这时家庭工资总收入较高，夫妻年龄在50~60岁之间，对服装要求质量好，美观大方。而在60岁以后，由于收入的降低，年龄的增加，会逐渐倾向于价廉物美的服装。我国中老年服装市场潜力较大，60岁以上老年人将以每年3%的速度增加，这是一个相当大的消费群体。

2. **不同生活方式的消费心理**　不同生活方式的消费者，需要不同外观和功能的服装。现代生活特征和休闲时间增加，使得人们的生活方式更加丰富多彩。多数消费者认为工作和休闲应该相互调剂，服装穿着TPO原则要求在不同的时间（TIME）、地点（PLACE）、场合（OCCASION）选择不同的服饰。

3. **不同消费层次的消费心理**　消费者对服装质量和数量的要求，取决于以下几个因素：个人收入、个人的需求和欲望、商品的价格以及替代商品和服务的价格等。其中，影响服装消费的一个重要因素是消费者的实际收入。一般来说服装消费随着消费者收入的增加而增长。目前，中国消费差距颇大，可大体分为以下四个类型，其特点见表5-2。

表5-2　消费层次特点

| 消费层次类型 | 特点 |
|---|---|
| 高收入型 | 企业的高级管理人员、出国留学回归人员、体育明星、演艺界明星、私营企业主等；相对较高的教育水准和高收入，使得这个人群区别于普通消费者的文化氛围，这往往意味着高雅的品位和独具个性的风格；这类消费者崇尚名牌和进口服装，更有部分人购买高级豪华时装来炫耀自己的经济实力和身份；他们是高档百货店、高档专卖店、高级精品店的光顾者，这个群体占整个人口的比例较小 |
| 较高收入型 | 中外合资企业的中层管理人员，企业效益良好的中上层干部，政府部门的干部，有第二职业的大知识分子等；中国的中产阶级，受过良好的教育，追求高尚有品位的生活方式，购买服装既要求时髦又讲究实惠 |

| 消费层次类型 | 特点 |
|---|---|
| 中等收入型 | 企事业经营状况良好的职工、第三产业的从业人员和农村的富裕阶层，这个人群购买服装要求价廉物美，对服装质量要求比较高 |
| 低收入型 | 效益不佳的国有企业职工，周边农村家庭，下岗职工等；这个人群基本没有存款，收入只能维持最基本的生活；他们购买衣服首先要求便宜，对品牌、款式、流行色不太注重 |

### 四、服装市场细分和目标市场定位

在所有商品大类中，服装商品的构成要素最为复杂，影响消费者对服装的评价和爱好态度的原因也各不相同。服装消费的多样化和产品构成的多元化使服装成为所有商品大类中品种最为丰富的一类，随着社会的进步和人们生活质量的提高，这种特点更为显著。每个家庭中，服饰件数与品种无疑是最新的家庭消费品。

2010年，我国共生产了253.8亿件成衣，假设每一品种的批量为1万件，则市场上就会出现多达253.8万种款式品种，而这么多的品种每年每季都处在动态的更新过程中。另一方面，服装企业所拥有的资源如加工设备、资金、设计和生产技术人员以及可获得原料等是有限的，没有一个服装企业能够生产或经营那么多种服装以满足所有消费者的需求，也不能以一种产品满足各种消费者的要求。它必须从整个服装市场中选择一类或几类顾客作为自己的目标市场。随后的产品开发、品牌设计、价格确定、促销等策略的制订与实施都据实际情况而定。从这个意义上说，STP营销，即市场细分（Segmenting）、目标市场选择（Targeting）和产品定位（Positioning）是营销策略的核心或出发点。

#### （一）服装市场细分的方法

服装消费市场本质上是选购品，因为构成服装产品的要素众多，而消费者又各不相同，因此，理论上细分的组合是无限的。但对于服装企业来说，细分的目的主要是选择有足够容量的、有利可图的并且是可操作的（即能为该细分市场设定可行营销策略）目标市场。因此，在进行服装市场细分时，应收集消费者的信息，听取销售经理等专业人员的意见，分析竞争者的业绩，广泛开展市场调研，然后根据市场差异和发展趋势，竞争者的战略和策划以及企业自身的能力划分市场，并确立企业的战略目标。

1. **地理细分** 把市场按地区分布或地理特征划分。如我国北方地区注重对冬季室外服装的御寒保暖要求，色彩稳重，而南方地区的服装相对明快艳丽。沿海开放地区对时装的需求量大，而内地相对要滞后些，款式也较单一。同为沿海地区，广东、福建的服装具有较重的港台风格；大连、青岛毗邻日本、韩国，穿着款式受日韩影响，注重合体与做工；而上海由于历史的原因，在穿着方面比较开放，对各种文化具有兼容性，形成独特的海派服饰风格。

2. **人口细分** 人口细分可查询二手资料，如中国统计年鉴，它是区分消费者群体的最常用的基本标准。其中一个理由是消费者的欲望、爱好和使用率经常与人文因素有密切的联系，而且这种变量比其他类型的变量更易衡量，因而也更利于决策时的定量分析。如按照性别、年龄、收入、职业细分市场。

3. **性别细分**　设计男装或女装是任何设计师首先要考虑的。拉夫·劳伦的POLO牌主要以绅士为目标，而DKNY则以女士为服务对象。尽管有一段时期中性化的服装热闹了一阵，但实质上这是妇女借助服饰作为争取社会地位的一种手段，最终目的还是要表现女权。女装一直是服装界最为重视的，因为变化多，表现与创作的余地大。社会对女性服装比较宽容，女子穿背心、超短裙出入公共场合可认为是活泼而富有朝气的表现，而男子穿背心和短裤参加集会则被认作是不文明行为。

4. **年龄和生命周期细分**　不同的年龄在体形上有很大差别，形成不同的规格的服装分类，但心理上的区别更大。不同年龄层次的人不仅因为处于不同生命周期阶段，或因有不同的履历而对服装产生不同的追求和爱好，还因为他们经历了不同的社会年代，因而具有大相径庭的生活观和服饰价值观。第二次世界大战以后，有个相对和平的时期，此时有一个世界范围内的生育高峰，出生于该时期的人不仅构成了人口数量较大的年龄区段，而且因为这些人经历了一个社会大变动的时期，目前正是社会中坚力量，他们既希望摆脱旧式服饰的束缚，但是责任感又使他们的穿着趋向于拘谨保守。他们的后代，即被称作未知的一代（X-Generation），经历的是冷战后的世界旧结构的分崩离析和新秩序的混沌。他们厌恶政治争斗，不信奉陈旧的理想主义，且自己没有形成稳定的信仰，这一切表现在穿着上就是别出心裁而又飘忽不定，今天穿缩手袖，明天尝试露脐衫，今朝内衣穿在外面，明朝外短内长。他们的购衣欲极强，但又难以把握其追求。以年龄区段划分市场必须注意人口在各个年龄区段上是不均匀分布的，应根据人口普查的数据做服装市场的推算。

5. **收入细分**　收入细分是普遍采取的一种细分要素。收入不仅涉及购买能力，同时影响服饰产品的市场结构。高、中、低档服装并存，为的是适应不同的消费层次的需要。香港特区的品牌真维斯的目标市场是收入尚不丰厚的青年男女，款式新颖，主要在内地生产，境内销售，成本较低，价格适中。

6. **职业细分**　凭一个人的穿着常可判断此人的职业。艺术家生活方式自由而有个性，穿着随意且喜欢与众不同；教师的穿着准则相对保守正统；国外公司职员通常被要求穿着套装并系领带以体现公司形象；而大学生则喜欢休闲装和运动装。

7. **行为细分**　根据顾客对产品使用情况和反应划分市场，是比较可行和容易制订相应策略的，因此这是划分市场的常用尺度。

8. **时机细分**　根据消费者需要，购买和使用时机来细分市场。如日常穿的袜子属于便利品，可在一般超市出售；而名牌时装，要在重要社交场合穿着，应在高级的百货店或专卖店中出售。泳衣夏天畅销，羽绒服则在冬天供应。

9. **利益细分**　消费者购买或使用服装时强调利益和效用。农民需要厚实耐穿且价廉，都市青年要求时尚舒适，少女们则强调款式与色彩的表现力。

10. **忠诚程度细分**　服装消费者中不少人是品牌忠诚者，他们有自己明确的品牌倾向和定位，或者只是为了避免风险（如穿着不合适），也有盲目追逐名牌以满足虚荣心的。

**（二）目标市场的选择**

服装企业根据消费者需要、消费行为和市场细分，再选择一个特定的目标市场；目标市场确定后，才能制订合适的市场营销战略。服装企业设立目标市场是一项战略性工作，一旦确定以后，需要长期投入，以树立与目标市场相一致的声誉和形象，因此不宜变化太大，以免造成前功尽弃。目标市场的设立有以下方法。

1. **差异性集中目标市场**　企业针对各细分市场的消费需求差异，选择某一个具有较大发展潜力而企业又有一定优势或能力的市场，设计、生产和销售目标顾客需求的系列产品，并制订相应的营销策略。服装产品目标市场集中，市场营销活动特点鲜明，其对消费者的吸引力就大，容易被消费者认识和接受。但若目标市场过于集中，则市场面小。

2. **差异性市场的多元化目标及多品牌目标市场**　服装产品目标市场集中，市场营销活动特点鲜明，其对消费者的吸引力就大。但若目标市场过于集中，则市场面小。因此，也可针对市场和顾客需要，确立多个目标市场，对每一目标设立一个品牌，这样既扩大了经营范围，又不会造成目标市场混乱。通常每个品牌有专门的部门管理。例如：目标市场A……A品牌……α品牌部门，目标市场B……B品牌……β品牌部门，目标市场C……C品牌……γ品牌部门。

服装企业多个目标市场和多品牌策略若应用得当，能避免单一目标市场竞争的风险，扩大市场占有率。这种策略适用于大型服装企业。

3. **服装品牌定位**　服装品牌是服装的名称、图案、设计或上述的组合，以区别于其他服装的一种标志。服装品牌不仅仅是质量的保证，更可表达流行风格、文化价值、个人理想、社会角色，由于服装本身的组合要素（如款式、面料、色彩等）易被模仿，因此品牌便具有了强化服装标识，区分于其他服装品牌的作用，并增添服装的附加值。服装品牌定位的要点如下。

（1）确认服装品牌的类别。品牌可分为设计师品牌、服装制造商品牌和销售商品牌。设计师品牌，如美国的DKNY，法国的Chanel等；服装制造商品牌，如Esprit，Benetton，三枪等；销售商品牌，如美国的Macy百货公司，中国台湾的太平洋百货公司等。通常设计师品牌为高档时装，而服装制造商品牌定位于某类服装，例如Levi's是以牛仔系列为特色，Benetton以针织衫为主，Esprit是休闲服装，而Liz则是职业妇女装。

（2）分析在同一类品牌中竞争者的定位。目标市场可以与竞争者相同，但定位必须有区别。同为休闲系列的Benetton，以意大利人的浪漫风格、色彩的强烈对比为特征；而Esprit以都市青年人的冷静、自由、纯真为象征。

（3）分析目标顾客对服装的不同需求趋势和影响这种趋势的各类因素。例如高档衬衫好销，原因可能是职业白领男士阶层的增长和参与社交活动的机会增多。

（4）根据目标顾客的特点与趋势及企业与竞争者的优势比较，设定企业品牌定位。

## 五、服装营销策略

1. **零售策略**　零售是一种将产品或服务出售给最终顾客的商业活动。零售与批发相对应，一个商业机构只要其零售活动超过总销售的50%，即归为零售商店。

（1）服装零售人员的素质与形象。零售店中服务人员的表现是最生动的环境因素之一。服装是需要经过良好的沟通和交流才能完成交易的商品，须特别强调服务人员的素质。在传统柜台零售方式的情况下，特别是在商品短缺时期，购买者一般关心的是即时得到服务，对服装商品的要求低，对服务员的素质要求也不高。

随着服装时装化、档次多元化、服务对象细分化，零售店的开架布置日益普遍，顾客对服务水准和服务人员的要求也日益提高。服务人员的形象和素质对购物氛围的影响很大。形象和素质包括年龄、体形、外貌和知识、气质、文化修养、职业道德等内在素质。服装零售店服务人员的素质应与目标市场相一致。售货员恰当的化妆与和谐的配饰，常常能起到充当模特的作用，加上对服饰相关的专业知识的了解，亲切诚恳的语气，易使消费者产生信任感。理想的售货员不仅应具有穿着服饰的知识、服装保养的知识，还应懂得消费心理学。服务员的着装不能过分艳丽，以免喧宾夺主，导致顾客自惭形秽，失去购物时的自信心。因此，售货员的内在气质要比外貌更重要，也更易为顾客接纳。

（2）商品布置与陈列方式。服装陈列不仅需要清楚地表明商店出售的产品，还要最大限度地展示服装的美感。首先是创意，包括体现什么、给顾客传递什么信息、准备达到什么效果；然后是设计，用独特的造型、和谐的色彩、流畅的线条体现这种理念；最后是布置。

服装的布置方法按开放程序可分为柜台陈列式和开架式；按排列方式可分为条形直列式和自由分列式。

柜台陈列式长期以来为我国服装零售的惯用陈列方式。这种传统方式对于服装品种单一、缺乏选择、款式变化少的时代比较适用。随着服装的多样化、时装化、个性化，柜台陈列便难以适应了，越来越多的服装销售采用开架格局。

开架式分为环形、条形直列式、自由分列式、岛式展示，以及它们的组合变形。环形布置可以充分利用销售空间，使顾客沿同一方向行走看到较多的商品。这种布置通常在靠墙的外环设立柜台，中间采用环形货架。缺点是顾客行走的路线没有选择的余地，这种布置在服装零售中日趋减少。

服装的条形直列式布置一般按不同的服装品种分类成条形排列，这种格局的优点是占地面积小，便于组织和管理，也容易观察和清扫。对于顾客来说，便于寻找购物目标。缺点是这种布置过于一目了然，格调较低。所以，这种方式一般适用于中低档大众服装。

中高档的服装店宜采用开架的自由分列式和岛式陈列，这种格局可以充分发挥服装经营者的灵感，展示高品位和艺术情调，符合时尚和流行趋势，激发顾客的购买欲望。

自由分列式占用面积较大，布置不当容易使顾客产生迷惑，找不到所需商品，管理组织较困难，布置设计需要较高的水平。

橱窗布置最直观地反映了服装店的特色和水平。一个商店在春天还陈列着冬装，至少说明这个商店经营不善；橱窗里的陈列品积满灰尘，这种反面宣传作用是不言而喻的。橱窗陈列应能反映商店特色、季节特色、潮流特色和所售商品特色，并遵守AIDA原则，即首先要引人注意（Attractive），其次要引起顾客兴趣（Interest），激发顾客的欲望（Desire），最后产生购买行动（Action）。

简洁、明快、直接和一目了然，应是服装店橱窗设计的特点，它区别于银行的稳固、牢靠、安全和餐厅的洁净、卫生、含蓄、朦胧等。切忌陈列服装与店内服装不一致，引起顾客产生被愚弄、被欺骗的感觉。

店内陈列的服装应该有主打产品与陪衬产品之区别，这能相互促进另一类产品的销售。几件独特设计的时装会激发顾客购买其他服装的兴趣，提高顾客对商店的信任感和满足感。

出售服装还包括出售服装商标、品牌、包装和服务。服装商品应具有统一的、成系列的标识品牌，包括认证标志、使用标志和销售标志，这是中高档服装所不能缺少的。

有些服装店的目标市场是中低收入群体，特意以无品牌、无标签状态营造价廉物美形象，以吸引那部分顾客的求廉心理。

（3）背景、音乐和气氛。广义的背景声不仅仅是商店内播放的音乐，还应包括所有顾客所能察觉到的构成购物气氛的声响。背景声影响人们购物的情绪与行为。

①影响消费者对商店的品牌的定位。在环境优雅的商店里播放格调高雅的音乐，往往使人与高品位服装相联系；而熙熙攘攘的人流，再加流行音乐，往往与大众服装相一致；嘈杂纷乱的叫卖声，只能与廉价产品相配；节奏轻快活泼的音乐与休闲服的形象协调。

②影响消费者购物情绪。热闹的场面使人兴奋，激发购物冲动，但也容易使人感到烦躁、疲劳，不容忽视的是这种情况常常发生在售货员身上，因而间接地影响到顾客。轻快活泼的流行音乐，使人心情愉快；舒缓优雅的古典音乐则有一种恬静、和谐的感受；大商场中女播音员甜美的导购介绍或寻人广播，不仅造成一种强烈的购物气氛，同时，也给顾客一种宾至如归的感觉。

③影响消费者购物行为与节奏。人具有一种适应环境趋向的本能，会自觉不自觉地根据环境运动的节奏修正自己的行为方式。典雅的音乐，会使人变得举止文雅；快节奏音乐，会驱动顾客加快浏览步伐和购物节奏；优美动听的歌声，则能使人流连忘返。

**2. 服装价格定位**　服装价格定位是企业市场营销最重要的因素之一，它直接关系到服装能否为消费者所接受、市场占有率的高低、需求量的变化和利润的多少。价格定位应该与目标市场的期望值和品牌定位相一致，以获取最大利润为目标，或是以扩大市场占有率为目标。服装企业以前主要采用成本加成定价法，而在市场经济条件下，可采用竞争导向定价（成本减价法）、需求导向定价等方法。具体定价过程包括六个步骤：选定定价目标、确定需求、估计成本、分析竞争情况、选择定价方法和选定最终价格。

（1）基本定价法。

①成本加成定价法。也称作成本加法，价格=成本+加成率。

②成本减价法。也称作竞争导向定价法，利润=市场价-成本。在商品丰富、市场价已确定的情况下，企业只有采取降低成本的方法，才能获得市场份额和利润。

③需求导向定价法。这是基于消费者期望的定价，即以消费者认知需求强度为基础，通过了解消费者心目中的价格带，从而定出消费者能接受的最终价格。

（2）特殊定价法。

①尾数定价法。例如，市场上相当多的服装以98元、198元的价格出售，而不是标价100元或200元，以获得顾客感觉"比较便宜"的效果。

②整数定价法。以达到"价高质优"的效果。

③分档定价法。根据服装档次分类定价，以免价格混乱。

（3）服装定价策略。

①渗透定价策略。企业若想扩大市场占有率，应果断采取渗透定价策略，也就是说，需求价格弹性系数大的服装商品应采用薄利多销的策略。

②取脂定价策略。在对流行或高档商品进行定价时，企业若以获取最大利润为目标，可采用取脂定价策略，名牌、高档、流行时装通常采用这种高价厚利定价方法。

③调整商品供给量策略。服装价格受商品需求量变动的影响较大。当某一类服装商品供不应求时，企业指定的价格容易被消费者接受，利润有保证。但目前服装市场商品供应数量趋于饱和，价格受市场需求关系的制约，因此，企业可通过对供给量的调节，维持服装价格的稳定。

④处置剩货商品的策略。企业掌握了价格决定权后，为了避免剩货风险，回收因剩货商品引起的降价损失，在销售初期，可制订稍高的价格，但要注意竞争对手对价格偏高的反应。同时，还应考虑到因价格上升，消费者购买欲受到抑制，结果反而可能造成更多的剩货。因此，初期价格的制订要慎重。

这种策略常涉及后期降价问题，降价策略如下。

a．降价幅度与时间性。早期降价处理时，降价幅度较小，而到了销售尾季时，降价幅度较大。因此，何时降价，降幅多少，企业应事先制订计划，以保持合理的价格水准。

b．降价方式。一般服装，特别是时装商品的降价方式，消费者已适应；但高档、名牌服务若采用大幅度降价会使消费者产生价格混乱的感觉，造成对这些商品的不信任感。为此，可采取下列处置方法：向公司内部职工或关系户进行待价销售，如蜜雪儿品牌在销售尾季，公司职工每人可得到10张优惠券，凭此券可享受3～7折的优惠，数量不限；向国外推销或降价处理，这一方法在发达国家应用较多；拆除商标，特价处理，果断地进行剩货商品跌价处理，能减少服装商品不必要的库存压力，同时，能及时回笼资金，保证企业进行正常的经营活动并获取合理的销售额和利润。

**3．促销策略**　在企业经营中，提高销售额是获取利润的先决条件，而促销则是提高销售额的重要手段之一。

（1）服装促销的特点。服装产品是一种非功能性价值含量高的产品（如社会价值、文化价值、美学价值、象征价值等），其感知手段主要靠视觉、触觉，而且流行周期短、款式变化快、市场定位较为严格和细致。这些特点决定了服装促销的特点，具体表现有以下四种。

①促销偏重于树立形象或理念定位。服装的穿着意义，已不在于保暖、遮体等功能性方面，而是一种表达自我价值、理想和追求的象征。这固然要用色彩、款式和面料等要素来表达，但更需要准确的诠释以确立形象，表达设计师的理念定位，并将其传递给目标顾客。

② 提高品牌知名度和顾客忠诚度是服装促销的目标。时装名牌需要长期的促销活动才能取得成效，形成忠诚的顾客群，进而扩大销售额。

③促销规划常以季节为周期和主题。促销活动总体规划应以季节为主题进行策划。一年的时装季节通常为2~4季，服装设计师和服装生产商针对零售商的促销常在季节前进行，如夏季时装发布安排在1月或2月，春季时装发布则在上一年的10月或11月；而零售商的促销则滞后些。服装的面料、色彩、款式和穿着搭配是促销内容的要素。

④视觉传播媒介是主要促销媒介。服装的美学意义主要在视觉方面，要表达这种流动的艺术，采用视觉传播媒介如出版物、电视、广告牌等是很理想的；其中杂志彩印画页、电视和时装表演最能传达服装风格和服装表现感染力；服装摄影也因此成为商业摄影业中的一个重要分支。

（2）服装广告。广告是主要的促销工具之一。服装广告是服装业促销的主要手段，服装企业广告预算通常占销售额的1%~3%。服装广告按促销目的分为形象广告和商品促销广告。前者主要以吸引消费者对品牌或企业（如商店）的关注，以建立信念为目的，不具体针对某一款服装，而后者的目标则是促进特定产品的销售。实践中，形象广告在服装业中用得更多。服装广告计划一般在服装销售季节之前开始启动。企业在经验或对数据的分析基础上制订计划，根据目标市场和季节特点确定主题，选择恰当的媒介，并作出预算。

常用的广告媒介有报纸、杂志、广播、电视、户外广告牌和邮寄广告等。媒介的选择既要考虑成本，更要考虑有效性。服装广告中比较常用的媒体有杂志、电视等。在依据广告对象和广告目标确定媒介类型后，还需具体确定媒介机构。恰当的广告发布时机和频率也是保证取得预期效果的一个重要因素。各类广告媒介特点如下。

①报纸。是一种传播面极广的大众媒介。虽然其视觉效果较差，但以其成本低廉、制作发行快速及时、影响面大而被广泛采用。目前，国内的《中国服饰报》《上海时装报》等在沟通服装市场信息、引导服装消费方面发挥了积极作用。

②杂志。是服装广告的重要传播手段。时装杂志图文并茂、视觉效果好，适合于时装外在美的鉴赏和内涵品质的表现，且便于保存，可作为较高品位的服装广告。但杂志广告成本较高，出版周期长，广告制作难度大。如《世界时装之苑》（ELLE）更以印刷精美、品位高雅而受到"白领"的青睐。

③广播与电视。属于电子媒介。广播成本低但表达的手段仅限于语言和声音，电视能动态地展示服装的魅力，但成本高昂（包括制作费用和播映费用），且制作周期长，只有大企业才有实力做电视广告。广播与电视传播面极广，时装界常借电视平台发布流行趋势。

④邮寄广告。在国外，邮寄广告很普遍（主要是邮寄服装目录），但在国内尚不普及，除了印刷成本高以外，主要原则是国内服装销售商很少有消费者档案。

**4. 服装营销渠道** 广义的服装行业应该包括纺织品和服装设计、生产、分配销售、资信和促销。设计师和服装企业要通过半制品和成衣实物的流通过程及非实物形式的促销信息流的传播过程，才能实现其最初的创意和追求，使顾客理解服装的价值内涵，最终实现服装的市场价值。

（1）服装营销组织。在产品的流通过程中，按中间商服务的对象特征，可以分为零售商、批发商和代理商。

① 零售商。是指将产品直接销售给最终消费者的销售组织。零售商是分布最广、数量最多、与人民生活最密切的销售组织。按所出售的产品线可分为百货商店、专卖店、小型服装店、超级市场和便利店等。

a. 百货商店。百货商店经营规模大，销售品种广泛，组织系统分工明确，产品线宽且深。一家百货商店要经营几条产品线，一般按相关商品划分为不同部门。每个部门都是独立核算、自负盈亏的单位，并具有产品决策和进货自主权。服装部是百货公司极为重要的产品线，通常销售额占百货公司总销售额的40%左右。

b. 服装专卖店。经营产品线窄，而该产品线所含的花色品种却较多，如运动服、婚纱、西服、内衣、袜子等，专卖店可按其产品线的宽度进一步分类。一家服装店可以是单线商店；一家男子服装店就是一家有限生产线商店；而一家男子订制衬衣商店也许是一家超级专业商店。服装专卖店的出现符合市场细分的要求，据预测，将来的超级专业商店将成长最快，它在市场细分、目标市场的确订和产品专业化方面都具有更大优势。

c. 品牌专卖店。崇尚时尚的消费者追求服饰的品位，追求个性与服饰的和谐一致，并试图通过某种品牌所特有的定位来反映这一意识。专卖某一著名品牌的专卖店就是应消费者这一心理和需求而产生的，如鳄鱼、蜜雪儿、伊夫·圣洛朗等。品牌专卖店通常以连锁或特许方式经营。产品线窄，但服务、经营方式（包括装潢、商品展示、定价、服务模式等）标准规范，有明确的目标市场和市场定位。

d. 小型服装店。这类服装零售店量大且面广，一般店面较小，服装混杂，产品线组合不深，价格较低，符合一般大众的需要。

e. 超级市场。超级市场是一种相对经营规模较大，成本较低，自助服务式，能够满足消费者对食品、衣物和家庭日常用品需求的零售组织。超级市场通常采用连锁经营的方式，其规模和销售量有超过百货商店的趋势。在超级市场销售的服装与日常生活密切相关，如休闲装、内衣、袜子、手帕、针织品等。随着超级市场的发展，服装品种也丰富起来，衬衫、西装、时装也开始进入超级市场。

② 批发商。也称作转售商。批发商的销售对象是那些为了再售或企业使用而购买的人。批发商和零售商的不同之处在于：批发商较少注意促销、气氛和店址，因为其交易对象是商业顾客而不是最终消费者。批发交易常大于零售交易，其经营规模与数量较大，但经营项目有一定范围。服装批发商通常以经营大众服装为主，随着大众服装流行性的增强，市场竞争的日益激烈，有些批发商开始重视产品的设计与开发，原来属于生产厂家的很多功能转移到批发商身上，使得生产与流通的界线越来越模糊。

③ 代理商。代理商不拥有产品所有权，其主要功能是促进买卖成功，并从中获取佣金，服装行业的代理商常常代表卖方。代理商可以分为以下几类。

a. 制造代理商。他们代表两家以上产品线相互补充的制造商。他们与制造商在价格、地区、订单处理程序、送货服务、商品担保及佣金标准等方面订有书面协议。他们熟悉每个制造商的产品线，并用广泛的接触面来推销制造商的产品。

b. 销售代理商。制造商在契约上授予销售代理商销售其产品的权利，在这种情况下销售代理商好比一个销售部门，对产品价格、交易条件等有很大影响。

c. 采购代理商。一般与买主建立有长期的业务关系，为其采购商品，经常为买主收货、验货、存货和送货。在规模服装市场上有一种常驻买客，专门物色采集中小城镇零售商经营的服装。他们知识丰富，可以为委托商提供有益的市场情报，并为其采购到价格便宜、品质基本保证的服装。

（2）连锁经营。随着经济的发展，商业竞争日趋激烈，大型化、集约化、专业化、国际化的零售业趋势促使各类零售联合起来，在资金和经营上集中，取得竞争优势，抵抗大集团垄断的压迫。连锁经营的模式就是这样产生的。

所谓连锁店（chain-stores/multiple-shops）就是在核心企业或总公司的领导、控制下，由分散经营同类商品或服务的零售企业，通过规范经营，实现规模效益的经济联合体组织形式，其中的核心企业称为总部、总店或本部，各分散经营企业称为分公司、分店或成员店等。

商业组织经过优化组合能显示出其强大的生命力。零售业中专卖店、百货店、超级市场、便利店、折扣商店等都有可能以连锁店形式经营。国外的连锁店模式在其各类零售业中均已占主要地位，世界排名前十位的零售店无一不是连锁商店。1993年，美国零售额达10795亿美元，其中连锁店销售额达6355亿美元，占60%左右。服装销售采用连锁经营后发展迅速。英国最大的百货连锁店马莎百货公司（Marks& Spencer）销售著名的圣米高（St. Michael）和布鲁克斯兄弟（Brooks Brothers）品牌的服装，在全世界有711家连锁店，占有率约为15%，我国的连锁业以上海发展最为迅速，年销售额以40%的速度增长。

①连锁店的特点。连锁店由多个商店联合而成。小型连锁店小到只有2个分店，大型跨国企业连锁店可以有近万个分店。连锁店具有以下四个特点：规范化经营理念、规范化企业识别系统CIS（Corporate Identity System）、规模化商品服务、规范化经营管理。连锁店有统一的店名、店标、建筑形式、店堂陈列、广告宣传、营业员服饰等规范化视觉形象VI（Visual Identity）。各分店经营同类商品，服务水平和方式一致，分布广泛，便于总部根据消费者需求进货，建立信息反馈系统，采取灵活经营方式，形成经营特色。

连锁店实行集中管理和分散经营体制。总部负责经营业务决策，如计划制订、分店选择、人事安排、人员培训、商品采购、保管和广告等，分店只负责执行销售计划、为顾客服务等。分店与总部联系紧密，如果脱离总部，分店就无法经营。各分店需加强适合自己的经营方式，保持各自的经销特点。

②连锁店的经营形态。

a. 直营店。也称作正规连锁，分店的所有权属同一公司。各分店的经营完全由总公司掌握，便于集中管理和统一行动。但直营店新店开张投入大，前期准备复杂，需要企业集团有雄厚的资金、技术和人才实力，各分店经理对总部依赖心理大，在市场开拓方面也比较缓慢。直营店的连锁经营方式不失为一种稳扎稳打的策略，重庆丹尼尔服装连锁店目前就采用这种方式。

b. 自愿连锁店。也称作自由连锁，是由若干中小商业组织自愿发起，建立共同总部，负责共同进货、促销等，其目的是为了联合对付大型连锁组织和商业集团的压迫。

自愿连锁店一般由当地较大的零售商和批发商牵头，联合若干小型商店组成连锁组织，总部共同进货时，压低成本，同时各成员店信息共享，分店利用众多销售网点广泛经销，并获得规模经济效益。自愿连锁在资金和经营上独立，不需要大量资金投入建立新店，市场拓展迅速，各分店经营弹性也较大，便于应付地区性竞争，满足地区性顾客需求。

c. 加盟连锁店。也称作特许连锁店、合同连锁店等，是一种以契约为基础的经营方式。总部通过契约授予加盟者销售其品牌商品、采用其经营形式的权利，但加盟者必须付出权利金。作为加盟连锁店的总部，必须有较高知名度和较好品质的商品，独具特色的服务，先进的物流系统和成熟的经营管理技术；而加盟店则借助于总公司的品牌和商业信誉，对消费者产生了极大的吸引力。加盟连锁能获得与直营店同样的效果，同时又避免了自愿连锁过分分散的弊端，是连锁店中最发达的形式。

③ 连锁经营的优点。从连锁总体来看，实行连锁经营有以下优点。

第一，进货量大，有较大数量的折扣，有利于降低成本。

第二，有完整的物流体系，商品由总部配送、补给，分店不会缺货。

第三，整体广告宣传带来规模经济效益，分店分摊费用，收益共享。

第四，用规模效益降低经营成本，所以商品价格低于其他商店的价格，竞争力强。

第五，管理标准化，手续简化，管理效率较高。

第六，因知名度高、规模大、信誉好，因此，易获得银行贷款，资金融通方便。

第七，与制造商联系紧密，竞争时能有力调整产品价格幅度，击败对手。

第八，分店数量众多，市场涵盖面广。

第九，信息传输迅速，分店定期通过POS机和计算机网络反馈各店销售信息，快速分析情报，寻找市场均衡点。

第十，对于各分店来说，可以分享整个体系的好处。

第十一，采购成本低，货源充足，由配送中心负责物流，送货方便，分店无须很多存货。

第十二，分店借助良好的企业形象，一开张就能迅速发展。

第十三，避免企业风险，据国际加盟连锁协会（IFA）统计，连锁店第一年的破产率为4%~6%，五年后为12%，远比其他企业破产率低。

第十四，分店由总部提供技术指导。

第十五，分享企业技术开发成果，分店本身不用设立技术研究部门。

第十六，由总部负责情报汇总，随时做出市场调查分析，各分店可及早采取对策。

第十七，资金方面获得总部的支持。

第十八，职员招募容易。借助总部良好的企业形象，使员工有自豪感等。

但是，连锁体系也有其缺点，例如，组织机构庞大，管理费用高，机构烦琐，总部与分店经理联系困难，生命周期短的产品缺乏市场应变能力。

## 小 结

认识服装不仅要了解服装的款式、设计和流行特点，也要了解服装的分类方法和标准，更要了解服装产品的新工艺、新技术和新发展。服装市场营销方案主要包括服装市场调研、消费者需求分析、市场细分和目标市场选择、市场营销策略四部分。服装销售策略包含了零售策略、价格策略、促销策略和销售渠道策略。服装零售的形式分为店铺零售和非店铺零售，店铺销售要关注人员素质与形象、店铺陈列与营销以及购物氛围的营造等。服装企业的定价方法很多，在确定了基本定价后还要考虑其他有关因素，如消费心理、销售条件、销售数量和销售方式，运用灵活的定价技巧对基本价格进行修正。服装促销策略重点了解如何运用广告、视觉促销等方法把有价值的服装信息传递给消费者；正确选择服装销售渠道是企业营销中面临的重要问题。影响销售渠道的因素有市场特性、产品因素、企业特性、成本因素和环境因素等。一个企业的销售渠道是否畅通，会直接影响服装产品是否能及时销售出去，从而影响产品的销售量和企业的经济效益。

## 【思考讨论】

1. 服装产品的新工艺、新技术和新发展有哪些？
2. 如何进行目标市场选择和市场定位的确定？
3. 服装市场营销的步骤一般有哪几步？如何制订服装市场营销方案？
4. 如何结合市场调研制订正确的服装销售策略？

## 【实训项目】 服装企业营销方案分析

对某一成功服装企业的营销方案或销售策略进行分析和归纳整理并与大家分享。主要包括以下三项。

1. 企业简单介绍。
2. 该企业所采取的营销方案或销售策略。
3. 点评（成功与不足、改进建议等）。

# 任务六　家用纺织品市场与营销方案设计

**知识点**

1. 了解家用纺织品概念。
2. 了解家用纺织品市场基本要素。
3. 掌握主要家用纺织品的面料、基本工艺与规格。
4. 了解营销策划的基本程序。

**技能点**

1. 会进行市场调查与初步预测。
2. 会进行家用纺织品展会营销方案的初步设计。

## 【任务引入】

A品牌是一个年轻的床上用品品牌，成立时间仅为3年，由于其品牌、产品定位具有一定的独特性，其形象产品——色织大提花系列产品，在具有一定收入的白领和成功人士中具有一定的市场。连锁加盟是A品牌的主要销售渠道，但由于A品牌起步较晚，在渠道开拓方面经验积累较少，客户信息来源受到一定限制，销售总量影响了品牌发展和扩展速度。

展会是为展示产品和技术、拓展渠道、促进销售、传播品牌而进行的一种特殊宣传活动，以其品牌快速推广、发展新合格客户、强化竞争能力的特有功能和魅力搭建了企业与客户之间交流的平台，受到家纺企业的高度重视，每年的全国针棉纺织品交易会和中国国际家用纺织品及辅料博览会，成为众多家纺品牌争奇斗艳、炫耀实力、发展加盟商的大舞台。通过市场调研，A品牌认为，每年8月在上海举办的中国国际家用纺织品及辅料博览会，在会议的规模、定位、客流量、成交量及组织工作等方面已经接近国际同类展会的水平，是国内家纺床上用品展示、交流及签约最高水平的平台，有必要通过这次展会，促进新增20～30家加盟商，年销售额增加30%经营目标的完成。

## 【任务分析】

1.分析A品牌家用纺织品营销环境与状况。

2.通过展会展位的设计，展示"4PS"组合优势。

## 【相关知识】　会展经济与家用纺织品

会展经济。会展经济是一种形象说法，是各种类型交流会、洽谈会、展览会、博览会的总称。它是利用一定的地域优势、经济特色、资源优势，由政府或社会团体组织，召集供需双方按照事先确定的时间和地点，举行专业性的或综合性的以产品布展、宣传、交易和服务为内容的特色型经济活动。通过举办各种形式的会议和展览、展销，带来直接或间接经济效益和社会效益的一种经济现象和经济行为。会展经济一般被认为是高收入、高盈利的行业。据专家测算，国际上展览业的产业带动系数大约为1：9，即展览场馆的收入如果是1，相关的社会收入为9。会展经济可分为"政府推动型"（如德国和新加坡）、"市场主导型"（如法国、瑞士和香港）、"协会推动型"（如加拿大和澳大利亚）、"政府市场结合型"（如美国）四大模式。会展经济的作用：首先，可以带动相关产业的发展；其次，为企业开展营销活动提供了一个很好的场所；最后，会展经济能够促进城市的发展，提高城市的知名度和美誉度。

### 一、认识家纺产品

任务一中已对家用纺织品作了详细分类，无论是家用纺织品的广义和狭义之分，还是家用纺织品的行业之分，可用巾、床、厨、帘、艺、毯、帕、线、袋、绒十字概括。家用纺织品处于产业链的终端，是产品实现由生产领域向消费领域转移的关键，其商业分类显得异常重要，从家纺行业的现状与发展趋势来看，已经形成较明显产业集群效应的产品有床上用品、盥洗类产品和覆（遮）盖类纺织品，因此，该任务将重点阐述家用纺织品成品的商业分类、定价方法、渠道开拓及促销方法。

#### （一）家用纺织品

家用纺织品也称作装饰用纺织品。与服装及产业用纺织品既有共同之处，又存在差异，家用纺织品必须具备以下特点。

首先是装饰性。装饰用纺织品顾名思义，是以装饰为主要目的的。因此，能充分实现装饰目的是对这类纺织品的最基本要求，装饰用纺织品的装饰性主要是通过织物的色彩、图案、款式、风格、质感等来体现的。同时，要十分注意同周围环境的协调和装饰对象的协调。

其次是实用性。装饰用纺织品同艺术品不一样，它们是实用纺织品。虽然好的装饰用纺织品或好的装饰设计布置能给人以艺术享受，但它们必须满足实用的要求。其中包括方便使用（如便于施工）、尽量耐用、符合消费者在舒适性方面的要求。

最后是安全性。不仅家用装饰纺织品，而且人群聚集的宾馆、酒店、车船、飞机等场合使用的装饰纺织品必须阻燃，有的还应该防静电、防有害化学物质对人体的伤害等，确保安全可靠。

#### 1. 家用床上用品

（1）基本分类。一般来说，家用床上用品包括如图6-1所示四类产品。

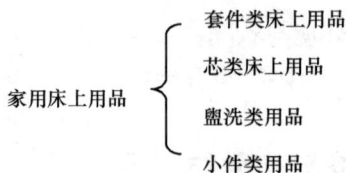

家用床上用品 { 套件类床上用品 / 芯类床上用品 / 盥洗类用品 / 小件类用品

图6-1　家用床上用品分类

①床单。床上用纺织品种类之一，也称作被单。一般采用阔幅、手感柔软、保暖性好的织物，是覆盖床面用的织物；也是一种生活用品，多以纺织品制成，长度比床稍长铺在床垫上方。以纯棉或混纺纱线为原料，采用平纹、斜纹、变化组织或提花组织，在宽幅织机上独幅织制。有全白、素色、彩条、彩格、印花、提花、烂花、绣花等，花型美观、布面平整、手感挺爽、坚牢耐用，是兼有实用性和装饰性的纺织品。

从床单的发展历史看，可以分为中式床单和西式床单，其中中式床单基本以独立形态存在，而西式床单既可以与被套、枕套共同组成套件产品，也可以独立作为床单单独使用。中式床单，一般长度为210～228cm，宽度为150～233cm。以小提花色织条格及印花工艺产品为主，花型布局有边花、中花、长条花、对角花、散花、四角中花（俗称四菜一汤）等。这种床单的市场需求量呈逐渐减少趋势，而西式床单因其具有良好的独立性和配套性，逐渐替代中式床单成为人们生活中常见的用品。床单的长度一般为220～250cm，宽度为180～270cm。该任务中主要讨论的是西式床单。

②盖单。是一种装饰性用的类似床单的产品，一般用于起床后，对铺床装饰效果的提升。铺床时，其一部分铺在被套的下面，而另一部分翻盖在被套的头侧，这部分的长度一般为50～60cm，同时，睡觉时也可作为床单使用，可以独立使用或与床单一起配套于大件套套件中。他们之间的区别在于规格尺寸不一样，盖单的规格尺寸小于床单，长度一般为210～220cm或长度为220～240cm；其次，盖单可以替代床单的大部分使用功能，但床单无法替代盖单的装饰功能；再次，盖单的加工深度明显高于床单，主要体现在翻放被套上面头侧50～60cm部分，通过多种工艺、手法的运用，其图案造型、色彩层次对整套产品的设计主题起到明显提升作用。

③被套。也称作"被罩"，套在被芯外面，起到保护被芯的作用，与被芯呈互为独立的状态，易于脱卸后洗涤、维护。被套传入我国的时间较短，之前用以保护被芯的"被套"，是由两块大小不一、形状相同的纺织品面料，包裹在芯类产品外面，通过人工手工缝制的方法，将面料和芯固定成为一体，被套洗涤时，必须拆掉缝线，这类方法因其使用不便，现已消失。其常见开口方式有侧面开口和脚口两种，闭口方式有系带、纽扣及拉链三种，被套边的处理方法有普通型、嵌线型和飞边型。被套的面料组织结构和加工工艺等与现有常见的床上用品中的件套产品基本一样。

④枕套。枕套与被套一样，传入我国的时间较短，枕套套在枕芯的外面，起到保护枕芯的作用，使用非常便捷，保护作用明显；之前用以保护枕芯的用品，通常称作枕巾，就是通过平铺在枕芯之上，隔离人体与枕芯的直接接触，起到保护枕芯的目的，但因其隔离保护性能差，已在市场上基本消失，枕套的常见开口方式有背面舌式和带式两种，枕套边的处理方法有普通型、嵌线型、飞边型、双边型。被套的面料组织结构和加工工艺等与现有常见的床上用品中的件套产品基本一样。

⑤枕芯。枕芯和枕套组成枕头。枕芯是一种睡眠工具，为了保护颈部的正常生理弯曲，维持人们睡眠时的正常生理活动，枕芯由面料和填料组成，先将两块大小、形状相同的纺织面料缝合成袋的形状，装入填料后缝合而成。为了保持人类睡眠时的舒适程度和透气性，枕

芯必须具备一定的长度、宽度和高度，枕芯的长度一般为60~80cm，宽度一般为40~50cm，高度一般为8~12cm，其填充物一般有化学纤维、羽绒、植物等，枕芯的外型有中高边低型、边高中低型、异型等。

近年来，发展较快的功能枕型，其主要原理是将传统的中高边低型的枕芯改为中低边高型，符合人类头、颈、肩部的曲线变化趋势，使得人在睡眠时，保持脊椎长时间处于直线型，减轻了因脊椎弯曲造成的大脑供血受阻状况，从而提高了人的睡眠质量，而填入的辅助类植物药材对人的睡眠效果只是起到辅助作用。

⑥被芯。由面料和芯料两部分组成。先将两块大小、形状相同的纺织面料缝合成袋的形状，装入填料后缝合而成，是睡觉时用来盖在身上的保暖御寒品。为了保证人类睡觉过程中的舒适性、保暖性及透气性，被芯必须具备一定的长度、宽度和重量，其长度一般为200~240cm，宽度为150~220cm，重量的大小取决于季节、人群、填料种类等因素，填料的种类一般有化学纤维、羊毛、羽绒、蚕丝和再生纤维素纤维。按重量大小可以分为夏被、春秋被和冬被等。

⑦子母被。由两床被子组成，每床被子均设有连接搭扣（分为公扣与母扣），不同厚薄的被子通过搭扣可随意组合出不同厚度的被子，从而将不同厚薄、不同材质的被子进行多种组合，一改传统被子的单一结构和单一功能，能满足各种气温条件的使用要求，厚被适宜春秋季使用，薄被适宜夏季使用，两床被子同时使用适宜冬季使用，其结构简单，操作方便，满足人们的不同需求，大大简化和方便了人们的生活，更能满足现代生活的需求。

二合一子母被，包括子被与母被，两者之间设有数个相互匹配的搭扣。母被上设有母扣，子被上设有公扣，母扣至少为4个，公扣数量与母扣数量相匹配；母被上设有公扣，子被上设有母扣，公扣至少为4个，母扣数量与公扣数量相匹配。

⑧垫芯。垫芯由面料和芯料组成，平铺在床垫、床板的上面。这一类产品基本与被芯类产品相似，但其填料的重量较少，主要起到保护床垫、床板的作用，这类产品习惯称作床护垫或保护垫，一般使用涤纶三维卷曲片状棉，单位面积质量为100~200g/m²，易于洗涤。另一类产品主要为了提高人类睡眠过程中的舒适度，其厚度一般为3~10cm，填料有涤纶三维卷曲定型棉、羽毛、羽绒及海绵、乳胶等。

⑨床盖。床盖是床上用品大件套产品中的标志性产品，大件套与小件套的主要标志就是产品中是否还有床盖，在婚庆类及豪华奢侈类床品中的作用尤为重要。由面料和芯料两部分组成，芯料一般采用120~300g/m²的涤纶三维卷曲棉，其作用是通过覆盖整个床面后，再铺上床单、被套、枕套、被芯、枕芯等用品，对其他产品起到衬托作用，在视觉上提高产品的丰满感、厚重感及层次感，结构为底面一般使用B版面料，正面使用A版面料，中间夹入涤纶三维卷曲定型棉后，通过绗缝、绗绣并按一定规格尺寸裁剪后，在周边部位采用贴、包等工艺将不同工艺效果的面料及饰物，如绣花、仿丝绸印花、蕾丝等装饰边、条、带叠加起来，提高整个产品的外表美观程度及视觉冲击程度。

⑩件套配置。件套配置主要是对床上用品件套类产品中的组成部分、规格及功能的说明，目前，虽然还缺乏这方面的行业指导标准，但从行业的整个供应链的现状出发，件套类

产品的规格统一，一则利于选择与使用，二则利于社会生产效率的提高，同时，也促进了资源利用率的提升，所以，大多数生产企业的大多数产品的规格趋于一致。常见规格见表6-1，配置见表6-2。

表6-1 件套规格

| 序号 | 产品名称 | 规格（cm） | 说明（cm） |
|---|---|---|---|
| 1 | 床单 | 180×220 | 适用于120×200床 |
| 2 | | 230×250 | 适用于150×200床 |
| 3 | | 250×245 | 适用于150×200床 |
| 4 | | 270×245 | 适用于180×200床 |
| 5 | 被套 | 180×220 | 适用于120×200床 |
| 6 | | 200×230 | 适用于150×200床 |
| 7 | | 220×240 | 适用于180×200床 |
| 8 | 枕套 | 48×74 | 适用于所有规格的床，120×200及以下的床可以适当减小 |
| 9 | 靠垫 | 50×50 | 适用于所有规格的床，120×200及以下的床可以适当减小 |
| 10 | | 60×60 | 适用于所有规格的床，120×200及以下的床可以适当减小 |
| 11 | 盖单 | 215×245 | 适用于150×200、180×200的床 |
| 12 | 床盖 | 250×245 | 适用于150×200的床 |
| 13 | | 270×245 | 适用于180×200的床 |
| 14 | 装饰枕套 | 35×50 | 适用于所有规格的床 |
| 15 | 小抱枕套 | $\phi12×60$ | 适用于所有规格的床 |

表6-2 配置表

| 序号 | 产品名称 | | 配置 | | | | | | | | | | |
|---|---|---|---|---|---|---|---|---|---|---|---|---|---|
| | | | 床单 | 被套 | 信封式枕套 | 飞边式枕套 | 单靠垫套 | 绗缝靠垫套 | 床单 | 盖单 | 床盖 | 装饰枕套 | 抱枕套 |
| 1 | 小件套 | 四件套 | ● | ● | | ●● | | | | | | | |
| 2 | | 六件套 | ● | ● | ● | ●● | | | | | | | |
| 3 | | 六件套 | ● | ● | ● | | ●● | | | | | | |
| 4 | | 七件套 | ● | ● | | ●● | ● | | | | | ● | |
| 5 | 大件套 | 八件套 | ● | ● | | ●● | | ●● | | | ● | ● | |

| 序号 | 产品名称 | | 配置 | | | | | | | | | | |
|---|---|---|---|---|---|---|---|---|---|---|---|---|---|
| | | | 床单 | 被套 | 信封式枕套 | 飞边式枕套 | 单靠垫套 | 绗缝靠垫套 | 床单 | 盖单 | 床盖 | 装饰枕套 | 抱枕套 |
| 6 | 大件套 | 九件套 | ● | ● | | ●● | | ●● | | | ● | ● | ● |
| 7 | | 九件套 | ● | ● | | ●● | | ●● | | ● | | ● | ● |
| 8 | | 十件套 | ● | ● | | ●● | | ●● | | ● | ● | ● | ● |
| 9 | | 十一件套 | ● | ● | | ●● | ●● | ●● | | ● | ● | ● | |

从表6-2可以知道，无论是生产者还是消费者，在生产和选择大件套产品过程中，要特别注意大件套产品配置对价格的影响程度。

**2. 常用家纺产品**

（1）件套类产品。套件类床上用品是家用床上用品中最主要的产品，其销售量占总量的60%以上，无论是面料材质，还是款式花型，占用了生产企业大量的资源，在一定程度上，件套类产品的质量和设计水平代表了生产企业的总体实力水平。特别是再生纤维素纤维的成功运用，显著提高了件套产品的视觉效果和服用舒适度，进一步打开了件套类产品的市场空间。件套类产品分类如图6-2所示。

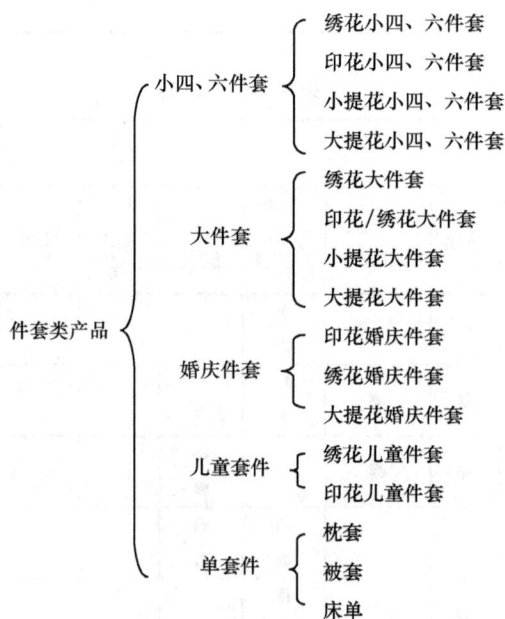

图6-2　件套类产品分类

①绣花件套。绣花床上用品是成套床上用品中最传统的产品，经过20年的发展，生产技术和设备水平不断提高，其产品仍然受到消费者的青睐，绣花工艺使用非常普遍。常见的绣花针法如下。

单针：主要用来刺绣一些较细的线段，常用于走底线或包边，也可用于加饰花板，产生特殊的针迹效果。

挨针：就是最普通的针法，在有些地方称作"平包针"。挨针主要用来填绣较窄的带状图形，挨针的线条感和立体感都很强，覆盖性好。用挨针填充较宽的图形时，针迹线变得蓬松，影响绣品的美观，这是挨针不适宜刺绣较宽图形的原因。

他他米针：主要用于填绣大面积或不规则的封闭图形，它是由特殊排列方式的单针组成的，每一列的针迹都按照一定的偏移值来排列，从而避免在图形中产生明显的分割线。他他米针的针迹排列紧凑、平行。

一般来说，最常见的绣花床上用品件套是以平纹、缎纹染色面料为底，独立使用绣花工艺设计加工而成的绣花小四、六件套，这类产品一般以被套为主要设计对象，利用各种绣花针法及绣花线，通过绣花机将主题花型图案绣在被套中间，主题花型的排布方式一般有中间、对角、上下等。枕套一般采用同一主题的花型图案，排布方式有四边、单角、双角、侧边，考虑到睡眠需要，枕套的中间尽可能不排放花型或尽量减小花型的面积。床单一般在四周绣有与主题有关的花型图案。这类产品属于一般档次的产品，绣花对成本控制要求比较高，采用的针法及针数需较好地兼顾生产效率。

②印花件套。印花件套是件套类床上用品中色彩、花型图案最丰富的产品，由于生产技术和设备水平的不断提高，花型图案题材丰富、造型逼真、视觉冲击力强、颜色艳丽且牢度较高，使用、维护便捷，是套件类产品中的主打产品。常用面料的印染工艺有涂料印花和活性染料印花，前者一般用来生产低档小四件套产品，而后者一般用来生产中、高档小四、六件套产品。一般设计制作印花件套产品时，会采用A/B版两种面料搭配，A版用于被套、枕套正面及床单正面贴边的使用，而B版用于被套、枕套的反面及床单的设计使用。一般印花件套使用的印花面料采用圆网印花机印制而成，因为圆网印花机印制的面料，花型单元较小，面料纵向单元花型图案的周长一般为64cm，横向虽然理论上没有限制，但实际设计过程中，为兼顾单元花型的纵横方向的协调性，横向单元花型图案一般在（64±15）cm的范围之内，所以，在成品制作过程中，不会导致出现花型面积大小、花型方向的失衡问题，面料利用率高，成品生产工艺的设计要求不高，但由于花型单元规格和花型图案的设计空间受到限制，导致成品的差异化程度降低。而平网印花机与圆网印花机印制的面料的优缺点基本相反，所以，较少一部分的高档印花件套，会采用平网印花机印制的面料来制作。

为了提升印花产品的开发深度，弥补印花产品立体质感的不足，在制作印花件套时，会结合绣花工艺提升印花产品的附加值，生产过程中，习惯称这类产品为印/绣花件套，这类产品一般选用印花面积较小的面料为底料，或者使用专门设计的印花面料，以印花面料的图案花型为主题，运用点缀、叠加或补充的方法，使得印花套件的设计更为完美和丰满，这类产品一般有小四、小六件套和七件大件套，七件套中，一般会配置床盖。

③小提花件套。小提花件套相对绣花、印花件套的市场，消费人群要高端一些，其成品一般分为染色和色织小提花件套两种，成品一般以小四、小六件套为主。对色织小提花件套而言，颜色的搭配、条格宽窄充分体现了设计师的创作意图，其成品设计制作过程中，经常在被套、枕套及床单的周边部位，使用A/B版拼接、嵌边、嵌线、贴边、接边等手法，做局部细节的改变；而染色小提花件套色彩相对单调，除了使用上述手法以外，还经常通过绣花图案的点缀，弥补色彩和层次上的欠缺。

④大提花件套。大提花件套是件套床上用品中款式用途最为广泛的产品，也是高档消费群体最青睐的产品，无论是在小四、小六件套中，还是大件套中，生产企业倾注了很大的心血，不但体现企业总体水平，同时也是厚利产品，所以，产品的广度、深度及宽度的挖掘非常充分，价格区间悬殊也非常大，从几百元到几万元的产品都有，客户的可选择余地非常大，面料主要选用棉/黏胶、棉/涤染色大提花面料，全棉色织大提花面料和真丝大提花面料，这类产品无论是小四、小六件，还是大件套，其基本设计思路，以大提花面料为底，通过多种绣花技法及拼、贴、折、剪等工艺体现设计思想，值得一提的是，除了婚庆大提花件套以外，在应用其他技术、工艺时，必须兼顾装饰性与实用性，其中实用性尤为重要。

⑤婚庆件套。婚庆件套总是设计师们乐此不疲的设计主题，婚庆类床上用品件套的设计与其他件套的设计在方法上具有较明显的差异，在兼顾产品装饰性与使用性方面，装饰性的权数较实用性要大一些，如婚庆件套中除了使用常见的绣花方法以外，还运用了如贴布绣、绳绣、盘带绣、金属片绣及涤纶针织纱、流苏等技法及饰物，这类产品中，中低档产品一般使用金银粉涂料印花面料和活性染料印花面料，高档产品一般使用棉/黏胶、棉/涤大提花染色面料，由于婚庆类件套主要以纯度较高的大红、酒红及玫瑰红色为主，色织大提花面料的使用受到一定的限制。这类产品种类较为齐全，包括小四、小六件和大套件，不过大件套产品是婚庆套件中最为耀眼的产品。

⑥儿童件套。儿童件套是目前床上用品市场上较为薄弱的一个产品，由于其市场需求总量的限制，很多床上用品企业只是将这类产品作为辅助类产品，产品的种类也较少，一类以斜纹面料、活性染料印花面料制作的三、四件套，大多数为卡通、童话类题材；另一类以斜纹面料为底，通过常见的绣花手法体现设计主题，考虑到儿童产品的服用性能，其绣花面积和针数不宜太大、太密，所以，贴布绣成为儿童绣花类套件产品中最常用的手法。

（2）芯类产品。芯类产品是床上用品中第二大类产品，占床上用品市场总需求量的30%，无论是芯类产品的面料部分，还是填料部分，随着各类新型纤维的开发成功，如天丝、竹纤维、大豆纤维、玉米纤维、牛奶纤维等的运用，其产品的透气性、舒适性指标有了明显上升，而传统的棉花、蚕丝、羽绒及羊毛产品随着生产技术和设备水平的不断提高，通过不断的产品升级换代，除了棉花被市场需求量下降以外，其余产品仍然占据了芯类产品市场的主要地位，特别是蚕丝类产品。芯类产品中，由于大多数芯类产品被缝合在面料里面，具有不可见性，鱼目混珠、以次充好的现象损坏了消费者利益，消费者可以通过阅读吊牌、洗标的标注进行判断，国家标准规定对填料的种类、重量应有标注。芯类床品分类如图6-3所示。

芯类床上用品
- 被芯类床上用品
  - 化纤类被芯
  - 蚕丝类被芯
  - 羊毛类被芯
  - 羽绒类被芯
- 枕芯类床上用品
  - 化纤类枕芯
  - 羽绒类枕芯
  - 蚕丝类枕芯
  - 植物类枕芯
- 垫芯类床上用品
  - 靠类垫芯
  - 垫类垫芯
- 装饰芯类床上用品
  - 柱形装饰芯
  - 长方形装饰芯
  - 芯形装饰芯

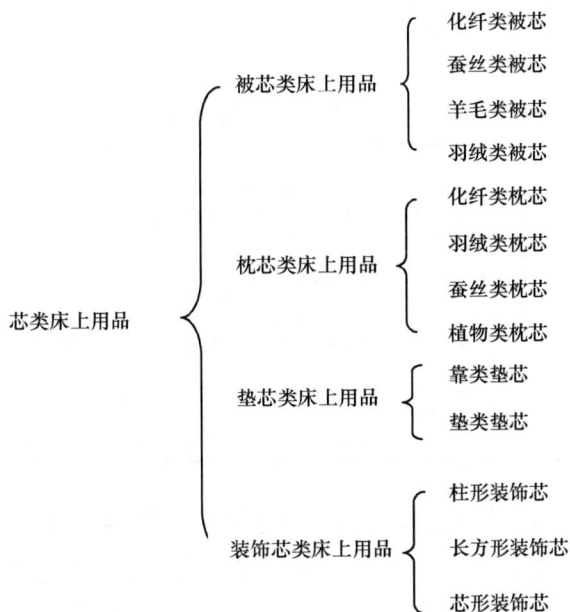

图6-3　芯类床品分类

①化学纤维枕芯。化学纤维枕芯的面料主要以全棉染色类平纹、斜纹面料为主，主要产品见表6-3。

表6-3　化学纤维枕芯产品

| 序号 | 产品 | 规格（cm） | 说明 |
| --- | --- | --- | --- |
| 1 | 三维卷曲单孔枕 | 48×74（650～900g） | 填料有絮状、片状及珍珠状 |
| 2 | 三维卷曲四孔枕 | 48×74（650～900g） | 填料有絮状、片状及珍珠状 |
| 3 | 三维卷曲七孔枕 | 48×74（650～900g） | 填料有絮状、片状及珍珠状 |
| 4 | 功能枕 | 48×74三维四孔棉650～750g，植物150～250g | 主要植物有菊花、决明子、荞麦、薄荷、茉莉花等 |

②羽绒枕芯。羽绒枕芯面料主要采用146dtex×146dtex（40英支×40英支）523根/10cm×394根/10cm或经纬密度更大的经防羽绒处理后的面料。羽绒枕芯产品见表6-4。

表6-4　羽绒枕芯产品

| 序号 | 产品 | 规　格 | 说明 |
| --- | --- | --- | --- |
| 1 | 鸭绒枕 | 48×74（1000～1400g） | 白鸭毛，含绒量10%～30% |
| 2 | 鹅绒枕 | 48×74（1000～1400g） | 白鹅毛，含绒量10%～30% |

③植物枕芯。随着人们对健康绿色产品的青睐，很多植物，如：荞麦壳、蒲绒等植物被

广泛运用于枕芯填料。产品见表6-5。

表6-5　植物枕芯

| 序号 | 产品 | 规格 | 说明 |
|------|------|------|------|
| 1 | 普通荞麦枕 | 48×74（2400g） | 荞麦壳直接灌入 |
| 2 | 化学纤维/荞麦枕 | 48×74（150~300g） | 二层或三层结构，下层或中间层填入三维卷曲棉，上面或上下两层填入荞麦 |
| 3 | 缓流式荞麦枕 | 48×74（2000g） | 枕芯中间隔成若干个互通的空间，然后灌入荞麦壳 |
| 4 | 蒲绒枕 | 48×74（1400g） | 蒲绒直接灌入 |
| 5 | 化学纤维/蒲绒枕 | 48×74（600g） | 双层结构，上层灌入蒲绒，下层灌入三维卷曲棉 |

④化学纤维被芯。化学纤维被芯类产品主要有三维卷曲和非三维卷曲化学纤维类两种填料，三维卷曲类产品使用的填料为三维卷曲棉，或者是三维卷曲棉与再生纤维素纤维混合棉，一般情况下不会产生钻毛现象，面料的可选性较大，任务四中介绍的面料都可以选用，商品名称有单孔被、四孔被、七孔被和大豆被、牛奶被、玉米被等。非三维卷曲棉类的涤纶超细纤维，其面料必须使用羽绒芯类产品的面料，其商品名称有仿丝绵被、仿鹅绒被等。

化学纤维被芯类产品见表6-6。

表6-6　化学纤维被芯类产品

| 序号 | 产品 | 规格（cm） | 说明 |
|------|------|------------|------|
| 1 | 三维卷曲类、三维卷曲棉/再生纤维素纤维类夏被芯 | 150×200、180×220、200×230（80~100g/m²） | 后者中的大豆、玉米、牛奶等再生纤维素纤维占比10%~30%，前者一般采用絮棉工艺，后者采用片状棉工艺 |
| 2 | 三维卷曲类、三维卷曲棉/再生纤维素纤维类春秋被芯 | 150×200、180×220、200×230、220×240（250~300g/m²） | 后者中的大豆、玉米、牛奶等再生纤维素纤维占比10%~30%，前者一般采用絮棉工艺，后者采用片状棉工艺 |
| 3 | 三维卷曲类、三维卷曲棉/再生纤维素纤维类冬被芯 | 150×200、180×220、200×230、220×240（320~450g/m²） | 后者中的大豆、玉米、牛奶等再生纤维素纤维占比10%~30%，前者一般采用絮棉工艺，后者采用片状棉工艺 |
| 4 | 非三维卷曲类（涤纶超细纤维）春秋被芯 | 150×200、180×220、200×230、220×240（250~300g/m²） | 将被壳分割成若干个空间后填入芯料 |
| 5 | 非三维卷曲类（涤纶超细纤维）冬被芯 | 150×200、180×220、200×230、220×240（320~450g/m²） | 将被壳分割成若干个空间后填入芯料 |

⑤蚕丝被芯。蚕丝被芯有桑蚕丝和柞蚕丝被芯两种，由于两者在丝的长度、白度、光泽及弹性方面存有较大差异，造成了价格悬殊。蚕丝被对面料也没有特殊要求，但一般桑蚕丝被芯的面料要优于柞蚕丝被芯的面料。蚕丝被芯产品见表6-7。

表6-7　蚕丝被芯产品

| 序号 | 产品 | 规格（cm） | 说明 |
|---|---|---|---|
| 1 | 桑蚕丝夏被芯 | 150×200、180×220、200×230、220×240（100～120g/m²） | 手工或机器点绗 |
| 2 | 桑蚕丝春秋被芯 | 150×200、180×220、200×230、220×240（250～300g/m²） | 手工或机器点绗 |
| 3 | 桑蚕丝春秋冬被芯 | 150×200、180×220、200×230、220×240（320～450g/m²） | 手工或机器点绗 |
| 4 | 柞蚕丝夏被芯 | 150×200、180×220、200×230、220×240（100～120g/m²） | 机器满地绗缝 |
| 5 | 柞蚕丝春秋被芯 | 150×200、180×220、200×230、220×240（250～300g/m²） | 机器满地绗缝 |
| 6 | 柞蚕丝春秋冬被芯 | 150×200、180×220、200×230、220×240（320～450g/m²） | 机器满地绗缝 |

⑥羽绒被芯。羽绒被芯可分为鸭绒、鹅绒被芯两种。一般来说，由于鹅绒朵绒体积大小对保暖性影响的差异，造成了价格悬殊，但两者在保暖性方面的差异要小于价格的悬殊。制作被芯时，主要采用146dtex×146 dtex（40英支×40英支），523根/10cm×394根/10cm或经纬密度更高的经防羽处理后的面料。羽绒被芯产品见表6-8。

表6-8　羽绒被芯产品

| 序号 | 产品 | 规格（cm） | 说　明 |
|---|---|---|---|
| 1 | 薄鸭绒被芯 | 150×200、180×220、200×230、220×240（250～300g/m²） | 水洗白鸭绒，含绒量90%，有切穿、立体机充绒和手工立体充绒三种工艺 |
| 2 | 厚鸭绒被芯 | 150×200、180×220、200×230、220×240（350~400g/m²） | 水洗白鸭绒，含绒量90%，有切穿、立体机充绒和手工立体充绒三种工艺 |
| 3 | 薄鹅绒被芯 | 150×200、180×220、200×230、220×240（200~250g/m²） | 水洗白鹅绒，含绒量90%，有切穿、立体机充绒和手工立体充绒三种工艺 |
| 4 | 厚鹅绒被芯 | 150×200、180×220、200×230、220×240（280~320g/m²） | 水洗白鹅绒，含绒量90%，有切穿、立体机充绒和手工立体充绒三种工艺 |

⑦羊毛被芯。羊毛被芯类分为国产羊毛和进口羊毛，进口羊毛主要来自于新西兰和澳大利亚，评定羊毛品质的主要因素是细度、长度、卷曲、色泽、强度以及草杂含量等。制作羊毛被芯时，主要采用146dtex×146dtex（40英支×40英支），523根/10cm×394根/10cm或经纬密度更高的经防羽处理后的面料。羊毛被芯产品见表6-9。

表6-9　羊毛被芯产品

| 序号 | 产品 | 规格（cm） |
|---|---|---|
| 1 | 薄羊毛被芯 | 150×200、180×220、200×230、220×240（320～420g/m²） |
| 2 | 厚羊毛被芯 | 150×200、180×220、200×230、220×240（420～540g/m²） |

⑧床垫芯。床垫芯的作用有两种，一种是保护床垫、床板的作用，另一种是提高睡眠舒

适程度。作用不同，其制作工艺也有较大差异。床垫芯产品见表6-10。

表6-10　床垫芯产品

| 序号 | 产品 | 规格（cm） | 说明 |
|---|---|---|---|
| 1 | 片状保护垫 | 120×200、150×200、180×200（80~200g/m²） | 两面面料，中间三维卷曲定型棉后绗缝为一体，不可脱卸 |
| 2 | 笠式保护垫 | 120×200×28、150×200×28、180×200×28（80~200g/m²） | 两面面料，中间三维卷曲定型棉后绗缝为一体，不可脱卸 |
| 3 | 保暖舒适垫 | 150×200×5、180×200×5（500~600g/m²） | 中间三维卷曲定型棉，面料做成套子后，再将定型棉套入，可脱卸 |

### （二）酒店纺织品

酒店纺织品与家用纺织品在使用过程中，由于使用方法、洗涤维护方法等方面的差异，导致了两者在面料选择、款式设计、制作工艺等方面的不同选择。

**1.基本分类**　随着酒店发展的需要，各类酒店纺织品不断升级换代，新的产品不断产生，这里对常用的酒店纺织品不再作阐述。酒店纺织品的分类如图6-4所示。

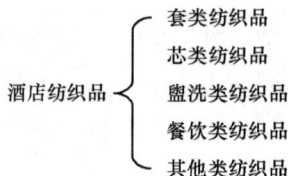

酒店纺织品 {
　套类纺织品
　芯类纺织品
　盥洗类纺织品
　餐饮类纺织品
　其他类纺织品
}

图6-4　酒店纺织品的分类

（1）布草。布草的英文为linen，属于酒店专业用语，这个名称最早是由一名英籍人士翻译的，由香港一家酒店管理有限公司最先使用，后来逐渐被我国内地酒店借鉴。布草是酒店客房部对酒店纺织品的通称，酒店布草泛指现代酒店里差不多一切跟"布"有关的东西，包括床上用品如被套、被芯、床单、床罩、枕套、枕芯、床笠、床裙、床尾垫、保护垫，毛巾类用品如面巾、方巾、浴巾、地巾、浴袍及餐厨类用品中的桌布、餐巾、椅套、台裙等，窗帘等覆（遮）盖类也包含在内。

（2）床旗。属于客房布草，床旗也称作"床尾巾"，由A、B版两种面料缝合而成，A版面料等于或小于B版面料，A版一般选用色彩较为丰富的纺织品面料，如涤纶大提花色织面料、印花面料；B版选用染色面料，如涤纶小提花染色面料，其宽度一般为50~80cm，长度为床宽度加上40~45cm。考虑到酒店纺织品洗涤后，必须保持较好的尺寸稳定性和不褪色的性能要求，面料一般选用涤纶面料，这类产品一般摆放在床尾部，起到装饰客房空间的效果。

（3）床裙。属于客房布草，将纺织面料缝制成由1个顶平面和4个侧立面的五面罩状物，罩在床座上，起到保护床座和装饰客房空间的效果，其规格尺寸与床座接近，如

150cm×200cm×28cm床座，其床裙的规格尺寸为152cm×202cm×26cm，面料一般选用涤纶小提花染色面料，款型有普通型、百剪型、角腰剪型。

（4）桌旗。属于餐饮布草，制作工艺要求与床旗的基本一致，放于餐桌上时，摆放在桌布上面的居中位置，起到装饰台面的效果，其宽度一般为45～55cm，长度一般为餐桌的直径或条桌长度加上桌子的高度后，再减掉3～5cm。

（5）台呢。属于餐饮布草，一般选用全毛、黏毛及涤纶厚重呢料，按要求裁成四边形或制作成五面罩状物，平铺在长条桌上，罩在桌子上，一则可以装饰桌面效果，二则可以减少摆放用具时与桌面的碰撞。酒店一般在举办大型活动时，将一张张长条桌拼放成各种规格大小不一的大桌面，铺上台呢后使用，如自助餐台；而召开各种会议时，会将一张张长条桌，按横排竖列排放，也可一字形收尾连接按排排放，最常见的长条桌规格尺寸有45cm×180cm×75cm，相对应的片状台呢规格尺寸为145cm×330cm，罩式台呢规格尺寸为上平面45cm×180cm，左右侧面45cm×75cm，前侧面180cm×75cm，后侧面180cm×20cm。

（6）擦杯布。属于餐饮布草，一般选用292～364dtex（20～16英支）的麻、棉麻纱织造而成的面料，主要用于酒店餐具的擦拭，去除餐具在烘干过程中遗留在餐具上的水渍，使得餐具更为洁净光亮，中特纱麻纤维具有较好的摩擦力，利于餐具擦拭过程中水渍的去除。这类产品的规格尺寸为40～60cm，一般采用色织工艺织造而成，为了区分使用班组的不同，将擦杯布织成红白、黄白、蓝白、绿白相间的四种色织面料。

**2.套件类布草** 酒店客房用布草中，件套类产品由枕套、被套和床单组成，考虑到酒店布草的耐洗涤问题，无论是面料还是款式相对简单统一，虽然酒店套件类布草的规格尺寸也缺乏统一的行业指导标准，但各酒店使用的套件类布草的规格尺寸基本接近，但GB/T 14308—2010《饭店星级的划分与评定》推荐使用全棉面料的规定对产业发展产生了很大影响。但是，涤棉混纺织物以其良好的耐洗涤性和外观质量，仍然具有很高的实用价值，而对于再生纤维素纤维，由于在认识上存在湿强力低于棉的误区，把传统的黏胶纤维与新型再生纤维素混淆起来，新型再生纤维素纤维没有得到很好的开发和利用。套件类布草产品见表6-11，规格见表6-12。

表6-11 套件类布草产品

| 序号 | 面料 | 成品门幅（cm） | 用途 |
|---|---|---|---|
| 1 | 14.6tex×14.6tex（40英支×40英支）110根/10cm×90根/10cm平纹 | 250～320 | 床单 |
| 2 | 14.6tex×14.6tex（40英支×40英支）140根/10cm×120根/10cm缎条 | 250～320 | 被套、枕套、床单 |
| 3 | 9.7tex×14.6tex（60英支×40英支）184根/10cm×122根/10cm缎条 | 250～320 | 被套、枕套、床单 |
| 4 | 9.7tex×14.6tex（60英支×40英支）173根/10cm×120根/10cm缎条、缎纹、大提花 | 250～320 | 被套、枕套、床单 |
| 5 | 9.7tex×9.7tex（60英支×60英支）200根/10cm×（75+75）根/10cm缎纹 | 250～320 | 被套、枕套、床单 |
| 6 | 9.7tex×7.3tex（60英支×80英支）200根/10cm×（92+92）根/10cm缎纹 | 250～320 | 被套、枕套、床单 |
| 7 | 9.7tex×7.3tex（60英支×80英支）173根/10cm×（110+110）根/10cm大提花 | 250～320 | 被套、枕套、床单 |

表6-12  套件类布草产品规格

| 序号 | 产品名称 | 规格（cm） | 说明（cm） |
|---|---|---|---|
| 1 | 枕套 | （48×78）+5、48×110 | 所有规格的床 |
| 2 | 床单 | 190×280 | 120×200床 |
| 3 |  | 250×290 | 150×200床 |
| 4 |  | 290×290 | 180×200床 |
| 5 | 被套 | （185×235）+5 | 120×200床 |
| 6 |  | （215×235）+5 | 150×200床 |
| 7 |  | （245×235）+5 | 180×200床 |

　　一般来说，床单的宽度等于床的宽度加80～110cm，长度等于床的长度加80～100cm；被套的长宽度等于被子的长宽度加5～10cm，具体视面料而定。

　　**3．芯类布草**　芯类布草的种类较为简单，常用的有化学纤维类和羽绒类两大类，化学纤维类被芯产品又可以分为三维卷曲涤纶类和非三维卷曲涤纶类，考虑到酒店客房的恒温恒湿性，被芯的保暖性要求不高，填充物的用量相对要少一些，但芯类产品的透气性、服用舒适性及不易变形性要求较高。羽绒类产品和非三维卷曲类产品，一般采用146dtex×146dtex（$40^s×40^s$），523根/10cm×394根/10cm或经纬密度更高的经防羽处理后的面料，防止钻绒现象的产生。酒店芯类纺织品的分类如图6-5所示，芯类布草产品见表6-13。

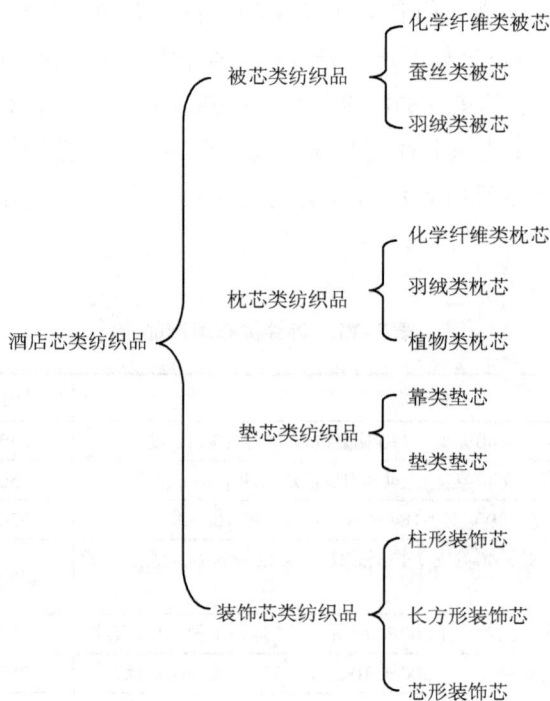

图6-5  酒店芯类纺织品分类

表6-13 芯类布草产品

| 序号 | 产品名称 | 规格（cm） | 说明 |
|---|---|---|---|
| 1 | 化学纤维类枕芯 | 45×75（650~800g） | 三维卷曲单孔与四孔混合棉，每床2只 |
| 2 | 羽绒枕芯 | 45×75（1100~1400g） | 10%~30%鸭绒、鹅绒 |
| 3 | 鸭绒被 | 180×230、210×230、240×230（200~250g） | 水洗白鸭绒、鹅绒，含绒量90%，有切穿、立体机充绒和手工立体充绒三种工艺 |
| 4 | 鹅绒被 | 180×230、210×230、240×230（150~200g） | |
| 5 | 三维卷曲类被芯 | 180×230、210×230、240×230（250~350g） | 三维卷曲单孔、四孔、七孔混合棉 |
| 6 | 非三维卷曲类（涤纶超细纤维）被芯 | 180×230、210×230、240×230（250~350g） | 涤纶超细纤维 |

一般来说，被子宽度等于床的宽度加60cm，长度等于床的长度加30cm。

4. **盥洗类布草** 盥洗类布草主要分为巾类和浴衣类，以全棉为材质，GB/T 14308—2010《饭店星级的划分与评定》及酒店实际使用过程中，其产品定位的高低都是通过规格尺寸和重量的不同来区分。图6-6为盥洗类布草分类，其产品规格等信息详见表6-14。

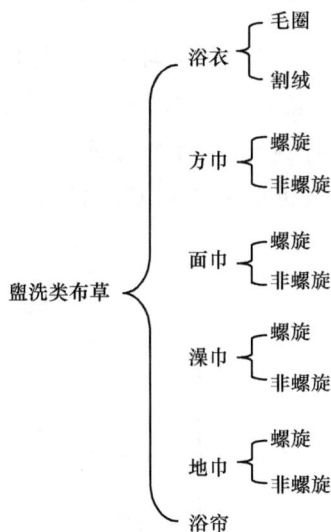

图6-6 盥洗类纺织品分类

表6-14 盥洗类布草产品

| 序号 | 产品名称 | 规格（cm） | 说明 |
|---|---|---|---|
| 1 | 大浴巾 | 80×140，750g | GB/T 14308—2010《饭店星级的划分与评定》制定的加分规定 |
| 2 | 面巾 | 35×75，180g | 重量、规格必须大于规定要求182dtex（32英支）或螺旋364dtex（16英支），含棉量为100% |
| 3 | 地巾 | 50×80，450g | |

| 序号 | 产品名称 | 规格（cm） | 说明 |
|---|---|---|---|
| 4 | 方巾 | 32×32，55g | |
| 5 | 大浴巾 | 70×130，500g | |
| 6 | 面巾 | 30×60，120g | |
| 7 | 地巾 | 40×70，320g | GB/T 14308—2010《饭店星级的划分与评定》制定的加分规定<br>重量、规格必须大于规定要求182dtex（32英支）或螺旋364dtex（16英支），含棉量为100% |
| 8 | 方巾 | 30×30，45g | |
| 9 | 大浴巾 | 60×120，400g | |
| 10 | 面巾 | 30×55，110g | |
| 11 | 地巾 | 35×65，280g | |
| 12 | 浴袍 | 长度为110～140cm<br>重量为1000～1400g | 割绒、毛圈两种 |

5.餐饮类布草　餐饮类布草因其环境的需要和耐剧烈洗涤条件的要求，对产品的吸水性、快干性、不易褪色性及颜色丰富性具有特殊要求，所以，餐饮布草中除了少部分使用全棉面料制作而成，大部分选用涤纶面料制作而成，其中，异型涤纶面料以其良好的吸水快干的性能很可能成为未来餐饮布草中的新宠。餐饮类布草分类如图6-7所示，产品见表6-15。

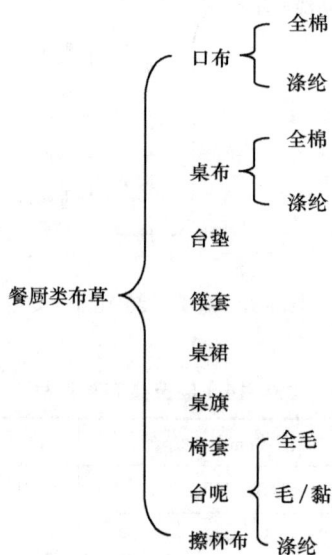

图6-7　餐厨类布草分类

表6-15　餐厨类布草

| 序号 | 产品名称 | 规格（cm） | 说明 |
|---|---|---|---|
| 1 | 口布 | 51×51、56×56 | |
| 2 | 上桌布 | 直径为220、240、260 | |
| 3 | 底桌布 | 直径为300、320、340 | 以直径为160cm、180cm、200cm为例 |
| 4 | 台垫 | 30×40 | |
| 5 | 桌裙 | 73×510、73×580、73×650 | |
| 6 | 桌旗 | 50×230、50×250、50×270 | |
| 7 | 擦杯布 | 40×60、40×80 | |

一般来说，底桌布的直径等于相对应桌子的直径加2倍的餐桌高度，再减去5cm，上桌布的直径等于相对应桌子的直径加20~30cm；而西餐桌台布的长宽度等于餐桌的长宽度加上20~30cm，如使用台芯布，则台芯布的2条对角线长度应小于相对应台布的长度和宽度。

### （三）窗帘

窗帘是用布、竹、苇、麻、纱、塑料、金属材料等制作的遮蔽或调节室内光照挂在窗上的帘子。其主要功能有保护隐私、利用光线、装饰及降低噪声等。随着窗帘的发展，它已成为居室不可缺少的、功能性和装饰性完美结合的室内装饰品。窗帘种类繁多，常用的品种有布窗帘、纱窗帘、无缝纱帘、直立帘、罗马帘、木竹帘、铝百叶、卷帘，窗帘虽然种类繁多，但大体可归为成品帘和布艺帘两大类。

布艺帘是由纺织面料设计缝纫制成的窗帘，是家庭、酒店和其他公共场所最常见的产品，一般来说，窗帘由纱帘、遮光帘、内布帘和打褶带、轨道组成，可根据不同的需求选择。窗帘轨道有窗帘滑轨和窗帘杆，滑轨一般安装在窗帘盒内；窗帘杆本身是装饰品，可直接安装在墙面上。

1. **平拉式窗帘**　这是一种最普通、最常见、最实用的窗帘式样。这种式样比较简洁，无任何装饰，大小随意，悬挂和掀拉都很简单，适用于普通家庭及酒店客房大多数窗户。它分为一侧平拉式和双侧平拉式。以高度为260cm，宽度为320cm的窗户墙面为例说明窗帘制作规格。平拉式窗帘产品见表6-16。

表6-16　平拉式窗帘产品

| 序号 | 规格（cm） | 打剪比例 | 说明 |
|---|---|---|---|
| 纱帘 | 255×320 | 1:2 | 使用打剪带、金属单钩，将窗帘悬挂于轨道钩上，纱帘、内布帘面料门幅为280cm |
| 内布帘 | 255×320 | 1:2 | |
| 遮光帘 | 240×160 | 1:1 | 使用尼龙子母刺带黏接于内布帘的里面，遮光面料门幅为150cm |

2. **幔帘式** 这种式样要复杂一些，但装饰效果更好，它可以遮去比较粗糙的窗帘轨及窗帘顶部与房顶的距离，使室内更整齐漂亮。这种类型是在平拉式窗帘的顶部加上高度为30~50cm的幔帘，俗称"帘头"。适用于面积较大，装修豪华的卧室使用。

3. **罗马帘** 罗马帘的制作工艺较为复杂，常用于家居和酒店等高档娱乐休闲场所，一般家庭较少使用。罗马帘按形状可分为折叠式、扇形式、波浪式等。折叠式罗马帘由内布帘面料、金属条、轨道及拉线控制系统组成，将金属条按一定间距平行缝订在面料的反面，拉线与最下端金属条固定后，再穿过每条金属上的O形尼龙圈后，与顶端的控制器相连，窗帘升起的高度可以通过拉线任意调节。扇形帘的制作原理基本与折叠帘相似，只是窗帘下端30~50cm部分的金属的长度及缝订位置有所不同。波浪式罗马帘制作工艺为，将长方形面料裁剪成梯形状，再将两腰按一定比例打褶后，显现下弧形形状，最后，再将$n$个下弧形状的窗帘连接而成。

## 二、我国家用纺织品的发展现状与趋势

### （一）我国家用纺织品的发展现状

#### 1. 总体概况

从20世纪90年代初开始，家用纺织品概念逐步走向丰满和完善；随后，家用纺织品制造业实现了结构转型，在内需外求的推动下进入高速发展时期，并形成了一批上规模的产业集群。目前，主要家用纺织品产业集群的分布：浙江和广东的装饰面料产业集群；江苏、上海、广东的床上用品产业集群；山东、河北的巾类产业集群；而其余大类产品还未形成明显的地域优势。

"十二五"期间，中国家用纺织品产值年均增长力争达到8%，出口额年均增长7.5%。到2015年，纤维消耗量达1500万吨，预计年均增长4.5%。

国内家用纺织品的城市主要销售渠道为大、中型百货店专柜，连锁加盟店，超市，专业批发市场等；农村主要销售渠道为集贸市场、小型商店、批发市场等。

城市销售的家用纺织品品种主要集中在国内具有一定规模的原创品牌和国际贴牌家纺产品，其产品以中、高档为主，这类品牌是我国家纺市场中的生力军；农村市场以小规模企业生产的产品及部分家纺品牌产品为主，其产品以中、低档为主，但未来发展空间较大；国际家纺品牌产品由于价格昂贵，主要集中在北京、上海等特大型城市的顶级商场销售，满足部分高收入家庭使用需要。家用纺织品产品线中的儿童产品和老年产品还有待开发。

我国家纺市场在快速发展过程中仍然存在着许多不足，随着发展速度的逐渐放缓，品牌之间面临着新一轮的竞争，这一轮竞争的形态会实现从简单产品、服务竞争到文化、理念和标准竞争的转变，也是我国家纺品牌从知晓期过渡到知名期的重要阶段，同时，也为各个品牌参与市场竞争打开了空间。

#### 2. 与国际水平的差距

（1）急需引导消费理念，调整产业结构。我国的家纺产品与发达国家的相比仍处于初级阶段。家纺产品占纺织品总消费量的比例逐步提升，但与发达国家相比，我国消费差距仍

然很大，需要通过消费理念的改变，强化家纺产品的装饰性、季节性、时尚性等属性功能，提高家纺产品的消费速度。

（2）有待提升附加值，增强出口产品竞争力。随着纺织科技的进步，家纺产品本身具有的高科技含量与高附加值已成为家纺行业一个新的经济增长点，增加了我国家纺行业出口空间，加强了国际竞争力。2014年，全国家纺出口总体呈现小幅增长，出口额累计达283.3亿美元，增长4%，出口均价为2.9美元/件（或套），同比增长1.2%。而我国家纺行业的纤维消耗量占比约为1/3，但产值却只占三大产业产值的25%左右，虽然近年来的生产设备及技术有了较大幅度提高，部分产品的内在品质指标接近或达到国际水平，但由于在品牌文化、设计理念、环保技术等方面的差异，导致设计人员匮乏，创新能力不强，缺乏科学的创新开发思维模式，设计理念陈旧等弊端使得我国的家纺产品在花型设计、产品的后整理、舒适性及环保等方面与国际家纺企业存在着很大的差距。家纺产品附加值低于全国平均水平，有待通过技术创新、品牌创新、文化创新能力提升得到解决。

（3）迫切要求提高产品质量，打破贸易壁垒。我国加入WTO以后，很多国际贸易壁垒虽已消除，但是，新的国际贸易壁垒接踵而至，尤其是环境和安全方面的壁垒，在很大程度上削弱了我国家纺产品在国际市场上的竞争力，欧盟和美国市场尤为突出。在家用纺织品领域，主要存在着两类绿色技术壁垒和职业健康安全标准，一类是针对家用纺织品从设计生产到报废回收的全过程中，由环境的影响所设置的壁垒，主要指要求企业建立实施环境管理体系及对产品实施环境标志和声明；另一类壁垒则是由产品本身对消费者的安全和健康的影响所引发的，即要求家用纺织品不能对消费者的健康产生影响。目前，涉及新贸易壁垒的主要标准有ISO 14000环境管理体系认证、OHSAS 18001职业健康安全管理体系认证和 OKO-Tex Sandard100（生态纺织品标准100）等。近年来，家用纺织品标准的水平提升较快，一些标准中的重要技术指标参数缩小了我国与国际标准的差距，近年来官方公布的抽查数据显示，产品的合格率总体水平还有待提高，与产品质量的稳定与提高相比，标准与国际接轨更为艰难。

**（二）我国家用纺织品的发展趋势**

创新是决定企业生存和发展的最关键因素，没有创新，就没有企业的发展，也就没有社会经济的发展。我国家用纺织品行业在进行产品开发时必须注意理论与模式创新、技术创新及设计创新，克服思维定式的束缚，引入新概念。

1. **由单一功能向多功能方向发展**　随着经济的持续增长、人民生活水平的提高和健康意识的增强，人们对家纺产品的要求越来越高，家纺产品的开发也从原来的只重视外表的美观性、装饰性发展为功能与美观并重。重视安全、卫生、健康、环保的复合型功能性家纺产品的创新开发，就必须打破陈旧的设计理念，打破行业领域和科学领域的界限，建立科学的产品创新思维模式，使家纺产品在功能等各个方面得到彻底改变。复合型功能性家纺产品的最终功能，一方面是指具有家纺产品的实用、美观功能；另一方面也同时具有家纺产品的特殊功能，比如安全化功能（抗菌、阻燃、防静电、预测、报警等）、智能化功能（人体与环境信息预测、自动调光调色、自动调节温湿度、自动调节空气清晰度等）、人性化功能（柔软、舒适、吸湿、透气、干爽、润滑等）、卫生化功能（防螨虫、防蚊虫、理疗、减肥、防褥疮等）。这类家纺产品具有很高的科技含量和附加值，如地毯的创新开发，除要具有抗污性、舒适性等功能之外，还必须具有抗静电性和阻燃性。据统计，50%以上的住宅火灾事故是因家纺产品不阻燃而引起或扩大的。现代的地毯不仅需具有阻燃性，符合相关的燃烧性标准，同时人们在地毯上行走时，鞋底与绒面摩擦易产生静电，使得有一种轻微的电击感、毯面沾尘，伴有缠脚的感觉，因而人们希望家纺产品能具有抗静电性。

2．向生态型方向发展　"绿色消费""绿色产品"的浪潮已在国际纺织界掀起，健康和环保成为人类可持续发展的主题，人们对家纺产品在生产、穿着和使用中的安全性提出了更高的要求。人们开始关注家纺产品对人类健康和环境保护的重要性，同时为了国家经济利益，美国、欧盟等国家和地区出台了一系列生态纺织品标准，对有害物质在纺织品上的残留量、极限值和禁用的化学染料做了严格规定，即所谓的"绿色标签"。在这种情况下，我国的家纺产品将经受严峻的考验，成为家纺产品走向国际的最大难题之一，但这也是扩大国际市场份额的最有效途径之一。目前，我国家纺行业发展生态纺织品的当务之急就是加强企业的生态意识，设立专业权威的国家检测机构，尽快完善相关的生态法规，采用高新技术如纳米技术、微电子技术、生物技术等大力研制和开发生态纺织品，以适应国际消费趋势。

3．大力弘扬家用纺织品文化内涵　文化是家纺产品设计的灵魂，家用纺织品文化追随服装文化其后，已在全球范围内悄然形成。家纺产品市场上的新产品的个性化、时尚化很强，它不仅是一种艺术用于体现人的性格、情趣、修养、文化品位，而且对人的身心健康都有调节和保健作用。因此，家纺文化作为室内的软装饰文化，必须有其深厚的文化内涵。而我国的家纺产品还存在设计陈旧、缺乏个性化和时尚感的弊端，有些则是盲目模仿西方的图案，缺乏民族性。因此，家用纺织品企业要大力倡导家用纺织品文化，在以人为本，强调个性化设计的同时，弘扬民族文化，融入现代时尚元素，开拓自主创新的领域。

4．实行品牌策略，以品牌主导市场　品牌是企业文化的集中体现，是企业的形象，是企业核心竞争力的总和，是企业技术力量和经济素质、产品内在质量与外在形式的综合反映。纵观当今世界家纺产品主要生产国，无不以名牌产品称霸市场，由于诸多因素的影响，我国家用纺织品企业品牌意识还比较淡薄，在产品创新开发、广告投入、企业宣传等方面与国外企业存在很大的差距，产品缺乏竞争力。而在经济全球化形势下，现代市场竞争已从产品竞争演变为品牌竞争，"入世"之后，国外名牌接踵而至，因而，打造我国自有的知名品牌与之竞争，已是家纺产品创新开发的当务之急。因此，我国的家纺企业在进行产品创新开发时必须注重品牌运作，努力创造品牌、培育品牌、宣传品牌、保护品牌、发展品牌，打造在质量、文化、价值观念上经过市场锤炼的名牌，充分发挥品牌效应。

## 【任务实施】　A品牌营销策划

### 一、策划说明

策划主题：A品牌展会策划方案。A品牌是一个年轻的品牌，成立时间为3年，由于其品牌定位、产品定位具有一定的独特性，其形象产品——色织大提花系列产品，在具有一定收入的白领及成功人士中具有一定的市场。连锁加盟是A品牌的主要销售渠道，但由于A品牌起步较晚，在渠道开拓方面积累较少，客户信息来源受到一定限制，销售总量影响了品牌发展和扩展速度。

展会是一种为展示产品和技术、拓展渠道、促进销售、传播品牌而进行的一种特殊宣传活动，以其品牌快速推广、发展新合格客户、强化竞争能力的特有功能和魅力搭建了企业与客户之间交流的平台，受到家用纺织品企业的高度重视，每年的全国针棉纺织品交易会和中国国际家用纺织品及辅料博览会，成为众多家纺品牌争奇斗艳、炫耀实力、发展加盟商的大舞台。A品牌作为年轻的床上用品家用纺织品品牌，有选择地通过各种展会，积极参与渠道竞争，在短时间内加速品牌推广速度，赢得加盟商，显得十分重要。通过大量的现场实地市场调查，A品牌认为，每年8月在上海浦东新国际会展中心举办的中国国际家用纺织品及辅料博览会，无论是会议的规模、定位、客流量、成交量及组织工作等方面已经接近国际同类展会的水平，是国内家纺床上用品展示、交流及签约最高水平的平台，有必要通过这次展会，促进经营目标的完成。

## 二、营销环境与状况分析

营销环境是由影响市场营销管理者与其目标顾客建立和维持稳固关系的能力的所有外部行为和力量的构成。企业必须对环境趋势和机会更加敏感，通过认真、系统的环境研究，能够及时调整战略，适应新的市场挑战和把握机遇。

### （一）宏观环境分析

家用纺织品行业是纺织工业传统支柱产业、重要的民生产业和具有国际竞争优势的产业，在"十二五"期间，家用纺织品企业经历了原材料价格大幅度波动、劳动力成本提高、用工荒等考验，企业总体素质全面提高，技术进步明显加快，创新能力大幅增强，品牌创建取得较大进展，出口增长方式转变实现重大突破，质量效益、资源节约、节能减排、清洁安全水平显著提高，以每年20%以上的速度发展。

1. **行业总体实力得到发展**　无论是行业生产能力，还是产品品质、设计水平、印染加工的技术水平等都得到明显提升，部分高档产品已经接近国际水平。特别是民营企业的发展，通过人才、设备的引进，管理观念的更新，促进了行业总体实力的提高，罗莱、富安娜、梦洁等家纺品牌的快速发展，为其他企业的总体实力的提高提供了可借鉴的发展经验。

2. **行业品牌集中度有待提升**　虽然家用纺织品行业的总体发展速度较快，但企业之间的发展极其不平衡，全国从事家用纺织品行业的企业约12000家，总销售额超过1万亿元，但销售额超过10亿元的品牌屈指可数，从销售占比分析，目前家用纺织品行业还没有全国性品牌。

3. **自主研发创新能力是发展关键**　家用纺织品行业未来发展的成功与否，取决于家用纺织品企业的自主研发创新能力的提高。随着家用纺织品行业的后发展优势渐渐丧失，与国际家用纺织品品牌相比，我国还停留在形似阶段，要做到神似，不但要做到产品技术、销售渠道及促销方法的创新，而且要做到理念创新，以消费者需求为起点，通过大量的市场研究，结合企业自身资源，满足目标市场的需求，通过实施一定的营销策略，打造独有的品牌文化，完成企业营销目标的实现。

**4. 建立品牌的社会信用体系**　随着家用纺织品企业的不断升级换代，为消费者提供整体解决方案的时代已经到来。但提供优质产品是基础。然而，由于市场不对称信息的存在，生产优质产品的企业往往受到生产劣质产品企业的驱赶，严重影响了消费者的利益。企业要为消费者提供整体解决方案，除了具备优质产品之外，还要注重对品牌信用制度的建立，通过各种质量显示机制、荣誉机制、第三方介入、消费体验等方式，充分显示品牌的各种有利于消费者的信息，认真处理好消费者投诉，发现产品质量和服务质量问题，做到包退、包换和保修，不断提高品牌的美誉度和忠诚度。

**（二）市场分析**

家用床上用品市场的发展速度较快，但其品牌集中度不高。从销售量来说，现有家用床上用品品牌基本可以分为三类：第一类，以罗莱、富安娜、梦洁、水星等品牌为代表，年销售额在8亿元以上；第二类，以凯盛、博洋、紫罗兰、蓝丝羽等品牌为代表，年销售额在3亿元以上；第三类，以宝缦、乔德、圣夫岛等品牌为代表，年销售额在1亿元以上。

第一类品牌由于已经具备一定的市场知名度和市场占比，一般会以第二类品牌参加各种展览会，即使是主品牌参展，也主要从整体文化和理念层面与加盟商进行交流；而参展的主力军部分主要是第二、第三类品牌，这些品牌无论在品牌形象还是产品方面都具备相当实力，由于其对展会的期望值要高于一类品牌，所以在展会上投入的人力、物力和财力反而比一类品牌充分；A品牌属于年轻的品牌，产品面市3年，希望通过展览会增加加盟商数量，缩小与三类品牌的差异。

**（三）品牌分析**

**1. 品牌特点**　家用床上用品无论是哪一类品牌，都呈现出如下特点。

（1）产品线基本都具备一定的宽度、广度，产品总体差异化程度小。各品牌给消费者的感觉是产品品类杂乱，又似曾相识；而产品线相对窄而深，产品风格个性化特征明显的品牌数量较少，因为我国床上用品市场还处在较高速发展时期，人们对产品的需求和理解程度较低，大而全的产品结构存在一定的市场基础，需求层次分布情况见表6-17。

表6-17　需求层次分布情况

| 序号 | 需求层次 | 需求比（%） |
| --- | --- | --- |
| 1 | 生理需求 | 70 |
| 2 | 安全需求 | 10 |
| 3 | 社交需求 | 15 |
| 4 | 尊重需求 | 2.5 |
| 5 | 自我实现需求 | 2.5 |

影响消费者购买行为的因素有经济、文化、心理等因素，每种因素对消费者的购买行为都会产生不同程度的影响，经济因素是首要因素，文化是最深远的因素，心理因素是决定性

因素，也是最难以考量的因素，在现代营销中研究的空间较大。表6-17结论如下：

第一，大部分消费者对床上用品的需求还停留在生理需求层次。

第二，消费者对床上用品的生理需求比例过大。

第三，消费者对床上用品的安全需求、社交需求呈上升趋势。

第四，消费者对床上用品的尊重需求、自我实现需求很小。

第五，每一个消费者对各种层次的需求存在较大差异。

综上所述，结合马斯洛的"需求层次"理论，随着社会经济的发展，安全需求、社交需求类产品存在潜在的、巨大的发展空间。马斯洛的"需求层次"理论，在一定程度上揭示了消费者需求的发展趋势，这种发展趋势往往伴随着消费者潜在需求的发生，提高了细分市场的合理性、科学性。

（2）由于消费动机、理念的影响，品牌诉求基本相似，一些品牌广告语主要集中在对家、舒适的基本诉求上，相对而言，对床上用品可以改变人们生活方式的诉求较少，产品之间的区分基本依靠品牌LOGO、色彩及服务。

（3）文化差异已经成为第一、第二类品牌未来竞争的核心，事实上已经受到很多品牌的重视和关注。文化可以理解为消费者对某个品牌的总体印象，是一个品牌各类营销策略、理念的交集和浓缩，无须通过LOGO，消费者就能凭总体印象区分不同的产品、服务，这也是床上用品由目前区域品牌发展成为全国性品牌的必由之路。

2. **品牌生命周期**　家用床上用品中的大多数品牌的诞生的时间为5～10年，而且每年还不断有新的品牌诞生。大多数品牌处在知晓期，极少数品牌处于知名期。品牌的生命周期源于产品的生命周期，但又高于产品的生命周期。事实上，品牌一经产生，它就已经能够脱离其所依存的载体——具有某种具体形式的产品而独立存在了。品牌生命周期指品牌的市场生命周期，它包括导入期、知晓期、知名期、维护与完善期、退出期五个阶段。

品牌的生命周期长短一般与产品生命周期、企业经营策略有关，但最关键的是品牌本身所能带给消费者的满足程度。品牌的生命周期在理论上是可以无限延伸的。产品的生命周期长短是市场需求变化、企业竞争、科技进步的必然结果；而品牌生命周期是可以通过企业在品牌发展的各个时期采取正确的策略，发展出更新换代的同品牌新产品，经过不断创新而得以永续。

目前，我国品牌的品牌寿命只有2～3年，不同时期的品牌具有不同的特性，加盟者必须针对自身所处的市场环境及拥有的资源，选择适合自身发展的品牌。

**（四）竞争分析**

1. **目前同类替代品牌情况**　目前，我国家用床上用品品牌的发展还处于"产品+服务"的时代，同一水平产品间的可替代性较强，不同水平产品之间的互补性较强。在展会这样一个特殊的竞争平台上，品牌之间的差异既容易扩大，也容易缩小，对参展品牌来说，展会是双面刃。所以，在这一特殊的时空中，第一类品牌必须乘胜追击、拉开差距、扩大战果，新型品牌则充分利用展会平台的机会，集中资源，提高品牌之间的可替代性和互补性。

2. **目前行业现有企业竞争状况分析**　根据往年各种家用纺织品类展会现场统计，参加展会的床上用品企业一般为15～20家，第一类企业占15%，第二、第三类企业占65%，其他新品牌占30%，每个品牌的展示面积在100～200m²之间，投入资金10万～50万元不等。第一类企业是风向标，直接影响到整个展会的定位和参展品牌的规模和数量；第二、第三类企业是生力军，这类企业投入的资源较多，也吸引了大部分加盟商的驻足；其他类品牌，不是陪衬，就是黑马，由于资源有限，其他类品牌知名度较低，往往会采用集中放大策略，吸引加盟商眼球，在不利的困境中突出重围，成为黑马。A品牌属于年轻的品牌，要成为黑马，必须出奇制胜。

各品牌家用纺织品企业在展会上会依据品牌自身资源和所处的发展阶段，确定展示主题，一般有以下三方面的主题。

（1）拼实力。主要是财力的投入，展示品牌的综合实力和气势，获得展会"大品牌"的口碑，具体体现在展台面积、展具、产品、设计等。

（2）拼文化。在投入一定财力的基础上，通过展台、展具、产品及设计的进一步提升，将自己区别于其他品牌的优势进一步放大，突出某个理念或定位，如有机环保、奢华、简约时尚等。

（3）拼技术。这类企业通过产品开发的深度及制作的技术和工艺，体现自己的优势，如"被芯专家""从头做起"等广告语充分体现了其诉求。

**（五）顾客分析**

1. **客户结构**　依据A品牌往年参加展会客户的统计，家用床上用品展会上的基本客户结构如表6-18和图6-8所示。

表6-18　展会上的基本客户结构

| 序号 | 客户类型 | 占比（%） | 描　述 |
|------|----------|-----------|--------|
| 1 | 品牌加盟商 | 20 | 已经成为某品牌加盟商 |
| 2 | 多品牌加盟商 | 20 | 准备再加盟另一个品牌 |
| 3 | 准加盟商 | 20 | 准备签订加盟合同的自然人或法人 |
| 4 | 自然人、法人 | 30 | 收集投资项目的信息 |
| 5 | 商场经理 | 10 | 考察品牌，为引进新品牌做准备 |

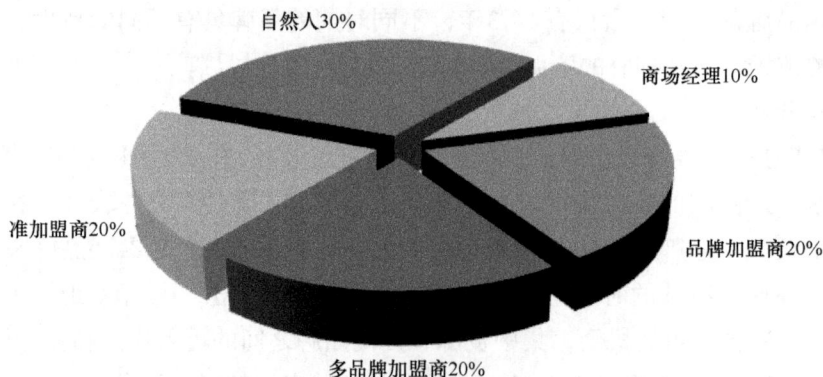

图6-8　客户结构分布图

2. **品牌需求的预测**　不同的客户类型对品牌类型需求存在差异。

（1）品牌加盟商。这类客户可以分为成功和失败两类，运作成功的加盟商在展会上基本不产生加盟的需求，主要是借此与品牌厂家沟通，了解市场信息；而运作失败的加盟商，借此重新加盟新的品牌，抛弃现有品牌，寻求更好的发展机会。

（2）多品牌加盟商。这类加盟商对销售终端运作已经积累了较为丰富的经验，为了在一定程度上垄断市场，一般比较青睐一线品牌，而作为品牌厂家，为了避免品牌被"冰封"，又因同档次的品牌在价格和品质上差异化程度较小，故对这类加盟商一般不看好；还有就是新品牌中寻找黑马，一般新品牌的品质较好，加盟门槛不高，优惠条件较多，容易形成互补优势。

（3）准加盟商。这类客户虽具有隐蔽性，识别较为困难，但这类客户是展会期间需求量最大的群体，一类客户通过前期的考察、交流和沟通，已经进入签订合同阶段；另一类客户虽有前期的考察、交流和沟通，但仍没有下定决心，处于犹豫期，希望通过展会比较后，确认要加盟的品牌。

（4）自然人、法人。这类人群属于未来客户，展会期间不会产生直接需求，主要通过市场调研，寻求投资机会。

（5）商场经理。这类客户基本上是有备而来，因为商场的床上用品专柜，一般会在每年的春季、秋季实行末位淘汰制，他们根据各自的市场定位和地位，选择后备品牌。

### 三、机会与障碍分析

#### （一）机会分析

1. **机会类型**　如图6-9所示，展会产生的需求，一方面是由于企业内、外部环境因素的共同变化带来的机会，对于机会企业必须充分考虑到自身资源的满足程度和达成的难易程度，采取抓住、关注和放弃的对策。

展会是品牌企业获取加盟商最重要的渠道之一，无论是需求的强弱，还是利润的高低，这种机会属于一类机会，采用的对策为积极抓住、集中资源投入。

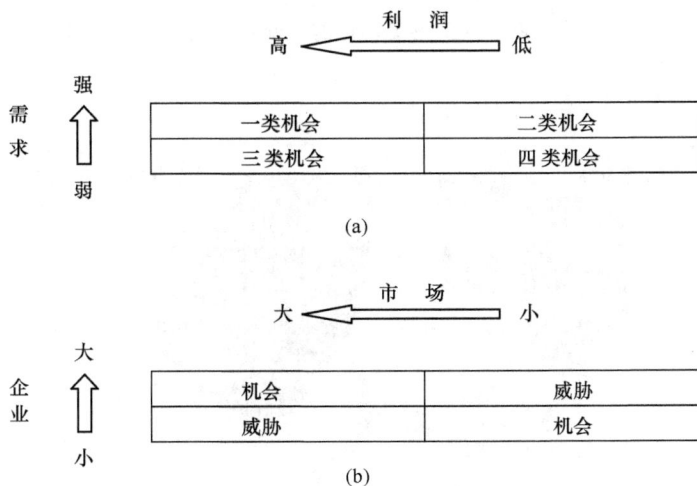

| | 利　润 |  |
| :--: | :--: | :--: |
| | 高 ⟸ | 低 |
| 强 | 一类机会 | 二类机会 |
| 需求 ⬆ 弱 | 三类机会 | 四类机会 |

(a)

| | 市　场 |  |
| :--: | :--: | :--: |
| | 大 ⟸ | 小 |
| 大 | 机会 | 威胁 |
| 企业 ⬆ 小 | 威胁 | 机会 |

(b)

图6-9　机会类型

根据以上市场、产品及顾客分析，企业集中投入资源，通过展会获取加盟商是一次较好的机会，这种机会具备当前机会和未来机会的特征，其中，当前机会是本案创意策划过程中的核心所在（图6-9）。

2. **市场需求量评估** 根据上海家用纺织品国际博览会资料统计，每年参加展会的规模以上品牌数量为15~20家，结合A品牌往年参加展会客户的统计，这类展会上各类客户的结构、品牌需求量及结构的预测如表6-19、图6-10、图6-11所示。

表6-19　参展各类客户的占比表

| 序号 | 客户类型 | 占比（%） | 描述 |
|---|---|---|---|
| 1 | 品牌加盟商 | 20 | 已经成为某品牌加盟商 |
| 2 | 多品牌加盟商 | 20 | 准备再加盟另一个品牌 |
| 3 | 准加盟商 | 20 | 准备签订加盟合同的自然人或法人 |
| 4 | 自然人、法人 | 30 | 收集投资项目的信息 |
| 5 | 商场经理 | 10 | 考察品牌，为引进做准备 |

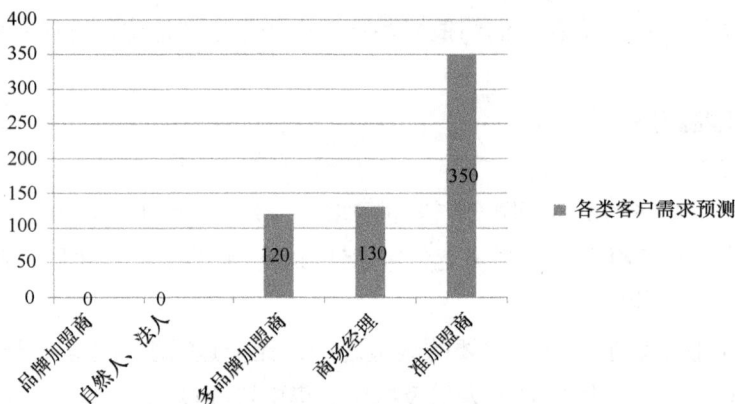

图6-10　各类客户需求预测情况

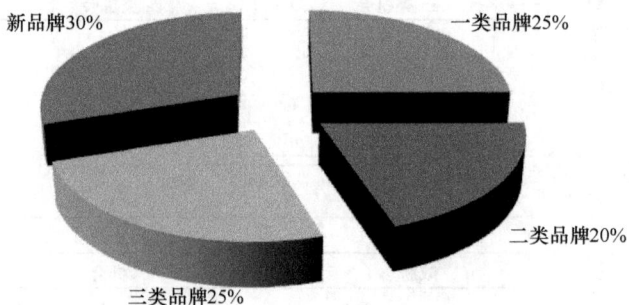

图6-11　各类需求品牌结构情况

（二）障碍分析

1. **来自竞争对手的障碍**　由于上海家用纺织品国际博览会已经成为业内公认的最佳展示品牌展会，每年有15～20家规模以上的床上用品品牌参与展示与竞争。会展期间，在潜在机会和当前机会中，每个品牌企业更注重对潜在机会的把握，会在展台设计、产品展示、加盟条件、推广活动等方面各显神通，以求最大化拦截信息资源，A品牌必须考虑到竞争对手的各种预测、组织、实施能力，制订相应对策。

2. **来自展会承销公司的障碍**　由于A品牌是一个年轻的品牌，客观上对承销公司的吸引力不大，因为承销公司无法从中获取潜在的标杆广告效应，他们更青睐于第一、第二类品牌，所以，一般情况下，A品牌难以获得客流量较大的展台位置。

3. **来自A品牌自身的障碍**　展会虽然可以给企业带来较明显的短期和长期效益，但展会投入的资源也较大，一般规模品牌企业的投资在20万～80万元之间。首先是定位问题，管理层的理念是否一致非常关键，如果定位失误，很可能是赔了夫人又折兵，反之，则事半功倍。其次是投资额度的确定及如何与定位相匹配的问题，这直接影响展会的视觉效果和拦截信息资源的功能。

## 四、营销目标

### （一）短期目标
展会期间签约8～10家加盟商。

### （二）年度目标
新增20～30家加盟商，年销售额增加30%。

## 五、营销策略组合

A品牌营销策略组合设计的差异化程度和创新点是展会成功的关键，根据市场分析和A品牌自身拥有的资源及所处的发展阶段，A企业的营销策划组合的设计侧重点在于品牌的文化和专业方面，通过展会，把A品牌传统与时尚结合的文化以及色织大提花专业制造技术传递给客户。

### （一）产品策略

展会产品策略有区别于一般市场销售过程中的概念，不但包括一般意义上的产品，而且其设计方案、各种道具和灯具等，都必须融入产品范畴。

1. **产品功能**　展会的产品，对于床上用品品牌企业来说，具有特殊的意义，它是以一般意义上的产品作为基础，通过品牌文化的挖掘、提炼、包装和展示，以契约的形式，形成一种特定的利益关系的过程。从一定意义上说，签订的合同就是展会的产品（图6-12）。

图6-12　产品功能组成情况

2. **产品结构**

（1）展会平面设计图。如图6-13所示。

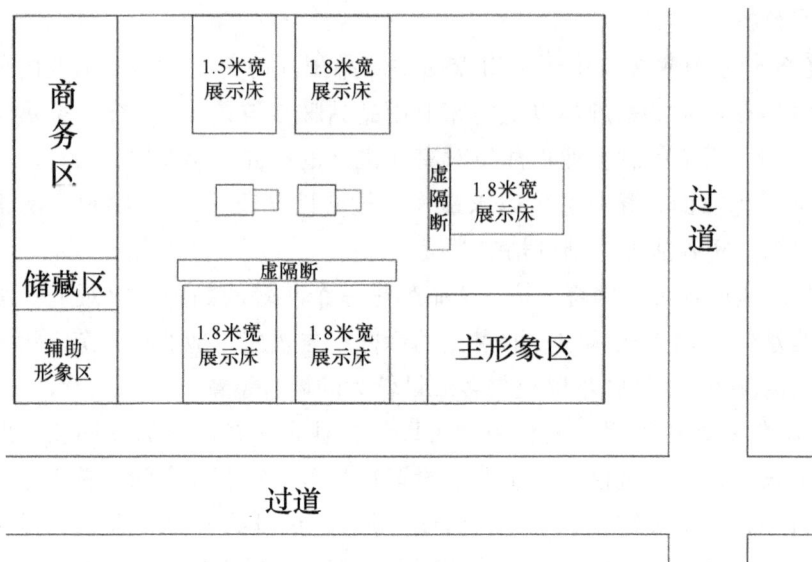

图6-13　展会平面设计图

（2）展会效果图。如图6-14所示。

图6-14　展会效果图

设计亮点一：主形象区通过背景墙、LOGO、古筝及统一色彩较好地把品牌的文化与历史融合在一起，形成鲜明的品牌特征，具有区别于其他品牌特征，易于客户识别和记忆。

设计亮点二：辅助形象区，通过纺织面料的特异造型与灯具及蚕丝纤维结合，暗喻着产品的精致及设计水平，从心理角度实现了与客户的交流。

设计亮点三：床品的展示，不仅从织造工艺、色彩搭配、设计造型展示了色织大提花套件产品的设计思想与理念，而且通过展示的特有魅力，灯光、瓷器、花瓣、地毯等饰品的组合，将主产品的设计理念作了进一步的延伸，给予消费者遐想的空间。

设计亮点四：灯光是设计师调节展台层次、色彩的关键，除了常规的豆胆灯、金卤灯以外，舞台灯的使用，可以进一步突出点光源的聚焦效果。

（3）展会产品结构图。印花类产品主要在于流行色的运用，虽然对往年开发的印花产品具有一定的替代作用，但由于流行色的运用需要一定时间、方式、渠道的推广和宣传才能被消费者接受，一旦消费者接受，其产品需求会产生爆发性需求，所以，展会期间的印花类产品必须使用当年发布的流行色；由于印花类产品的普及程度较高，除了色彩上变化的优势，其在产品档次、品位等方面都不及大提花产品，特别是色织大提花产品，尤其是真丝大提花、120英支全棉色织大提花，在展会上成为高档产品的象征，对印花产品具备明显的冲击性和替代性。尽管实体店销售过程中，印花产品与提花产品的需求量不分伯仲，但A品牌在展会期间将全部展示色织大提花系列产品。展会产品结构见表6-20。

例：主床（一）产品配置，以进口色织大提花面料为基础产品。

表6-20　展会产品结构

| 序号 | 产品类型 | 产品名称 | 数量 | 说　明 |
| --- | --- | --- | --- | --- |
| 1 | 展具 | 床具 | 1组 | 床规格180cm×180cm，靠背规格180cm×20cm×120cm |
| 2 | | 单体展台 | 1只 | 规格45cm×45cm×120cm |
| 3 | 床上用品 | 被套 | 1条 | A版采用进口色织大提花，B版采用172dtex缎纹，融入拼接、压边、绗绣等工艺点缀 |
| 4 | | 枕套 | 2只 | |
| 5 | | 靠垫套 | 2只 | |
| 6 | | 床盖 | 1条 | |
| 7 | | 盖单 | 1条 | |
| 8 | | 芯类配套产品 | 1组 | |
| 9 | 饰品 | 酒红瓷盘 | 1组 | 置放于被套或地面 |
| 10 | | 花瓣 | 1盒 | 洒在地面及床头 |
| 11 | | 干花 | 1组 | 插在装饰品中，置放于床与单体展台之间 |
| 12 | | 装饰长巾 | 1条 | 品质柔滑，置放于床尾部，延至地面 |
| 13 | | 地毯 | 1块 | 绒毛高度要高一些，铺放在床的侧地面 |
| 14 | | 拖鞋 | 2双 | 置放在地毯上 |
| 15 | | 装饰灯 | 1盏 | 仿皮灯罩，置放在独立展台斜侧面 |

### （二）价格策略

价格策略是指企业通过对顾客需求的估量和成本分析，选择一种能吸引顾客、实现市场营销组合的策略。家用床上用品企业在招商过程中，因为其产品类别、规格品种众多，在与客户的交流、沟通过程中，一般有折扣报价和具体产品报价两种，折扣报价具有一定的隐蔽性和可比性，因为具体产品的进货价等于终端零售价乘以折扣率，对于准加盟商来说，由于缺乏正确的比价能力，一般对折扣率较为敏感，而多品牌加盟商具有一定的销售经验，更在乎具体产品的报价，所以，展会期间必须针对不同类型客户采用不同的报价方式。

床上用品的定价，一般会考虑到市场需求量、品牌定位、产品品质、设计水平等因素，A品牌是一个新品牌，产品的品质优良，品牌定位准确，但是其市场需求量增速不快，产品设计水平与第一、第二类品牌存在差异，所以，产品的终端零售价与供货折扣率的设计非常重要，A品牌在终端零售价方面采用紧跟型策略，折扣率采取的是差距型策略。展会期间，为了鼓励客户现场签单，推出现场签单送礼包的鼓励政策，具体可以通过降低折扣率、送货柜、提高装修补贴、送促销宣传产品等。

### （三）渠道策略

渠道策略就是针对不同的客户类型实行相应的对策，展台位置的确认非常重要，可以通过提前签订合同、提高价格、赞助或其他有利于承销公司的承诺，获取展会地理优势。

首先，要明确参展人员的职责，特别是客户的现场接待、洽谈与签约等工作，除了分地区设立销售代表以外，还要设立投资顾问、技术顾问等角色，通过纵向分工，尽可能将品牌加盟商、法人、自然人这类客户识别和分离出来，提高销售代表的成功率。

其次，展会期间的优惠政策，可以实行权限分级管理和倒梯形优惠模式，如销售代表和销售总监掌握的优惠幅度不同，加盟商要获取更大的优惠政策，必须通过逐级审批后，才能获得，让加盟商产生成就感；倒梯形优惠模式，是根据签约时间逐渐减低优惠幅度，例如，展会期间，第一天与第二天签约，其享受的各种优惠会逐渐递减，鼓励加盟商提前签约。

最后，最终的确认签约过程，尽量安排在企业洽谈室完成，因为会展期间，对于有意向的客户，可以直接与企业进行洽谈，从而避开竞争对手的干扰，同时，可以进一步加深客户对品牌的了解，帮助客户做最后的决定，提高洽谈成功率。

### （四）促销策略

促销策略在本案中尤其具有特殊性，展会本身也是促销手段中营业推广的一种方式，是一种短期的推广方法，短期经营目标非常明确，推广的产品具有特殊的外延功能，区别于一般产品。

1. **传递内容**　本次产品的销售机会存在明显的显在机会、当前机会的特征，所以，短期内，集中精力将产品进行聚焦后再放大，色织大提花+品牌文化+展会是传递的主题。

2. **促销方案设计**　整个展会策划方案时间以90天为宜，可以分为启动期、加速期和冲刺期，促销方案贯穿于其中（表6-21）。

表6-21　展会策划方案

| 序号 | 阶段 | 时间 | 内容 |
|---|---|---|---|
| 1 | 启动期 | 45天 | 选择企业官方网站、1个专业网站、1本专业杂志刊登广告，传递展会信息 |
| | | | 利用现有加盟商及有意向的自然人和法人传递展会信息，特别是展会期间的特惠政策（具体内容可以在冲刺期公布） |
| 2 | 加速期 | 30天 | 广告的范围可以扩大到相关联的网站、杂志，如家居、服装等网站及生活杂志 |
| | | | 展会期间的优惠内容可以进一步展开，给现有加盟商及有意向的自然人和法人制造一种饥渴感、期待感 |
| 3 | 冲刺期 | 15天 | 可以联合组委会，在有关宣传品中插入广告，相关展馆空间、物品中摆放广告宣传品 |
| | | | 专人游动派发宣传品，现场演奏、表演、模特展示等吸引眼球 |
| | | | 向参观人员发放拎包、扇子、文具、餐巾纸、玩具等赠品 |

## 六、具体执行方案

本方案的执行要点是利用时间差，短、平、快。必须具备极强的执行力，计划、措施及过程监控和调整必须落实到位，具体行动方案必须列入部门绩效考核方法，适当提高考核权数，才能确保整个策划方案的实施。行动方案见表6-22。

表6-22　行动方案

| 序号 | 任务 | 时间要求 | 责任人 |
|---|---|---|---|
| 1 | 展会合同签订 | 第1～7天 | 销售部经理 |
| 2 | 官方网站、专业网站、专业杂志刊登广告 | 第1～15天 | 产品开发部经理 |
| 3 | 加盟政策方案的研究、确认 | 第1～45天 | |
| 4 | 展会宣传手册的制作 | 第1～45天 | 产品开发部经理 |
| 5 | 产品设计 | 第1～75天 | 产品开发部经理 |
| 6 | 展台设计、购买、制作 | 第1～75天 | 产品开发部经理 |
| 7 | 赠品设计、制作 | 第45～75天 | 产品开发部经理 |
| 8 | 展会物品包装、运输 | 第75～87天 | 客服部经理 |
| 9 | 展会布展 | 第87～90天 | 产品开发部经理 |
| 10 | 展会期间接待 | | 客服部经理 |
| 11 | 展会期间洽谈 | | 销售部经理 |
| 12 | 展会期间后勤保障 | | 客服部经理 |
| 13 | 客户信息跟踪服务 | | 销售部经理 |
| 14 | 总协调 | | 副总经理 |

### 七、费用预算

展会费用预算见表6-23。

表6-23　费用预算情况

| 序号 | 开支项目 | 金额（元） | 所占百分率（%） | 使用方法 |
|---|---|---|---|---|
| 1 | 场地使用费 | 150000 | 24.19 | 租用100～150m² 场地 |
| 2 | 展具设计、制作 | 200000 | 32.26 | |
| 3 | 广告费用 | 150000 | 24.19 | 各种广告、赠品、宣传册 |
| 4 | 产品设计、制作 | 50000 | 8.06 | |
| 5 | 饰品、道具 | 20000 | 3.23 | |
| 6 | 其他费用 | 50000 | 8.06 | |
| | 小计 | 620000 | | |

### 小结

家用纺织品按行业可以分为床上用品、装饰类和毛巾类三大产品，其余类别的行业目前还未形成市场集群效应。家用纺织品和酒店用床上用品，由于洗涤、维护方面的差异，在面料选择、制作规格方面有所不同。专业分类和商业分类存在一定的差异，商业分类是企业在长期的实际销售工作中形成的，一定程度上，可以看作各种专业分类的特殊交叉与集合，实用、辨别简单、易于掌握和管理。本案中的展会营销策划方案是在企业经营活动中、促销策略中营业推广经常使用的一种方式，他研究的对象是品牌，是由一定产品设计、生产能力作为支撑的，营销策略同样涉及"4PS"等核心内容，同时，通过市场调研和分析，发掘机会，提炼出创意和点子，围绕创意，对"4PS"组合重新进行设计，短期内，达成预定的经营目标。

### 【思考讨论】

1. 简述家用纺织品的现状及发展趋势？

2. 家用纺织品按商业分类方法应该如何进行分类？

3. 床盖、床单、盖单之间有哪些区别？

4. 什么是布草？它有哪几类产品？

5. 家用床上用品与酒店床上用品存在哪些区别？

### 【实训项目】　以180cm×200cm床品为例，进行婚庆主题布展

1. 描述布展思路及特色。

2. 列出欲展出的床上用品产品及其规格。

3. 列出相应的展具、饰品。

# 任务七　产业用纺织品市场与营销方案设计

**知识点**

1. 了解产业用纺织品概念。
2. 了解产业用纺织品分类和品种。
3. 了解产业用纺织品发展趋势。

**技能点**

1. 能进行SWOT分析。
2. 能制订合理的营销组合策略。

## 【任务引入】

A公司是一家外资背景的非织造布生产研发企业，在中国设厂以开发中国市场。公司具有纤维生产和供应能力，且致力于卫生用非织造材料和织物的生产。公司原有生产线情况：一条意大利Fare的丙纶（PP）短程纺丝生产线，两条HERGETH梳理、KUSTER热轧的丙纶非织造材料生产线，年产量约为7000吨，能生产非织造布的织物重量为14~40g/m²（亲水，拒水，PP或者双组分）。

公司主营产品：1.7~16.7dtex的热轧丙纶（亲水纤维，拒水纤维，可染丙纶），年产量约7500吨；热轧丙纶或双组分非织造布（亲水，拒水），年产量约7000吨。公司的营销手段如下。

（1）与国际品牌合作，作为其供应商。因为国外卫生行业起步比较早，公司刚开始进入我国市场的时候采用与国际上比较知名的品牌合作，以打开并迅速占有市场份额；2000年左右，尽管公司的设备和生产线在国外已经不具有明显优势，但是与国内企业相比，由于国内非织造行业起步较晚，设备和生产线能力存在较大差距，因此，在比较优势情况下，公司较快稳定住国内市场，在卫生用纺织品领域，市场占有率达到了40%。

（2）借助行业协会和相关展会扩大品牌和产品影响力。加强与相关行业协会如中国生活用纸专业委员会(CNHPIA)、亚洲非织造材料协会（ANFA）、欧洲非织造材料协会（EDANA）、美洲非织造材料协会（INDA）、中国产业用纺织品行业协会（CNITA）的联系，会比较容易得到相关行业的动向趋势和相关业务信息。相关协会也会组织国际产业用纺织品及非织造布展览会（CINTE TECHTEXTIL）、中国生活用纸国际科技展览及会议(CIHPEC)、上海国际非织造材料展（SINCE）、亚洲国际非织造材料展览会（ANEX）等展会，方便企业与最终客户有更多的接触机会。

（3）通过各个协会举办的研讨会等来发布新产品，或者在相关杂志上刊登。近几年来，公司在国内没有实施大规模的品牌运作，由于国内劳动力成本提高，公司的产品利润率出现下降，销售量并没有出现大幅度增加，反而有一定的下滑。国内纺织企业发展迅猛，谋求通过转型升级来找到发展的出路。通过以上案例解读，请进行SWOT分析，指出公司是否需要调整营销战略？如果需要，该如何调整公司的营销策略？

## 【任务分析】

1.认识产业用纺织品概念、分类、品种和趋势。

2.进行SWOT分析，判断和调整A公司的营销策略。

## 【相关知识】 产业用纺织品

卫生用纺织品。属于我国产业用纺织品分类中的医疗卫生及妇婴保健材料，如卫生巾、卫生棉、儿童尿裤、成人失禁尿垫、医用纸制品、抗菌袜等。目前全球卫生用纺织品市场的年销售量已经达百亿美元并且呈现逐年加快的态势。属于卫生用纺织品范畴的生活用擦布又分成个人护理用和家庭卫生用两类。个人护理用的成人类和婴儿类产品已经初步形成了稳定的市场基础，家庭用的卫生纺织品，比如用于房间清洁、厨房去污等的静电地板清洁布、抗微生物擦布等，由于其使用方便、价格低廉，也进入了很多家庭，在处于发展中国家水平的地区市场被认为潜力巨大。

丙纶非织造线。是指以丙纶为主要纺织材料的非织造生产流水线。产业用纺织品包含机织、针织、非织造等。丙纶是应用于卫生用纺织品生产的重要纤维。

热轧丙纶。丙纶是一种热塑性纤维，在非织造生产过程中，热轧的方法使丙纶发生热塑性变形、冷却固结纤维网。通过一定的改性处理，可以制备亲水纤维、拒水纤维、可染丙纶等。

### 一、产业用纺织品概念、分类

#### （一）产业用纺织品概况

纺织品按最终用途可分为三大类，即服用、家用和产业用纺织品。产业用纺织品的种类繁多，涉及范围广泛，在工业、农业、渔业、交通运输、医疗保健、文体用品、石油、化工、国防宇航、尖端科学、城市建设、食品加工等各行各业中均有应用，如图7-1和图7-2所示。通常把不以美观而以功能特性为主的纺织品称作产业用纺织品。显然，它不包括服装和室内外装饰品。

另有一种定义，即产业用纺织品是专门设计的、具有工程结构的纺织品，一般用于非纺织行业中的产品、加工过程或公共服务设施。

根据这一定义，产业用纺织品可用于以下三个不同方面。

（1）产业用纺织品可作为其他产品的一个组成部分，可直接对其产品的强度、使用性能以及其他特性产生影响。例如，轮胎中加入帘子布。

（2）产业用纺织品可作为加工其他产品过程中使用的一个部件。例如，食品生产过程中使用的过滤用纺织品；造纸过程中造纸机使用的纺织品。

（3）产业用纺织品可单独应用来执行一种或几种功能。例如，用于体育场篷盖的涂层织物；土工布等。

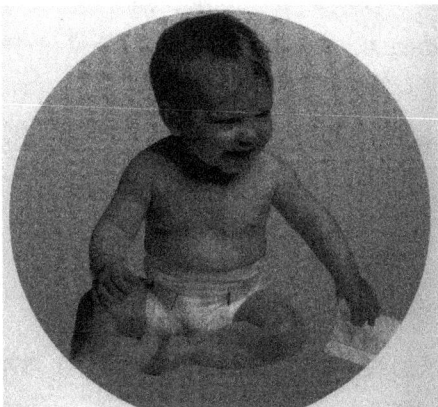

图7-1　婴儿卫生用产品

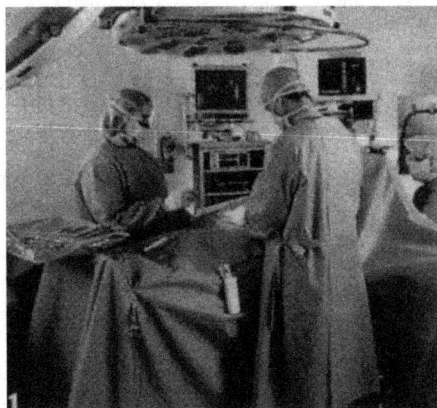

图7-2　医疗用产品

以上产业用纺织品的另一个含义是：产业用纺织品与消费者一贯用于服装和装饰的普通纺织品不同，它通常由非纺织行业的专业人员应用于各种性能要求高或耐用的场合。

"产业用纺织品"是用来表示非传统纺织品的一个最普遍使用的术语，有的也用技术纺织品（Technical textiles）、高性能纺织品（High performance textiles）、高技术纺织品（High-tech textiles）、工程纺织品（Engineered textiles）、产业织物（Industrial fabrics）以及技术织物（Technical fabrics）。

### （二）产业用纺织品的分类

产业用纺织品可按以下几种方法分类。

（1）按加工过程中使用的原料分类（如由玻璃纤维制成的产业用纺织品）。

（2）按加工方式或生产技术分类（如非织造产业用纺织品）。

（3）按产业用纺织品的主要产品品种分类（如帆布、过滤布）。

（4）按最终用途分类（如土工布、医疗用纺织品、造纸机用织物）。

每种分类方法都各有长处和短处。目前，主要以产业用纺织品的最终用途来分类。

我国将产业用纺织品分成16大类。具体有农业栽培用纺织品，渔业和水产养殖用纺织品，土工布，传动、传送、通风等的管、带及轮胎的骨架纺织品，篷盖布、帆布，工业用呢、毡、垫等，产业用线、带、绳、缆、革、毡、瓦等的基布，过滤材料及筛网，隔层材料及绝缘材料，包装材料，各类劳保、防护用材料，文娱、体育用品的基布，医疗卫生及妇婴保健材料，国防工业用材及其他。

欧美国家将产业用纺织品分成12大类。具体有农用纺织品、建筑用结构用纺织品、纺织结构复合材料、过滤用纺织品、土工布、医疗纺织品、军事国防用纺织品、造纸机用织物、安全防护用纺织品、运动及娱乐用纺织品、交通运输用纺织品及其他产业用纺织品。

### （三）产业用纺织品的特点

1. **产业用纺织品所用原料范围广泛** 产业用纺织品所用原料，除服装、装饰用纺织品所用原料外，还大量使用一些特殊的原料，如碳纤维、玻璃纤维、芳纶、铜丝等。

2. **产业用纺织品大部分需经涂层、层压或复合处理** 产业用纺织品不论是机织物、针织物、编织物，还是非织造织物，其最终产品绝大部分都要经过涂层、层压或复合处理，这样才能更好地发挥产品特性，弥补中间产品的各种缺陷。这些缺陷通常是不防水、不阻燃、不拒油、不防霉、不耐腐蚀、不抗辐射、不保温隔热、不够厚、缺乏整体性、稳定性差或缺少多种功能等。

3. **产业用纺织品的外观形态多种多样** 服用、装饰用纺织品一般以片状形态，即由纱线编织而成的布面使用。产业用纺织品既可以纤维形态投入使用，如通讯用的光纤、过滤用的中空纤维等，也可以线、绳结构直接使用，如缝纫线、麻绳等，也可以片状形态投入使用，如蒸呢布、帆布等，还可以三维形态投入使用，如消防水龙带等。

4. **产业用纺织品具有配套性、专业性和功能性** 产业用纺织品具备以上特性以满足其他工业要求的特殊要求、规格和功能性指标。

5. **产业用纺织品的生产是生产资料的生产** 产业用纺织品与服用、装饰用纺织品不同，后者属于消费领域，前者属于生产资料领域，产业用纺织品的生产是生产资料的生产。例如，服装黏合衬是服装生产必备的生产资料，农用丰收布是农业生产中的生产资料等。

6. **产业用纺织品具有跨学科与高技术含量的特点** 产业用纺织品既能展示和应用由科技进步带来的高新技术，又能促进各行各业的科技进步，它具有跨学科与高技术含量的特点。例如，由碳纤维复合材料制成的飞机蒙皮，可大大减轻飞机的自重，从而增加其载重量；人造血管可使心血管病患者起死回生；在混凝土中加入芳纶用于上海东方明珠电视塔，可使塔身重量减轻，结构稳定。

## 二、产业用纺织品的典型产品

下面通过详细介绍土工布、农林用纺织品、车用纺织品、医用纺织品、户外用纺织品来进一步介绍产业用纺织品。

1. **土工布** 如图7-3所示，用于土工建筑领域的产业用纺织品主要包括地下排灌用土工布渗沟；公路、铁路建设中用于分离加固的排水用土工布；岸坡堤坝加固土工布；桥梁工程土工布；废物堆放池；人工水池用不渗透土工布；防水沥青底布。

按原料种类分类，可分为天然纤维土工布和合成纤维土工布。天然纤维土工布主要有棉纤维土工布和黄麻纤维土工布。棉纤维土工布曾被沥青用作公路的加固材料，黄麻纤维土工布曾被用以铺设机场跑道和斜坡上的植被保护。由于天然纤维易腐烂，强力较差，耐湿性不好，寿命较短，现在应用较少。合成纤维比天然纤维强度高，耐腐蚀性、耐化学药品性及耐久性都好。现在，土工布基本都使用合成纤维。合成纤维土工布所使用的原料主要有丙纶、涤纶、锦纶、维纶、乙纶和氯纶等，其中以丙纶的使用量最大，涤纶次之，然后是锦纶和维纶，丙纶和涤纶占原料总用量的80%左右。丙纶在聚合物稳定剂和添加剂等作用下，耐光性得到逐步完善，其在土工布中的使用量逐渐增大。

按形状分类，可分为平面状、管状、袋状、格栅状、绳索状和其他异形土工布。平面土工布可用作地基处理材料、斜坡保护材料、排水反滤材料、界面分离材料、防渗材料等。管状土工布主要用作排水和反滤材料，也可制造冲水建筑。袋装土工布主要起容装成形作用，用来填充石块、混凝土或砂土，保护堤坝，防止侵蚀或在混凝土的任意成形技术中发挥模板作

图7-3　土工布

用。格栅状或网状土工布主要用作坡面保护、地基表层处理和治理风沙等。绳索状土工布主要用作立式排水材料和各种紧结用。异形土工布主要是塑料芯排水板，是由塑料芯板和外包的透水滤布构成。

按加工方法分类，可分为机织土工布、针织土工布、非织造土工布和复合土工布。机织土工布的经纬向强力较高，初始模量大，断裂伸长较小。其结构稳定，但缺乏弹性，顶破强力低，断裂功小，且纱线的细度会改变土工布的孔径尺寸，不适合用于保持细小砂粒和过滤的用途。其生产工艺复杂，产量低，成本高，一般用作增强材料和混凝土的灌装材料，主要用于公路铁路病害地段的治理、土质松软地段的改善和河堤、水坝、海港等处的护坡加强以及机场跑道、人工岛的构筑等，其应用范围相当广泛。机织土工布常用平纹、斜纹、方平和双层组织，一般在阔幅织机上织造。袋状和管状土工布采用双层组织，有时甚至采用四层织物。比较具有代表性的产品有土工反滤布、土工模袋布等。针织土工布大多为经编织物。经编土工布强度高、延伸率小、撕裂强度大、抗蠕变性能好，其机械物理性能大大优于机织布，同时纱线交织点的间距可根据过滤和渗透所需要的性能进行选择和设计。经编土工布主要应用在松软地基的处理，堤坝的排水反滤，斜坡的防护，公路、铁路、海岸、隧道等工程的加固、增强等。与机织土工布相比，非织造土工布主要是纺粘型、针刺型和热熔黏合型，其工艺流程简单，生产效率高，成本低，工艺变化多，门幅宽，孔隙范围大，蓬松性、透水性好，过滤效率高，不易堵塞，布面粗糙，摩擦性能好，断裂伸长较大，断裂功也较大，弹性较好，但其强度和初始模量稍低。复合土工布是由两种或两种以上不同功能、不同种类的土工布或土工布与其他材料复合而成的产品。复合土工布可以通过调整土工布生产工艺或采用新原料生产，也可以通过土工布与其他功能材料复合而得到。其生产方法主要有机械方法（采用针刺复合及缝编工艺技术）和热熔黏合法（采用超声波黏合及热轧黏合技术）。复合土工布的典型产品有非织造与土工网复合土工布、非织造布与衬垫芯复合土工布、针织缝编土工布、机织—非织造布复合土工布、复合型土工格栅、土工格栅—非织造复合土工布、防渗型复合土工布等。

2. **农林用纺织品**　农业中应用纺织品的主要领域是种植、畜牧和园艺业。农业专用纺

织品的数量和其他产业用纺织品相比相对较少，但这并不意味着农业用纺织品不重要，从纤维的消耗量来看，农用纤维材料品种较多且数量较大。再者，为一般工业用设计制造的纺织品，不少品种已大量用于农业。这类产品包括薄膜、包装袋软管、输送带、农用复合材料、农业过滤器、水利用纺织品等，农业从业人员常常应用现成的织物以适应所需。

农林用纺织品可以分成八类，具体如下。

（1）直接生产用材料。如具有防虫、防霜、防风、遮光的覆盖材料——防寒纱（图7-4），用于作物移栽的育苗钵。

（2）间接生产用材料。如防虫网、吊带、绳带。

（3）收割装运材料。如装米、麦及杂粮的袋和包装用带等。

（4）运输保管用材料。如农作物保管用布。

（5）生活用材料。农业操作的劳保用品。

（6）农业土木用材料。如农业土木工程排水的软管。

（7）辅助材料。如饲料袋、农机具覆盖物。

（8）增强材料。如增强用的薄膜底布。

(a)　　　　　　　　　　　　　　　　(b)

图7-4　农用覆盖材料

随着我国市场经济体制的不断完善，高科技含量的棚室覆盖材料，将在我国设施园艺中发挥重要作用。当前农用覆盖材料的回收和发展研究已成为热点，在我国发展和应用可控降地膜、功能性农用地膜已是必然趋势，到2010年，全国地膜覆盖栽培面积达到17万km²。另外，我国非织造布的应用较少，其市场占有率与理想的潜在市场有很大差距。目前，生产农用非织造布覆盖材料和应用其栽培技术的前景广阔，国内需求量可达4.5亿m²左右，折合2万t；而光质调控膜也具有很大的发展前景，它具有方便实用、经济有效（该膜价格只有同类普通膜的1.2~1.5倍）、防止环境污染、有益人体健康等优点。例如红外光吸收膜覆盖下培育的幼苗株型紧凑、矮壮，既能培育壮苗，又利于节省温室空间，提高生产率等。随着应用技术与理论的研究不断完善，将来在设施园艺生产上会有很好的应用前景。

　　农林用纺织品最主要的应用目的是抵御气候变化对农林的影响和有效防御有害生物侵害，因此，合成纤维是农用产品的最佳选择原料。在园艺业中，包括水果、蔬菜、树木和花卉业，使用的纺织品用量比其他农业部门的应用量增长更快。针织物、非织造织物特别是纺粘法生产的非织造织物在农业中的应用正日益增多，机织物的应用比例呈下降趋势。

　　**3. 汽车用纺织品**　汽车工业的快速发展带动了汽车用纺织品的应用，其中非织造布占据了越来越大的比例。汽车纺织品是提高舒适性和促进新技术快速采用的关键因素。用户期待物有所值，而生产商们就要在不断降低成本的同时提高产品质量上下工夫。因此，非织造布在汽车中的应用就显得尤为重要。发展初期，汽车用纺织品都是采用各类传统纺织品，包括机织类和针织类产品，非织造布的出现和发展，因其优越的使用性能和成本优势，已越来越多地取代了传统纺织品。

　　非织造布既不是针织产品也不是机织产品，但却具有传统纺织品不可比拟的技术含量和装饰性能，因此，广泛被用于轿车内饰和其他交通工具的内饰材料。非织造布相对传统纺织品来说具有很多优点，使其在汽车行业中保持领先优势。主要体现在以下几方面：由于较低的劳动成本而有长期的投资收益；产品织物重量和纤维线密度具有可调性；具有比较简单的生产工艺技术；产品质量的易控制性；产品具有较好的均匀性；具有易染性和可热定型性等（图7-5）。

(a)

(b)

(c)

图7-5　汽车用纺织产品

4. **医疗卫生用纺织品**　医疗卫生用纺织品可分为医用和卫生用两类。其中医用纺织品又可分为非直接医疗用品（手术衣帽、口罩等），直接医疗用品（纱布、缝合线等）和功能性医疗用品（人造血管、人造内脏、人造皮肤等）；卫生用纺织品可细分为用即弃尿布，妇女卫生巾和卫生用清洁材料（婴儿揩布、日用清洁揩布）。

医疗应用领域的产业用纺织品已成为国际上深加工企业的主要发展方向。人造组织器官、手术室用非织造布产品等高档次、开发领域巨大的医疗非织造布产品，因其科技含量高、利润可观而成为发展重点。

医用卫生纺织品是创新性和科技含量都较高的非织造布制品之一。在应用领域主要分为四大类：第一类是外科用植入性产品，如缝合线、人造血管、人工心脏瓣膜、人造关节等；第二类是外科用非植入性产品，如绷带、纱布等；第三类是人造器官，如人工肾脏、人工心肺等；第四类是防护和卫生产品，如医用床单、手术服、手术罩、隔离单、尿布、卫生巾、成人失禁垫等。

目前，世界各国对医用纺织品的开发正在提速，欧洲、美国、日本、韩国等都不惜巨大代价投入在该领域进行研发。据悉，仅德国目前就已经有17家纺织研究机构投入到医用产品的研发中。医用产品的开发，已成为一个国家非织造布（产业用纺织品）工业发展水平高低的重要衡量指标之一。

据统计，美国60%～70%的非织造布用于医疗卫生及生活用品。在西欧使用的医用纺织品中，75%为非织造布，而其中的30%为一次性产品。目前，国产医用非织造布主要用于第二类和第四类。

5. **户外用纺织品**　近年来，随着生活水平日益提高，人们户外活动也逐渐增多，户外用纺织品的需求也不断增加，如户外帐篷、降落伞、帆布等（图7-6）。帐篷通常分为雪地用、居住用和旅游用帐篷。旅游帐篷要求轻便易携带，因此多采用轻薄型织物，同时考虑到帐篷面料的尺寸稳定性、强度和特殊后整理要求，以聚酰胺和聚酯长丝平纹织物为主。帐篷的内帐一般使用网眼布、聚酰胺塔夫绸以及低密度织物等。旅游用帐篷面料一般需要经过拒水涂层整理，高档面料根据使用场合的不同需要进行防紫外线、拒油、阻燃、防霉抗菌、防静电等特殊整理。帆布用纺织面料主要有机织聚酯平纹织物、机织聚酰胺平纹织物、聚酯膜黏合的层压织物以及碳纤维和多层复合材料。

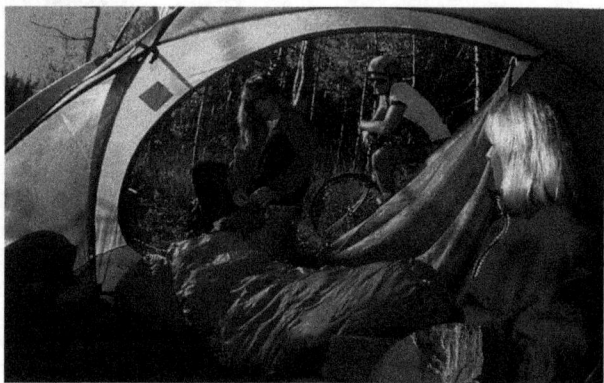

图7-6　户外用纺织品

### 三、产业用纺织品市场的现状和趋势

1. **世界产业用纺织品行业发展现状**　产业用纺织品的生产起源于20世纪50年代的工业

发达国家（美国和西欧），60余年间，获得了飞速发展。

产业用纺织品被认为是21世纪的朝阳产业，由于新型纤维和差别化纤维材料不断推出及高新技术的渗透，使其在建筑、医疗、环保、服装、汽车、航空航天等行业得到广泛应用，近几年来在卫生吸收材料、医用、交通工具用、制鞋用纺织材料上的应用量有明显增加，是重要的产业用纺织品，与相同用途的产品比具有高附加值和高效益的竞争优势，产业发展势头迅猛。

世界产业用纺织品的生产主要集中在北美、西欧和东亚地区，主要生产国为美国、中国、日本、韩国、中国台湾省、印度尼西亚、马来西亚、泰国和菲律宾等，约占全球非织造布总产量的66%以上。其中高档非织造布生产技术集中在美国、日本、意大利等发达国家。从全球来看，发展中国家的非织造布消费量正快速增长，发达国家则有日渐下滑的趋势。据预测，受人口增长因素及化学纤维、水利、交通、农业、建筑业等的快速发展的影响，亚洲将成为最大的产业用纺织品消费市场。

从产品应用市场上看，环保过滤和分离、医疗卫生、土工、车用、农用、擦拭布、装修和建筑、鞋材、包装材料、衬布等是较为集中的领域。随着全球对环保问题的重视和环保措施力度的加大，滤料已经逐步成为产品开发的重中之重。家庭用和工业用高级擦拭布也是近年来随着生活水平提高和工业发展需求而发展起来的潜力较大的市场，应用在墙体内，同时具有隔音保暖性能、防裂缝的非织造材料的需求量也较大。

世界产业用纺织品生产和研发技术的发展日益显著和完善，即使在世界经济不景气的时候，它仍然能够以7%~10%的速度发展，说明该行业具有很强的生命力。虽然产业用纺织品产能扩充快，将导致全球性的产能过剩，但是只要注重调整产品结构和提升技术装备水平，进一步拓宽其应用领域，就有可观的利润空间。

产业用纺织品在当今世界六大高技术领域（信息技术、新材料技术、新能源技术、生物技术、空间技术和海洋开发技术）中都占有一席之地，具有高技术、高附加值和高市场容量的特点。它不仅代表一个国家的工业化水平，还影响和引导着纺织业发展方向。产业用纺织品虽然与服装类、家用纺织品类并称为纺织业三大支柱，但它具有更大的发展前景。

产业用纺织品具有高技术含量的特点。近年来，国际纺织业在材料、工艺等方面的技术进步，往往是在产业用纺织品领域内首先取得突破，然后再扩展到民用领域。同时，产业用纺织品也为国民经济的发展创造了条件，例如建筑用纺织品的应用和发展，在各国引发了建筑业的革命。

产业用纺织品具有高附加值的特点。用芳纶制作的轻质防弹头盔不到300g，在国际市场上售价超过2000美元。统计资料表明，美国产业用纺织品的纤维耗用量只占纺织总耗用量的21%~23%，而产值和利润却占纺织业的50%左右。

产业用纺织品具有高市场容量的特点。它在应用中可能是一个商品，更可能只是商品的一个部件，而不像传统的纺织品织成布制作成服装才有利用价值。这种变化使纺织品的概念大大延伸，促使纺织产品渗透于国民经济的各个领域。因此，产业用纺织品在生产规模发展、更新换代速度和应用的广度、深度方面都极具潜力。可以说，各行各业的发展都为产业用纺织品提供了广阔的发展前景。

2. **我国产业用纺织品行业发展现状**　我国产业用纺织品起步比西方发达国家要晚20余年，到20世纪80年代才开始逐步发展起来。从20世纪90年代开始，我国的产业用纺织品市场迅速发展，年增长率均在10%以上，尤其是进入21世纪后，发展更快。从近几年我国产业用纺织品的用量情况看，汽车用纺织品、篷帆布、人造革和合成基布、渔业和农业用纺织品、过滤材料、绝缘隔音材料、造纸用纺织品、绳索类、工业用毡瓦等产业用纺织品用量的比例都在10%以上，土工合成材料、建筑用纺织品、医疗卫生保健用品、防护服、包装用纺织品、骨架材料以及军工和文体用品等产业用纺织品也都占有相当大的比例，并在人们生活和社会经济发展中起着越来越重要的作用，也将成为纺织工业新的经济增长点。

20世纪50年代，我国的产业用纺织品只有麻袋、帆布、绳、带、缆等几个品种。到1985年才提出产业用纺织品的概念，有部门专门抓产业用纺织品。我国的产业用纺织品在1988年开始有统计资料，当时把麻袋类产品剔除在外。

我国产业用纺织品行业拥有巨大的增长潜力，主要表现在以下方面。

（1）国内化学纤维工业的迅速发展为产业用纺织品快速发展提供了有力的原料支持。近年来，国内化学纤维业发展迅速，2013年我国化学纤维总产量4113.68万吨，与2012年同期相比增长8.46%，其中涤纶、丙纶发展最快。而且微纤维、复合纤维、生物降解纤维及新型聚酯纤维等不断推出和贸易不断增长，为我国产业用纺织品快速发展提供了有力的原料支持。

（2）铁路、公路、水利等基础设施建设给产业用纺织品产业带来了发展机遇。产业用纺织品由于具有高强度、耐高温、性能稳定等特点，被广泛应用于建筑、路基、水利等工程项目中。用于反滤，保土好、透水快；用于隔离，保持土体各自的完整性；用于加强，在土体中充当拉力元件，与土体界面摩擦大，限制土体分散位移。"十二五"时期是我国大幅度增加水利投入，未来五年全国水利建设总投资规模约2万亿元，其中中央投资1万亿元左右。业内人士分析，这些基础设施的投入，将推动制造、建筑、电力等多个产业的发展，从而给产业用纺织品产业带来了发展机遇。

（3）限塑令给产业用纺织品的发展带来了新的机遇。2008年初，国务院办公厅发布了《关于限制生产销售使用塑料购物袋的通知》。纺粘非织造布购物袋以其轻便美观、结实耐用的特点受到人们的喜爱，成为取代聚乙烯购物袋的最佳选择。特别是产品包装袋、商场或者企业宣传袋的用量越来越大。

（4）非织造布过滤材料受国家环保政策影响，市场销售情况越来越好。如今，国家对钢铁、冶金、化工、水泥、煤炭等领域的环保要求越来越高，对于过滤袋、除尘袋的使用有明确的要求和标准，使过滤材料的应用越来越规范化，市场越来越大。

（5）国外的投资以及产品交易的增加将促进我国产业用纺织品在技术升级和结构调整上的发展。国内的产业用纺织品工业已逐步走向高档化，不少企业和产品在国际上具有较强的竞争力。

（6）由聚合物制成各种新型产业用纺织品，取代传统纺织品及其他用品。在成本和性能上都占有竞争优势。

### 3. 产业用纺织品发展趋势

（1）向双组分或多组分新技术方向发展。如意大利Freudenberg产业用纺织品公司开发的Evolon产业用纺织品。该产品是一种由聚酯和聚酰胺构成的双组分织物，其中这两种纤维的直径都非常细小，其系列产品具有独一无二的特性。

如美国杜邦非织造材料公司研制的用聚酯和聚丙烯双组分配方制成的医用非织造布产品，比其他医用材料的表面摩擦力小，从而使服用者有更大的肢体动作自由度，而且还能将热量从穿着者的身体上转移，从而增加了医疗手术环境的舒适性。它能对医护人员提供很好的保护作用，并具有丝绸般的柔软性，穿着舒适。

再如，美国Hills公司等研制的聚酯和聚乙烯双组分非织造布具有良好的抗张强力、透气性、强度和可折褶性。

（2）纤维向微细方向发展。细特非织造布的主要优点是手感柔软、强力高、成网均匀、比表面积大，具有良好的透气性和防液体渗透性，是良好的过滤材料。

如美国Ason公司生产的聚丙烯（PP）超细纺粘布，单丝可达到0.22dtex以下，德国莱芬豪舍公司生产的聚酯（PET）纺粘布可达到1.0dtex。

（3）向功能化方向发展。为了更好地适应产业部门的需要，实现产品功能化，各种单面涂层、双面涂层、浸渍、布/膜复合、纺粘布/熔喷材料复合、不同非织造布复合以及层压材料不断发展，各种纤维基材的复合材料不断问世。例如，主要用于工业、交通运输、防护等领域的涂层布在美国以3%的年增长速度增长。屋顶材料、土工膜、篷盖布等以3.9%的年增长速度增长，防护材料以5.5%的年增长速度增长。

采用功能添加剂或通过功能性整理使产品获得阻燃、抗静电、抗紫外线、抗菌、抗老化、亲水、除湿、耐洗涤、耐光等功能。如日本东洋纺织公司开发的产业用纺织品"Drymon"。此种产品是将能够调节湿度的丙烯酸盐微粒"Toughtic"夹在两片聚酯纺粘非织造布中间制成的复合超薄面料，除湿剂掺入量高达80%以上，实现了卓越的除湿功效。该产品具有吸湿性能高、不闷热潮湿、除臭、吸附甲醛等特点，面料表面触感凉爽，具有良好的热传导性，可以与其他非织造布、织物、薄膜、纸等进行复合，目前，这种产品主要用于制作坐垫、沙发、褥子、汽车座套、建筑材料、鞋垫等。

意大利Italplastic Industiale SPA公司开发的人造纤维非织造布。该产品是由70% Lyocell再生纤维素纤维组成的非织造布，采用常规的粉点树脂涂层工艺在这种布上施加一层聚酰胺树脂，该树脂熔点为123℃，在80℃左右的温度中有良好的耐洗涤性。美国PFG精密织物公司生产的一种由非织造布经涂层而制成的洗衣片，涂层后的非织造布中含有洗涤剂、织物柔软剂及抗静电剂，可以直接用于洗涤成衣。

（4）向高性能、高技术纤维及产品发展。美国、日本和欧洲国家对工业和高技术、高性能纤维及纺织品的需求迅速增加，正在替代传统的工业材料，如减轻建筑重量用芳纶三维结构织物带代替钢筋增强建筑物外墙；轻重量的芳纶绳索可悬吊350t重大容器；芳纶制成的支撑桥梁既防锈也可使用预引力技术；芳纶还可作汽车引擎上的同步皮带增强纤维、作橡胶带、自行车金属链条等。高技术纤维及产品的生产几乎被美、日、欧主要公司所垄断，例如，杜邦公司及其海外子公司的芳纶1414的生产能力占世界同种纤维的85%；聚丙烯腈基碳纤维的主要生产能力集中在东丽、东邦人造丝、BASF Hercules以及Amoco几家公司。发达国家正在用高技术优势来抵消发展中国家劳动力成本低的优势。

（5）向多层次复合技术发展。向多层次复合技术发展也是非织造布的发展趋势，如纺粘—熔喷复合、纺粘—梳理纤网复合、纺粘—浆粕气流纤维网复合等，复合产品兼顾两者优点，性能更加优越，用途更加广泛，如日本中州（Honshu）公司以及德国Fleissner公司等研制的纺粘—浆粕纤维气流成网复合布，手感柔软、强度高、耐摩擦，很受市场欢迎。

（6）其他新技术。

①德国萨克森开姆尼斯纺织研究所开发的可回收利用的三维结构的非织造布。该产品可取代PU泡沫复合材料。与一般复合材料相比较，其性能和技术参数都具有明显优势，有良好的回收利用性、透气性及环保特性，使汽车座椅更加舒适，具有良好的市场应用前景。

②英国利兹大学（Leeds）、国际羊毛局（Woolmark）和BFF非织造公司协作研制的射流缠结（水刺）羊毛非织造布。该产品质量好、强度高、穿着舒适、能传递湿蒸汽，拒水，能调节热量，可作为高档服装用料，尤其适合作运动服装用料。

③美国的PFG精密织物公司研制的DiamondDry非织造布。该产品能够解决产品堆积时所产生的渗水，从而使整个产品无论从外观还是手感上都感觉非常干爽，因而避免了现有产品由于液体的浸泡而粘连、破裂，最终使整体产品产生分层而导致液体渗漏到外面的现象。此外，DiamondDry还能够保持更多的液体，即使在外界压力的作用下，其液体保有率也不会改变，在处于湿状态时，更不会轻易被撕裂或产生分层。

④美国罗得岛Cooley集团的Cooley Digital Products公司开发的非织造布材料CoolGrip。该产品利用取得专利的"夹紧与锁固"工艺，能牢固并极迅速地安装且可免除固定架上的广告牌衬底。该产品是压敏薄膜、纸及其他乙烯树脂材料的一个优质替代物。它具有高质量的印刷图像、较低的安装费用、可在数分钟内简单且迅速地安装以及不受天气条件制约等。

⑤日本钟纺合纤株式会社与吴羽合纤公司共同开发了由聚乳酸生成的生物降解纤维"Lactron"制成的三维立体非织造布结构体。该非织造布结构体使用了芯部为高熔点的聚乳酸聚合物，鞘部为低熔点的聚乳酸聚合物构成的纱线。该纱线经过卷曲加工和裁剪之后，通过加热，使纤维熔融粘着在一起，形成立体结构。与普通的非织造布相比，通气性能更为卓越，拉伸和弯曲的强度更高，并具有良好的尺寸稳定性。该产品主要应用于排水处理用过滤装置(具有抗菌性能，因此可以抑制藻类的繁殖，可以长期使用)、包装、缓冲材料(重量物品的缓冲垫材料)、农林、土木资材等领域。

⑥日本Sumitomo电气工业株式会社开发的铁纤维非织造布。这是一种基于细微铁质纤维的非织造布。它是用直径在30μm以下的纤维制成的，这种织物不会生锈，弯折时不至于损坏，而且还能长久地保持其硬焊性能，可用于次级电流电池、催化剂载体、气体或聚合物等各种过滤器。这些织物还能用于燃油气化及汽车排气元件。使用细微纤维的目的在于减小非织造布的孔隙，从而增大其表面活性。

# 【任务实施】　进行 SWOT 分析，判断和调整 A 公司的营销策略

## 一、SWOT分析

SWOT分析方法是一种企业战略分析方法，即根据企业自身的既定内在条件进行分析，找出企业的优势、劣势及核心竞争力。其中，S代表 strength（优势），W代表weakness（弱势），O代表opportunity（机会），T代表threat（威胁），其中，S、W是内部因素，O、T是外部因素。按照企业竞争战略的完整概念，战略应是一个企业"能够做的"（即组织的强项和弱项）和"可能做的"（即环境的机会和威胁）之间的有机组合。

根据以上案例材料来做一个SWOT分析，以确定企业所处的境况，具体如下所示。

### （一）公司的优势（S）

1. **先发优势**　涉足卫生行业较早，很早即与国际国内知名品牌合作，如P&G，KAO，UNICHARM，J&J，CHIAUS，HENGAN等，鉴于这些公司的支撑，前期在没有过多的竞争对手和新的产品出现的时候，业绩还是比较稳定的，客户群也比较稳定。而对于处于刚发展阶段的国内卫生行业来说，初期的模仿，也会招徕一些上门客。

2. **产品性能稳定性较好**　在国内竞争越来越激烈的情况下，该公司的产品性能与众多国内企业相比具有较好的稳定性，质量更胜一筹。

3. **公司在原料上有研发优势和成本优势**　国外总部有较强的研发团队，一直致力于原料研发和升级。在纺织领域，纤维决定最终产品性能。这对于A公司来说意味着具有较强的原料研发优势及原料使用的成本优势。

### （二）公司的劣势（W）

1. **公司缺乏一定的创新和与时俱进的精神**

2. **产品品种比较单一**

3. **市场竞争比价差**　新工艺的产品层出不穷，公司也没有尝试更新，导致市场竞争比价差。

4. **产品价格高**　由于公司属于外企，运营成本比较高，导致产品的价格也比较高，缺乏一定的竞争力。一旦受到国内产品的冲击和成本优势方面的挑战，就会更难以在该行业有竞争力。

### （三）公司的机遇（O）

1. **内需拉动**　国内消费者收入的提高能有力拉动卫生用纺织品的消费。随着人们生活水平的提高，一次性医疗卫生用纺织品的使用空间不断加大。一次性尿布、卫生巾等普及率进一步提高，医院一次性床单、手术洞巾等手术用品的应用也在扩大，非织造布类的干湿揩布的使用面也在增加。

2. **市场潜力仍大**　美国是世界上非织造布产品消费量大的国家，每人每年5kg左右。我国非织造布消费量每人每年不到2kg，可见，中国的市场潜力很大，在未来的几年，我国的非织造布产业仍将保持高速的发展。

### （四）公司的威胁（T）

1. **原料竞争力受到挑战**　国内化学纤维工业的迅速发展为非织造布的快速发展提供了

有力的原料支持，公司在原料上的竞争力受到挑战。

2. **来自国内企业的威胁** 国内的非织造企业迅速成长，不少企业及其产品在国际上具有较强的竞争力。

## 二、案例分析

通过以上分析可知，A公司应该做出适当的调整，可以在产品营销和产品创新上下工夫。理由有三点。

（1）公司在产品营销和品牌运作上并没有采取积极主动的攻势，借助其他终端产品的品牌宣传和运作来实现公司的原料（纤维或无纺布）销售和市场占领，自身品牌运作相对保守。这有助于节省国内公司的运营成本，自2000年以来公司始终保持这一策略。但是当下的市场，国内纺织企业在谋求转型升级，产品创新和营销模式，公司原有的优势和保守的运作管理风格已经使得公司的销售出现了增长乏力的态势。

（2）根据市场需求，调整工艺和产品方向。根据调查，热轧线产品成本较高，热风线产品（STRAHM的热风纤维线）更节省成本，而且又有产品有新的外观和手感，公司可以把其中一条热轧线改造成现在市场上都偏好的热风线，以在短期之内缓解公司的销售压力。加大力度开发差别化的产品，避开产品同质化。

（3）在原料成本和运营成本上实现科学管理，降低公司成本。因为产品的两大核心竞争力为价格和性能，国内很多厂家基本以成本为核心，同类型产品各公司运营的成本差异，将会冲击A品牌的产品价格。

## 三、策略调整

根据上述SWOT及案例分析，可采取的策略如下。

1. **产品策略**

① 主要发展以丙纶为主的医疗卫生用非织造布及纤维等高附加值非织造布系列产品，保证各系列产品规格齐全，以满足不同客户需求。

② 保持原料的先进优势和产品稳定性，实现产品质量优于国内大多数同类企业。

③ 在调整生产线保持跟进市场态势的同时，加大研发力度，实施差异化产品战略。

2. **市场推广策略** 作为非织造布行业的先驱，一方面依托国外总部在卫生纺织品行业现有的知名度和美誉度，另一方面采取适当激进的市场推广策略，扩大目标客户。主要通过以下方式。

① 高频率组织技术研讨会和产品推广会，针对主要目标客户，系统地介绍公司产品的竞争优势。

② 加大新闻营销力度，保持企业与媒体和政府主管机构的良好关系。

③ 利用行业内专业杂志刊发广告。

④ 行业内展会。

⑤ 网络营销。

**小　结**

通过以上任务的实施，可以详细地认识产业用纺织品的概念、分类、特点和一些典型产品，并可看出近几年来产业用纺织品的发展现状和未来趋势。通过具体案例的引入，对A公司进行了SWOT分析，并对其营销策略进行了判断和调整，给出了建议。

**【思考讨论】**

1. 简述产业用纺织品的现状及发展趋势？

2. 产业用纺织品的国内外分类方法有何不同，你如何看待这个问题？

3. 查找常见的卫生用纺织品的规格表示。

**【实训项目】　对某公司进行SWOT分析，判断或调整其营销策略**

1. 查找国内上市公司东方雨虹、申达股份等的产业用纺织产品资料及其营销策略。

2. 对某一家上市公司进行SWOT分析，判断或调整其相关营销策略。

# 任务八 纺织品网络营销与电子商务

知识点
1. 了解网络营销和电子商务的概念。
2. 熟悉网络营销的功能和内容。
3. 了解电子商务的分类、作用及内容。

技能点
1. 能进行网络营销策略分析。
2. 能进行电子商务策略分析。

## 【任务引入】

宁波××家纺有限公司是××控股公司旗下的专业家纺品牌运营公司，自20世纪90年代成立以来，凭借公司的资源优势，经近20年的品牌运作，已在国内建立了完善的营销和售后服务体系，是国内集设计研发、生产、营销服务、物流配送为一体的，具有强大综合实力的知名家纺企业。

对于这样的产物型公司来说，树立品牌是很重要的。网络推广最重要的是获得客户，获得订单，把产品销售出去。为此，该公司成立了××电子商务有限公司。目前，网络市场竞争激烈，外商电商进入中国市场。那么如何做网络营销？什么是电子商务？两者的区别是什么？该公司是如何通过网络营销、电子商务实现交易和销售目标呢？

## 【任务分析】

1.认识网络营销、电子商务的概念、内容及两者间的关系。
2.制订纺织品网络推广方案。

## 【相关知识】 网络营销与电子商务

### 一、网络营销和电子商务的概念与区别

（一）网络营销（E-Marketing）的概念

网络市场具有互动性、虚拟性、全球性、全天性及高效性的特点。网络营销已成为发展趋势，对于纺织企业营销来说具有重要的意义。

广义的网络营销是指企业利用一切计算机网络（企业内网、行业系统专线网及互联网）进行的营销活动。

狭义的网络营销是指利用互联网技术，最大限度地满足客户需求，以达到开拓市场、增

加盈利目标的经营活动。

互联网的发展是网络营销产生的技术基础。

网络营销是直接营销的最新形式，它产生的背景是日益激烈的市场竞争，它利用网络对售前、售中、售后各环节进行跟踪并满足客户要求，其实质是客户需求管理。

### （二）电子商务（Electronic Business）的概念

1. **广义** 广义的电子商务指利用电子通信技术和信息技术进行的商务活动和相关服务活动。

2. **狭义** 狭义的电子商务是指通过互联网以电子交易形式进行交易活动和相关服务的活动，是传统商业活动各环节的电子化、网络化、信息化。

### （三）电子商务与网络营销的关系

（1）电子商务是指利用互联网进行的各种商务活动；网络营销是电子商务的一部分活动。

（2）电子商务必须解决电子支付及相关的安全和法律问题，并要求有高效的配送系统支撑，在具备这些条件之前，网络营销可以照做，且会带来效益。

（3）倡导网络营销是推动电子商务发展的动力。

网络营销的本质是商品交换，网络营销的主体是个人或组织，最典型的是企业。为此，网络营销是在个人与个人（C2C）、组织与组织（B2B或B2C）、组织与个人（B2C或C2C）之间进行的交换活动。

## 二、网络营销与传统营销的异同

### （一）网络营销与传统营销的异同点

1. **相同点** 都是企业的一种经营活动；通过策略组合来发挥其功能；以满足消费者需求为出发点；需求由现实需求与潜在需求组成。

2. **不同点** 网络营销与传统营销有很多不同之处，具体表现如下。

（1）传统营销风貌的改变。借助网络进行营销与传统营销在信息传播与交易等方面有质的区别。信息双向传播模式、互动的信息供需模式与多媒体传播模式相结合，消费者可以主动上网搜寻需要的信息。

（2）对标准化产品的冲击。网络营销实现向不同的客户（消费者）提供不同的商品。

（3）对营销渠道的冲击。中间商作用发生改变。网络营销的中介有网络中间商、物流公司、营销服务机构及金融机构，网络中间商与金融机构又参与拓展了中间商的职能。

（4）对营销策略的冲击。具体表现如下。

① 对价格策略的冲击。不易产生价格歧视。

② 品牌的全球化管理。消费者在网络上进行品牌选择的余地很大，作为纺织企业来说，采取单一品牌和多品牌策略都会存在问题，培养品牌忠诚度的难度会增大。

③ 传统广告障碍的消除。网络广告不受传统广告媒体的限制，能消除传统广告的障碍。

（5）对传统营销方式的冲击。网络营销直接面向客户与最终消费者，应先面对的问题是市场的个性化，纺织企业必须注重日益提高的多样化与个性化需求。

（6）顾客关系的再造。网络营销围绕顾客的竞争而展开。争取新顾客、留住老顾客、扩大顾客群、建立亲密的顾客关系、分析顾客需求、创造顾客需求等都是围绕顾客展开的。

（7）竞争形态的转变。竞争在顾客需求焦点展开，竞争越来越透明。互联网环境下，企业间的策略联盟是网络时代的主要竞争形态。

（8）企业组织的重整。企业内外部虚拟组织盛行，企业内网改变了内部作业方式和员工学习成长的方式，个人工作者的独立性与专业性得到进一步提升。使在家上班、个人工作室、弹性上班、委托外包、分享业务资源等行业越来越普遍。

（9）跨国经营的必要性。参与网络营销的企业必须选择合适的商业模式，利用网络跨国传播信息并进行交易。

**（二）网络营销的优势**

（1）网络营销强调个性化的营销方式，能相对最大限度地满足消费者个性化的需求。

（2）网络营销全程的互动性为使消费者产生偏好创造了更多的机会。

（3）网络营销大大提高了消费者的购买效率。

（4）网络营销的价格优势对消费者产生了巨大的吸引力。

### 三、网络营销的功能

（1）利用搜索引擎等网络工具寻找网上商贸信息，挖掘市场良机。

（2）用于用户跟踪与评估。

（3）评估企业营销现状和在线竞争对手情况。

（4）预览产品设计雏形。

（5）利用虚拟技术与网络系统进行产品测试。

（6）销售可数字化的产品。

（7）实现"一对一"的营销。

（8）进行在线议价。

（9）在线推广。

（10）侧重消费宣传和企业形象树立的交互式在线广告。

（11）提供完美的信息服务与售后服务等。

### 四、网络营销的内容

**（一）网络消费者购买行为分析**

纺织品的网络消费者众多，大多以个人或家族为购买主体，目前，网络消费市场的主力消费群是青年人（18~40岁），其购买行为总体特征如下。

（1）有较强的购买力。

（2）追求新鲜事物，求新的购买动机明显。

（3）品位高，品牌意识强烈。消费者有意识和机会比较不同品牌产品的差别。

（4）好胜而缺乏耐心。网络购物"供大于求"，选择过多，消费者在网络购物中表现得好胜而缺乏耐心。

（5）更加注重自我，崇尚个性化。

（6）具有感性倾向，同时擅长理性分析。

（7）价格是影响消费心理的重要因素。消费者在网络上有条件通过"货比三家""货比多家"而追求高性价比。

### （二）网络市场调研

1. **优点**　信息传递迅速、便捷和低成本耗费、效率较高，具有客观性。

2. **网络调研策略**　通过电子邮件或来客登记簿确定访问者，要求访问者注册，提供物质奖励，不提敏感性问题，进行选择性调查，测试访问者愿回答问题的数目，在公司站点上进行调研。

3. **网络调研步骤**　调研步骤如图8-1所示。

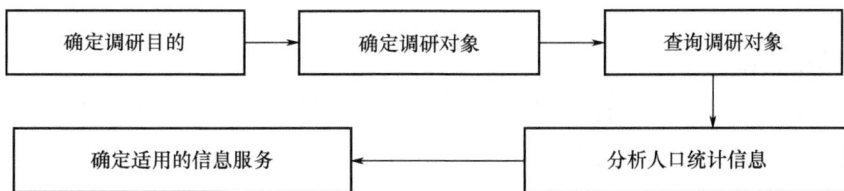

图8-1　网络调研步骤

4. **网络调研技术**　包括现代调研技术、数据库技术、数据仓库和数据挖掘技术、商务统计软件。

### （三）域名管理

包括规章和政策制定、顶级域名体系制定、域名注册机构管理、域名根服务器运行机构管理、域名注册服务管理、域名有关事宜的国际协调。

### （四）创建商业网站或组建商业网络社区

通过创建商业网站或组建商业网络社区发布信息，促进网络交易的进行。

### （五）推广企业网站

下功夫设计企业网站，并以各种方式最大限度地推广本企业网站，提高企业和品牌知名度。

### （六）网络产品和顾客服务策略

1. **实物产品策略**　充分考虑实物产品的性能、营销范围和配送体系及其市场生命周期。

2. **服务策略**　包括建立完善的服务数据库系统、网上的自动服务系统及网络消费者论坛。

3. **信息策略** 包括建立"虚拟展厅""虚拟组装室",建立自动的信息传递系统。

## （七）网络价格策略

1. **网上销售价格的确定程序** 纺织品网上销售价格的确定遵循一定的程序,具体如图8-2所示。

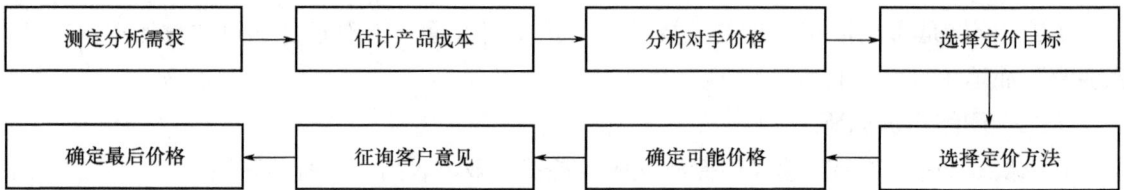

```
┌──────────┐    ┌──────────┐    ┌──────────┐    ┌──────────┐
│ 测定分析需求 │ → │ 估计产品成本 │ → │ 分析对手价格 │ → │ 选择定价目标 │
└──────────┘    └──────────┘    └──────────┘    └──────────┘
                                                        │
                                                        ↓
┌──────────┐    ┌──────────┐    ┌──────────┐    ┌──────────┐
│ 确定最后价格 │ ← │ 征询客户意见 │ ← │ 确定可能价格 │ ← │ 选择定价方法 │
└──────────┘    └──────────┘    └──────────┘    └──────────┘
```

图8-2 网络销售价格确定程序

2. **网络营销定价方法** 常用需求导向定价法、竞争导向定价法、招投标定价法和拍卖定价法。

3. **网络定价策略** 常用个性化定价策略、声誉定价策略、折扣定价策略、自动调价和议价策略。

## （八）网络渠道策略

以更多数量,涉及更多目标用户、消费者的分类网站群方式,建立更多的互联网媒体组合。网络营销渠道主要有以下几个。

1. **搜索引擎** 这是很有效的网络营销渠道,包括百度竞价和自然排名,企业如果有实力的话可以建立一个优化团队。

2. **邮件推广** 邮件营销也是最有效的网络营销渠道之一,最好是发许可式的邮件。

3. **论坛推广** 论坛推广是比较传统的网络营销渠道,只要选对了精准论坛,坚持就会有效果。

4. **B2B网站推广** 也可利用B2B网站进行推广。

## （九）网络客户策略

1. **寻找客户资源** 利用网络、传真及其他有效方法。

2. **吸引客户** 提供吸引人的网络信息、有用的信息、互助网页,为客户提供方便。

3. **建立顾客网络** 提供免费服务或产品、信息,组建俱乐部、有效的媒体组合,保护网络顾客权益。

## （十）网络广告

1. **网络广告的优势** 网络广告具有极强的互动性、动态性、及时性;内容更详尽充实,且形式多样;消除时间、空间限制;成本低、效率高。

2. **网上广告形式** 采用www主页形式、电子邮件（E-mail）形式等多种形式。

3. **网上广告策略** 使用电子邮件广告,提高网站的访问率,抢占优良网址,进行网址宣传与用户连接,设计好网页。

### 五、电子商务的发展历程

2014年，中国的GDP60万亿，电子商务占13万亿。电子商务零售额为2.8万亿，淘宝天猫销售额为1.7万亿，京东2600亿。表8-1列明了2013~2014年淘宝卖家数量与交易额情况。

表8-1　2013~2014年淘宝卖家数量与交易额

| 年度 | 卖家数量（家） | | 交易额（亿元） |
|------|------|------|------|
| 2013年 | 天猫：70557 | | 15400 |
| | 淘宝：600万 | | |
| 共计 | 6070557 | | |
| 2014年 | 天猫：144462 | | 16770 |
| | 淘宝：900万 | | |
| 共计 | 9144462 | | |

自20世纪90年代互联网开通后，电子商务的发展经历了以下几个阶段。

1. 1993~1998年　1996年，互联网开通；1997年第一家电子商务企业（浙江网盛）成立；1998年3月，第一笔网上交易成交。

2. 1999~2002年　1999年3月，8848等B2C网站正式开通，1999年是真正意义上的电子商务元年。2000年有1000万网民，当时支付系统不完善，商品结构不丰富，互联网不普及。

3. 2003~2006年　当当、卓越、阿里巴巴、慧聪、全球采购、淘宝盛行，大批网民接受了网络购物的生活方式。此时，电子商务基础环境不断成熟，物流、支付、诚信瓶颈得到基本解决。

4. 2007~2013年　B2B领域的阿里巴巴、网盛上市标志着电子商务的发展步入了规范化、稳步发展的阶段；淘宝的战略调整意味着C2C市场不断的优化和细化。PPG、红孩子、京东商城的火爆，不仅引爆了整个B2C领域，更让很多传统商家纷纷跟进。

5. 2013年以后　移动互联网风起云涌。

### 六、电子商务的分类

1. B2B　用户身份一般是营利性机构。有传统企业自营的B2B网站、第三方经营的B2B网站及行业B2B网站。其中行业性B2B网站的专业性更强，如中国纱线网，这种网站又可分为采购入口网站和供货入口网站。如阿里巴巴、中国制造网、敦煌网、慧聪网、化工网等。

2. B2C　用户一般是居民个人或家庭，以满足生活性消费为购买目的。消费行为具有追求时尚性、娱乐性、便利性、求廉性和品牌偏好性等特点。如8848、淘宝、天猫、京东、当当、卓越、eBay、美团、唯品会、聚美优品、贝贝网、蘑菇街、美丽说等。

3. C2C　用户对用户，如易趣、淘宝、eBay等。

4. O2O　线上线下：线上下单，线下取货。

5. *其他类型*　如C2B、B2C跨境电商、母婴电商、女性电商、家居电商、垂直电商等。

## 七、电子商务的作用

1. **借助平台开网店** 如淘宝、天猫、京东、当当、亚马逊等。

2. **组织货源走渠道** 如唯品会、聚美优品、蜜芽宝贝、贝贝网等。

3. **自建电商平台** 大而全的几乎没有机会了，做垂直类或品牌官网有市场发展机会。

4. **做微商** 包括微信、微博、移动端和微店。

## 八、电子商务功能简介

纺织企业通过电子商务实现企业经营目标。具体功能如下。

1. **网上订购** 借助Web中的邮件或表单相互传递信息，实现网上订购。

2. **货物传递** 对于已付款的客户（消费者），将其订购的货物尽快地邮寄到客户的手中。通过电子邮件能在网络中对不同地点的货物进行调配。

3. **咨询洽谈** 电子商务超越面对面洽谈的限制，提供多种异地交流的形式。

4. **网上支付** 网上支付是重要的环节，网上支付能省去传统交易中很多人员的开销，但务必注意信息传输的安全性。

5. **电子银行** 电子金融支持网上支付的进行，网上支付离不开电子银行。需要银行、信用卡公司等金融机构提供网上操作需要的金融网络服务。

6. **广告宣传** 电子商务凭借企业Web服务器和客户浏览器，在互联网上发布全球性的商业信息。客户或消费者也迅速找到所需的商品信息，网络广告成本低廉，但信息却很丰富。

7. **意见征询** 企业通过网络调查获得大量的有关产品和服务的信息，征求意见，用于改进产品和服务的质量。

8. **业务管理** 通过网络进行企业与企业、企业与消费者以及企业内部涉及人、财、物多方面的协调和管理，涉及企业商务活动的全过程。

## 【任务实施】

宁波××家纺有限公司网络推广方案要点。

## 一、网络推广的目的

本次网络推广的目的是提高下单率，如图8-3所示。

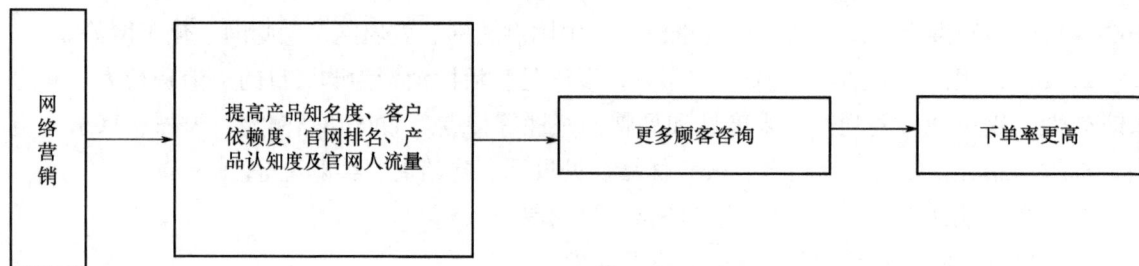

图8-3 网络推广的目的

## 二、网络推广的思路

网络推广思路如图8-4所示。

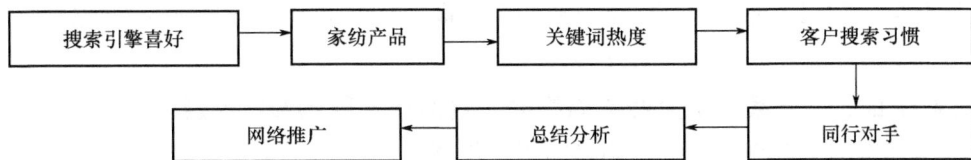

```
┌──────────────┐    ┌──────────────┐    ┌──────────────┐    ┌──────────────┐
│  搜索引擎喜好  │ →  │   家纺产品    │ →  │  关键词热度   │ →  │  客户搜索习惯  │
└──────────────┘    └──────────────┘    └──────────────┘    └──────────────┘
                                                                     │
                                                                     ↓
┌──────────────┐    ┌──────────────┐    ┌──────────────┐
│   网络推广    │ ←  │   总结分析    │ ←  │   同行对手    │
└──────────────┘    └──────────────┘    └──────────────┘
```

图8-4　网络推广的思路

## 三、网络推广的步骤

（1）每天发布一篇200~500字与关键词相关的原创、仿原创文章或者与家纺产品相关的提问式文章，引起关注。

（2）提交B2B平台、企业黄页。每天提交5~10个。

（3）天天建一个博客，并在博客里发布一篇介绍网站产品或产品工艺的文章链接，附联系方式。

（4）注册几十个到几百个论坛，每个论坛尽可能多地发表宣传品牌与家纺产品的文章。

（5）尽可能寻找重要的网站进行友情链接。

## 四、网络推广的关键点

很多公司都非常注重网络推广，企业面临众多竞争对手的信息爆炸的网络营销环境。为此，在网络推广过程中，需做大量烦杂的工作。每个环节都有很多关键点，列举如下。

1. **网站**　包括内链、外链、反外链。
2. **产品**　要运用多方面相关的关键词，增加网上被搜索到的机会。
3. **软文**　网络文章最重要的是质量。不必求快，但质量保证必须放在第一位。
4. **推广**　务必做到话题针对推广的产品或品牌
5. **人员**　专业与耐心兼俱。

## 小结

通过以上任务的实施，可以详细地认识到网络营销与电子商务的概念及其之间的关系，重点介绍了网络营销与传统营销的异同，网络营销的内容，电子商务的发展历程、分类、作用及职能。并举例介绍了网络推广方案要点。

**【思考讨论】**

1. 简述纺织品网络营销的发展现状。

2. 纺织企业要做好电子商务，应做好哪几方面的工作？

3. 针对某一纺织企业，对其网络营销与电子商务状况进行调查，撰写调查报告。

**【实训项目】 在互联网上购买纺织品，针对此次网购回答问题**

1. 写出此次网上购物的过程，购物的每个步骤的信息。

2. 谈一谈网络购物的感受，你认为纺织企业网络推广还有哪些需要改进的地方，如何改进？

# 参 考 文 献

[1] 胡德华. 市场营销理论与实务[M]. 北京：电力工业出版社，2009.

[2] 储咏梅. 纺织服装市场营销[M]. 北京：高等教育出版社，2009.

[3] 屈云波，王婵龙. 营销经理手册[M]. 北京：企业管理出版社，2011.

[4] 邹郁. 品牌病例[M]. 北京：东方出版社，2007.

[5] 邓镝. 营销策略案例分析[M]. 北京：机械工业出版社，2008.

[6] 吴宪和，任毅沁. 市场营销实验实训教程[M]. 南京：东南大学出版社，2007.

[7] 刘登辉，周任慧，郭英. 市场营销[M]. 北京：高等教育出版社，2010.

[8] 闫彦. 市场营销[M]. 北京：中国林业出版社，2009.

[9] 余爱云，徐威威，田金明. 现代市场营销实务[M]. 北京：北京理工大学出版社，
    2009.

[10] 赵轶. 市场营销[M]. 北京：清华大学出版社，2011.

[11] 王艳，张华. 家用纺织品营销[M]. 北京：中国纺织出版社，2009.

[12] 庄贵军. 市场调查与预测[M]. 北京：北京大学出版社，2009.

[13] 王府梅. 纺织服装商品学[M]. 北京：中国纺织出版社，2008.

[14] 于伟东.《纺织材料学》[M]. 北京：中国纺织出版社，2006.

[15] 邓沁兰，沈细周. 纺织面料[M]. 北京：中国纺织出版社，2008.

[16] 姜淑媛，陈志华，姚蕴秋. 家用大提花织物设计与市场开发[M]. 北京：中国纺织出版
    社，2010.

[17] 中国酒店业现状与未来：http://wenku.baidu.com/view/c2f2bde9172ded630b1cb632.
    html.

[18] 中国部分城市饭店可能供大于求:http://jingji.cntv.cn/20090513/101828.shtml.

[19] 尉霞，沈兰萍.《产业用纺织品设计与生产》[M]. 上海：东华大学出版社，2009.

[20] 张玉惕.《产业用纺织品》[M]. 北京：中国纺织出版社，2009.

[21] 纺织品行业网络营销策划方案文案：http://wenku.baidu.com/view/c0e248ddd15abe234
    82f4d62.html.

[22] 网络营销实务精品课程：http://jpkc.zfc.edu.cn/yingxiao/index.php.

[23] 服装行业网络营销探讨和研究：http://jpkc.zfc.edu.cn/yingxiao/content/detail.
    php?sid=14&cid=394&id=182.